兰台文存

田晓光 著

西北工业大学出版社

图书在版编目（CIP）数据

兰台文存/田晓光著．—西安：西北工业大学出版社，2013.8
ISBN 978 - 7 - 5612 - 3724 - 3

Ⅰ.①兰…　Ⅱ.①田…　Ⅲ.①陕西省—地方史—史料　Ⅳ.①K294.1

中国版本图书馆 CIP 数据核字（2013）第 166242 号

出版发行：西北工业大学出版社
通信地址：西安市友谊西路 127 号　　邮编：710072
电　话：(029) 88493844　88491757
网　址：www. nwpup. com
印刷者：西安宝石兰印务有限责任公司
开　本：850 mm×1 168 mm　　1/32
印　张：13.25
字　数：289 千字
版　次：2013 年 8 月第 1 版　　2013 年 8 月第 1 次印刷
定　价：36.00 元

石室金匮　源远流长

（代序）

　　档案是人类活动的真实记录，人类活动是形成档案的源泉。地处黄河中游的陕西，是中华民族的发祥地和中华文明的摇篮之一。在中国文化历史上，周、秦、汉、唐这样几个最具影响力的王朝均建都于陕西。这就决定了陕西在我国档案史上的独特地位。不仅历史悠久，而且创造发明迭出，奠基与繁荣同在，理论与实践齐飞。

　　遍布陕西全省各地的仰韶和龙山文化遗存以及相传的炎黄二部族崛起的历程，都典型地反映了中华先民在农业、手工业以及初具雏形的文字、艺术等方面的文明程度。这些来自远古的创造，成为我们民族灿烂文明的第一乐章和第一记忆。

　　从炎黄时代开始，在陕西这块神奇的土地上便出现了仓颉造字，出现了甲骨文、石鼓文、青铜铭文、秦简汉牍，真实记录了中华民族早期的奋斗史，也形成了我国最早一批文字档案。而秦统一文字，让档案书写符号空前一致；东汉蔡伦造纸术的

1

发明，又使档案载体发生了革命性的变化。我们祖先的这两项伟大创造，使我国古代历史档案文化兴盛了整整两千年。

时至汉代初年，在大政治家萧何的主持下，中央政府在长安建立了世界上最早的国家中央档案、图书馆，即著名的天禄阁、石渠阁。

西汉刘向、刘歆父子分别编著了《别录》《七略》，奠定了我国档案、图书分类学和目录学的基础，开创了我国档案、图书分类和目录学研究的先河。

由此，主要依据档案文献编撰的史学名著《史记》《汉书》等煌煌巨制，开启了我国历史科学研究、撰述的大门，其著作及其贡献为世界所瞩目。

唐承汉制，通好西域，从长安发出的文明之光与从世界的另一端发出的西方之光交相辉映。法显大师所撰《佛国记》，玄奘高僧所著《大唐西域记》，不仅成为我国对外文化交流的珍贵典籍，还为研究当时西域和印度的历史提供了极其重要的史料。同时这两部伟大记述亦成为我国个人游历域外见闻文献档案的开山之作。

陕西档案文化历史悠久，传统优良。延安时期，中国共产党人继承民族优秀文化遗产，对档案管理模式和管理体制进行了有效的探索和实践，为新中国档案事业发展奠定了基础。

建国六十多年来，陕西省档案工作者艰苦奋斗，开拓进取，档案工作不断健全发展，形成了门类齐全、结构合理、馆藏丰富、利用服务有序的科学体系，在全省经济社会发展中，发挥了信息源、智力库的重要作用。

（本文系省档案馆档案珍品展览专题视频片解说词）

写于 2012 年 8 月

目 录

I

Ⅲ

"以人为本"的哲学根源

当前正在深入开展学习实践科学发展观活动，我们广大党员干部要切实学习好、掌握好科学发展观的内涵和精神实质，并清醒地自觉地实践科学发展观。

首先，必须在思想上、理论上真正理解和认识科学发展观的思想内核、"以人为本"所依据的马克思主义的哲学根源和哲学基础。而要做到这一点，我们就要认真学习马克思主义唯物史观关于人类的本质和社会的本质、人的社会价值和个人价值、人的发展和解放的理论原理。尤其是要学懂、弄通社会对个人的需要应予满足的原理。通过这些学习，进而认识到，归根结底，马克思主义创立的目的实质上就是为了解决人类自身解放和发展问题的，马克思主义本身也就是解决人类自身发展的科学理论。沿着这一逻辑思路去思考，科学发展观关于"以人为本"的提法和思想的哲学基础就是历史唯物主义关于人的发展和解放的理论；沿着这一逻辑思路去思考，我们就会对以"以人为本"作为科学发展观的思想内核的科学性、重大理论和实践意义产生透彻的理性认知，进而认识到我们党关于建设中国特色社会主义的全部理论和实践本质上就是解决当代我们民族和我国人民自身发展问题的科学理论和艰苦探索；沿着这一逻辑思路去思考，我们就会认识到，科学发展观和我们党建设有中国特色社会主义的理论和实践，是完全站在马克思主义的立场上和我国广大人民群众的立场上的。因此，她已经和必将长期获得我国全体人民群众的衷心拥护。以上在理论上、思想认识上的提高和自觉，必然会在很大程度上进一步坚定我们广大党员干部的理想和信念。

其次，我们还要看到，以"以人为本"为思想内核的科学发展观在遵循、坚持马克思主义世界观和方法论的同时，对马克思主义理论的发展也做出了重大的贡献，并捍卫了马克思主义在世界范围内应有的历史地位。其一，科学发展观恢复、继承并发展了马克思主义历史唯物主义关于人的问题的观点及其方法论，使我国的发展问题真正而且全面地建立在了辩证唯物主义和历史唯物主义的理论基础上，对科学社会主义赋予了新的思想内容。尤其是第一次阐明了科学社会主义本质上要求社会必须满足个人的需要，同时阐明了社会的发展如何满足个人的需要，这就从根本上划清了革命与执政、革命与发展、革命和发展与人的全面发展的关系，从而也就从根本上防止了"左"，纠正了"左"，使"左"的生存空间日趋衰微。其二，以人的全面发展为出发点和落脚点，科学发展观就从发展方位上体现了无产阶级政党两个先锋队的根本性质，佐证了我们党"立党为公，执政为民"的客观必然性和主观意志的科学思想基础。从这个意义上来讲，科学发展观就是新时期我们党崭新的群众观、为人民服务观。正因为如此，她已经成为团结人民、组织人民、动员人民为建设中国特色社会主义而奋斗的强大思想武器和精神动力。其三，科学发展观以"以人为本"为思想内核，以人民群众的当前、长远和根本利益为归宿，以统筹兼顾、社会全面协调发展、人与自然和谐共处实现可持续发展为目标，几年来指导、统领我国经济社会的发展取得了有目共睹的新成就。值此当前百年不遇的世界金融危机，包括西方发达国家在内的世界各国政府和人民都看到中国"风景这边独好"，都把消除这场危机的希望在很大程度上寄予中国，这就又一次在世界范围内捍卫了马克思主义的历史地位、科学社会主义的历史地位。此一点，其意义和作用不仅重大而且将是十分深远的。

3

从以上分析我们可以看出，科学发展观的哲学基础在于唯物史观，科学发展观的提出遵循了唯物史观与时俱进的品格，那么，学习并坚持马克思主义的唯物史观就是我们真正从理论上、思想上理解和掌握科学发展观的思想前提。因此，在当前正在深入开展的学习实践科学发展观活动中，我们就迫切需要重新学习马克思主义的唯物史观，特别是其中关于人的全面发展和解放的理论，从源头上解决对科学发展观科学性的认识问题。胡锦涛同志在纪念党的十一届三中全会召开三十周年大会上的讲话中指出："三十年来，我们党的全部理论全部实践，归结起来就是创造性地探索和回答了什么是马克思主义，怎样对待马克思主义，什么是社会主义，怎样建设社会主义，建设什么样的党，怎样建设党，实现什么样的发展，怎样发展等重大理论和实践问题。"而在这四个重大问题中，"什么是马克思主义，怎样对待马克思主义"是更具基础和根本性的问题，集中体现着我们党的指导思想和理论基础。为此，在学习实践科学发展观活动的过程中，我们就必须首先把更具基础和根本性的问题进一步学习好解决好，这样才能真正理解掌握并自觉地践行科学发展观。在这里，当前存在的问题是，我们不少同志对马克思主义唯物史观的认识还不够完整全面，这就要求我们从传统观念中解放出来，按照科学发展观所提供的逻辑思路，真正认识到马克思主义是解决人类自身发展问题的科学理论，从而提高学习的自觉性和针对性。

写于 2008 年

重新学习邓小平同志实践第一的思想

在学习贯彻党的十七大精神，纪念改革开放三十周年之际，重温邓小平同志《在武昌、深圳、珠海、上海等地的谈话要点》（邓小平文选第三卷370—383页），对于我们在新的历史起点上学习和坚持中国特色社会主义理论体系，坚定不移地全面建设小康社会具有重大的理论意义和实践意义。

《在武昌、深圳、珠海、上海等地的谈话要点》作为邓小平同志建设有中国特色社会主义理论的总结，在深刻阐述当代中国社会主义建设的基本理论观点的同时，对于马克思主义认识论和历史观也做出了极其杰出的贡献。尤其是对于实践这一哲学范畴的地位和作用的阐发之精深，是很值得我们长期反复认真学习和领会的。就今天来讲，学习掌握邓小平同志实践第一的唯物辩证法思想，对于我们进一步解放思想，正确认识和分析当前改革开放的形势，实事求是地开展工作，坚定不移地贯彻落实党的十七大精神，排除各种错误思潮的影响，更是具有重新确立马克思主义活的灵魂的重大作用和直接的工作指导作用。

《在武昌、深圳、珠海、上海等地的谈话要点》作为邓小平同志建设有中国特色社会主义理论的总结和对全党的最后政治交代，其中以下六个方面的有关认识论的思想，在当前尤其需要我们重新深入学习和领会。

一、"学习马列要精，要管用的。""实事求是是马克思主义的精髓。要提倡这个，不要提倡本本。我们改革开放的成功，不是靠本本，而是靠实践，靠实事求是。"这就告诉我们，在实践中既要遵循马克思主义的基本原理，又要把马克思主义的基本原理与实践相结合。当实践在发展时，尤其不能拘泥于已有的认识，要特别尊重实践，尊重实践的结果。当实践完全超越了马克思等经典作家原有的认识时，就要以实践为依据，裁判是与非，且不可削足适履。"理论是灰色的，生活之树常青。"从事着生气勃勃地创造的人们，追求的只能是生活的鲜活的内在逻辑，服从客观世界的运动规律。在这一点上，正如胡锦涛同志在党的十七大报告中指出的："实践永无止境，创新永无止境。全党同志要倍加珍惜、长期坚持和不断发展党历经艰辛开创的中国特色社会主义道路和中国特色社会主义理论体系，坚持解放思想，实事求是，与时俱进，勇于创新，永不停滞"，"使中国特色社会主义道路越走越宽广，让当代中国马克思主义放射出更加灿烂的真理光芒"。

二、"不搞争论，是我的一个发明。不争论，是为了争取时间干。一争论就复杂了，把时间都争掉了，什么都干不成。不争论，大胆地试，大胆地闯。"这就是说，在看清了事情的大的方向的时候，就不要在方法、手段、措施上多搞争论，不要在枝微末节上多做文章，先干起来，创造经验，探索与发展相适应的方法和手段。假若陷于无休止的争论和空谈当中，既不可能迈开前进的步伐，到达胜利的彼岸，还可能生出许多矛盾和冲突，空耗精力，于事无补。结论应在实践之后，而不能也不可能在实践之前。不论是成事，还是成理，归根结底，在于大胆地试，大胆地闯，大胆地去实践。正因为如此，习近平同志在《关于中国特色社会主义理论体系的几点学习体会和认识》（见《求是》2008 年第 7 期）一文中指出："坚持解放思想、必须充分发扬民主，在党内特别是干部队伍中大力营造有利于解放思想、改革创新的环境和氛围，倡导和支持党员、干部开动脑筋去思考，放开手脚去探索，使大家想干事、敢干事、能干事、干成事。对勇于改革创新的干部，做得对的要热情支持，做得不够的要积极引导，做得不对的要及时帮助他们纠正，以保护和调动广大干部改革创新的积极性。"

三、"我们的政策就是允许看。允许看，比强制好得多。我们推行三中全会以来的路线、方针、政策，不搞强迫，不搞运动，愿意干就干，干多少是多少，这样慢慢就跟上来了。"邓小平同志的这段论述，实质上是告诉人们，要让实践来教育人，启迪人，是在强调实践在人的认识上的重要作用。事实上，任何事物的发展，都是由不平衡到平衡，由平衡到不平衡，平衡只是相对的，不平衡才是绝对的。人们的认识过程也不例外。要允许一部分人看，允许觉悟有迟有早，不能搞认识上的强制，认识上的一刀切。要看到，归根结底，只有实践才是最有说服

7

力的，实践才是不可战胜的，实践是真知的唯一源泉。在建设中国特色社会主义这一前无古人的伟大事业的过程中，尤其要善于用实践来教育人，来统一认识，协调步伐。为此，改革开放三十年来，我们党始终坚持调查研究先行，试点、试验先行的工作方法，从农村生产责任制的推行到国有企业改革，从经济特区建立到首先扶植沿海率先发展，从大力倡导发展非公有经济到大步迈进世界经济大循环，在探索中前进，让实践的结果引导人们的认识，以至到党的十七大科学地总结出了我国改革开放"十个结合"的实践经验。由此可见，坚持实践第一的思想不仅是过去三十年来我国改革开放取得巨大成功的思想法宝，更是我们在新的历史起点上寻求新的突破和发展必须始终遵循的重大思想原则。

四、"随着实践的发展，该完善的完善，该修补的修补"。"每年领导层都要总结经验，对的就坚持，不对的赶快改，新问题出来抓紧解决"。这就指出，我们的实践要取得最佳效果，还必须在来自实践的正确认识的指导下更加自觉地去进行，争取事半功倍。而要做到这一点，仍然要尊重实践，认识实践，正确地反映实践中显露出来的客观规律，进而能动地按照客观规律办事情，搞实践。实践不会停止，运动没有穷期。我们的认识必须随着实践的发展而发展，而决不可无视实践的发展，停留在原有的水平上裹足不前，否则，便会被实践所抛弃，或者被实践所惩罚。在这里，关键是要能动地积极地认识实践，反映实践。由此看来，在新的历史起点上，当改革开放发展到今天，我们必须按照党的十七大的要求，深入贯彻落实科学发展观。着力解决当前改革开放实践中凸现出的自主创新能力还不强，长期形成的结构性矛盾和粗放型增长方式尚未根本改变，影响发展的体制机制障碍依然存在，收入分配差距拉大趋势还未根本扭转，统筹兼顾各方面利益难度加大，农业基础薄弱、农村发展滞后的局面尚未改变，民主法治建设和先进文化建设还不完全适应等诸多问题，能动地认识实践，改进工作，总结实践，争取实践的最佳效果，从而加速推进全面建设小康社会的历史进程。

五、"人民，是看实践。人民一看，还是社会主义好，还是改革开放好，我们的事业就会万古长青。""农村搞家庭联产承包，这个发明权是农民的。农村改革中的好多东西，都是基层出来的。"邓小平同志在这里再一次告诫人们，人民群众是社会实践的主体。人民群众也最尊重实践。尊重实践，就是要尊重千百万人民群众的实践。相信和依靠人民群众，就是要相信和依靠千百万人民群众生气勃勃的劳动创造。因此，要组织和团结人民群众成就改造社会、改造自然的事业，一方面必须相信和依靠千百万人民群众的实践；另一方面说出茧子，不如干出样子。在这里，没有什么神仙皇帝，唯有千百万人民群众的实践，才是最牢靠的。在这里，一步实际行动，比一打纲领更重要。在群众史观这一点上，邓小平同志的思想与以胡锦涛为总书记的党中央提出的"以人为本"的思想是一脉相承的。为此，当前我们就是要切实落实党的十七大提出的，发展为了人民，发展依靠人民，发展成果由人民共享的理念，进一步尊重人民群众的首创精神，进一步搞好民生工程，致力于提高劳动者的素质，把紧紧地依靠人民群众谋发展，搞改革的唯物史观切实落实到我们的全部工作当中去。

六、"改革开放迈不开步子，不敢闯，说来说去就是怕资本主义的东西多了，走了资本主义道路。要害是姓'资'还是姓

9

'社'的问题。判断的标准，应该主要是看是否有利于发展社会主义社会生产力，是否有利于增强社会主义国家的综合国力，是否有利于提高人民的生活水平。"邓小平同志的这一论断，实质上是在改革开放问题上，又一次贯彻了实践是检验真理的唯一标准的马克思主义真理观。他要求人们面对现代社会化大生产，解放思想，从传统的社会主义理论中走出来，"大胆吸收和借鉴人类社会创造的一切文明成果，吸收和借鉴当今世界各国包括资本主义发达国家的一切反映现代社会化生产规律的先进经营方式、管理办法"，对我国原有的经济体制和政治体制进行大胆的改造，进行有序的变革。这样的改造和变革，到底正确与否，不唯书，不唯上，要唯实，要看实践。实践证明是"三个有利于"的，就是正确的，就要毫不动摇地坚持，否则，就要坚决地改。在改革开放的问题上，同样只有千百万人民群众的实践，才是检验真理的标准，除此再没有什么权威。在改革开放问题上，其出路只有一条，那就是大胆地试，大胆地闯。正如邓小平同志曾经指出的："证券、股市，这些东西究竟好不好，有没有危险，是不是资本主义独有的东西，社会主义能不能用，允许看，但要坚决地试。看对了，搞一两年对了，放开；错了，纠正，关了就是。关，也可以慢关，也可以留一点尾巴。怕什么，坚持这两种态度就不要紧，就不会犯大错误。"由此可见，只要我们坚持实践标准，我们就应当是无所畏惧的。由此也可以看出，坚持实践标准不但能使我们具有一个清醒睿智的科学头脑，也能使我们形成一种积极进取、敢为天下先的精神状态。邓小平同志的这些光辉论述，充分显示了他作为伟大的马克思主义革命家、战略家的宏大的革命气派和彻底的唯物主义者大无畏的英雄主义精神。为此，深入学习邓小平同志实践第一的思想、革命的乐观主义和英雄主义精神，在当前，我们就是要响应党的十七大的号召，始终保持对马克思主义、对中国特色社会主义、对实现中华民族伟大复兴的坚定信念，戒骄戒躁，艰苦奋斗，以更加昂扬的姿态，高举中国特色社会主义伟大旗帜，更加紧密地团结在以胡锦涛同志为总书记的党中央周围，万众一心，开拓奋进，为争取全面建设小康社会新胜利，谱写人民美好生活新篇章而努力奋斗！

总之，改革开放三十年翻天覆地，成就辉煌，小平同志实践第一的思想，开启山林，功在千秋，有史实为证，永放光芒，需要我们在贯彻党的十七大精神的过程中，以至今后永远学习、继承并发扬光大。

写于 2008 年

"三个永远铭记"的科学价值

　　档案是历史的记录，我们是从事档案工作的，因此我们认识和思考问题，必须具备宏阔的历史眼光，这样我们才能更加清醒地认识开展档案保管和利用工作的价值。为此，在学习党的十七大报告的过程中，自己着重研读了胡锦涛同志关于"三个永远铭记"的重要论述，思想得到深刻的教育，认识得到很大提高。

　　一、改革开放的新的时代条件是怎样形成的

　　胡锦涛同志在党的十七大所作的报告的第二部分——改革开放的伟大历史进程——中，再一次肯定了中国的改革开放的新的历史阶段是以党的十一届三中全会的胜利召开为标志的，而开始的具体时间确定为 1978 年。与此同时，胡锦涛同志在报

告中对于改革开放的历史意义做了科学的界定。这就是，从
1978 年开始，中国共产党和中国人民以一往无前的进取精神和
波澜壮阔的创新实践，谱写了中华民族自强不息、顽强奋进新
的壮丽史诗，中国人民的面貌、社会主义中国的面貌发生了历
史性变化。胡锦涛同志并对改革开放的性质，也就是质的规定
性做了科学的阐述。这就是，改革开放是党在新的时代条件下
带领人民进行的新的伟大革命，目的就是解放和发展社会生产
力，实现国家现代化，让中国人民富裕起来，振兴伟大的中华
民族。

学习胡锦涛同志在报告中的这些科学论断，我们就会理所
当然地思考两个问题：

第一，中国的改革开放为什么恰恰开始于、发生于 1978
年呢？

第二，为什么历史行进到 1978 年出现了中国进行改革开放
的时代条件？而这个新的时代条件是怎样形成的呢？

13

胡锦涛同志在报告中对这些问题都给予了明确的回答。改
革开放在 1978 年之所以出现了新的时代条件，首先是由于以毛
泽东同志为核心的党的第一代中央领导集体创立了毛泽东思想，
带领全党全国各族人民建立了新中国，取得了社会主义革命和
建设事业的伟大成就和宝贵经验。也就是说，在 1978 年改革开
放出现了新的时代条件，其中最根本的原因是，时间到了 1978
年，不仅新民主主义革命取得了胜利，社会主义基本制度已经
建立并得到了长时期的历史检验，为当代中国的一切发展和进
步奠定了根本的政治前提和制度基础。所以我个人的体会是，
胡锦涛同志在报告中提出的第一个永远铭记，就是要求我们全
党用历史唯物主义的态度和方法看待改革开放，看待改革开放

近三十年来所取得的巨大成就。也就是说，改革开放以及取得的巨大成就是有其历史的必然性的，是具有深刻的历史原因的。

通过学习党的十七大报告，我的心得体会是，中国的改革开放之所以发生在开始在1978年，是因为在这个时候出现了新的时代条件，在多种多样的新的时代条件中，发挥基础作用的还是以毛泽东同志为核心的第一代领导人、中央领导集体为改革开放提供的政治前提和制度基础。也就是说，改革开放作为一场伟大的社会变革是需要政治前提和制度基础的，不可能凭空产生。

二、学习"三个永远铭记"的科学论述，必须把握一个最本质的问题

学习"三个永远铭记"的科学论述，我们应当把握的一个最本质的问题，那就是中国共产党人八十多年来的奋斗，就其实质来说，是中国仁人志士一百多年来寻求中华民族实现伟大复兴，实现国家工业化、现代化的崇高目标和艰难探索的继续和发展。这里需要把握和认识两个基本要点和历史结论：

第一，只有社会主义才能救中国；

第二，只有改革开放才能发展中国。

从这两个要点中，我个人的体会是，近三十年改革开放的实践证明，时代发展到了党的十七大，继毛泽东思想、邓小平理论、"三个代表"重要思想之后，我们党把科学发展观第一次确定为党和经济社会发展的重要指导方针，也就是说，到了党的十七大我们党才真正找到了在中国这样一个东方大国实现工业化、现代化的正确道路。这就是胡锦涛同志在报告中系统阐述的中国特色社会主义创新理论。

从这个意义上讲，从这个事实来看，党的十七大在中国实

现工业化、现代化的历史进程中具有伟大的里程碑意义。因为党的十七大不仅坚持了社会主义，坚持了改革开放，而且解决了中国如何科学发展的问题。

三、"三个永远铭记"的重要论述，科学地总结了我们民族一百多年来实现国家工业化、现代化的历史进程

尽管文字上没有集中表述，但在"三个永远铭记"的论述的字里行间，已清晰地反映出了这样的科学总结：要在中国这样的东方大国实现国家的工业化、现代化就必须走中国特色社会主义道路。总结中国一百多年来实现工业化、现代化的历史进程，学习"三个永远铭记"的科学论述，指导我们的档案工作，指导我们档案工作者研究中国近代史、现代史，我们就需要重新审视我们的馆藏。以"三个永远铭记"的思想为指导重新审视我们的馆藏，我们就可以合乎逻辑地得出这样一个结论，那就是我们的档案馆藏所记录的一切可以用一个线索把它们贯串起来，那就是我们的馆藏实际上反映了一百多年来中国人民、各政党、各阶层、各民族人民是如何追寻实现国家工业化和现代化的。从这个意义上讲，我们的馆藏除了反映中国共产党八十多年的奋斗史，更应当是反映中国人民一百多年来实现国家现代化、工业化的奋斗史，只有充分地反映了这两个奋斗史，我们的档案馆才是名副其实的国家综合档案馆。

四、建议明年隆重举办陕西省改革开放三十周年纪念展览

以 1978 年为标志，2008 年是改革开放三十周年。我们局馆应当按照"三个永远铭记"的重要思想为指导，以馆藏为基础，隆重举办陕西省改革开放三十周年纪念展览。改革开放三十周年纪念展览应当围绕"只有社会主义才能救中国，只有改革开放才能发展中国，中国特色社会主义是中国实现工业化、现代

化的必由之路"这三个主题布展。宣传党的十七大精神，展示我们局馆的丰富馆藏，追溯一百多年来陕西这块土地上实现工业化、现代化的历史进程，对全社会进行以爱国主义为核心的民族精神教育，进行以改革创新为核心的时代精神教育。通过这次展览扩大档案工作的影响，发挥档案的社会教育功能，配合我们馆的新馆建设，服务陕西建设西部强省的宏伟目标和奋斗进程。

写于 2007 年

启人心扉的好读物

去年五月份《六个"为什么"——对几个重大问题的回答》一书出版后,我们单位党组织立即组织大家认真学习讨论。我个人学习了多遍,总的体会是,该书通篇运用历史唯物主义的原理,用历史和现实相结合、国内与国际相对比的方法,摆事实、讲道理、明是非,极有说服力地回答了旗帜、复兴之路、根本政治制度、新型政党制度、基本经济制度、发展动力等六个全社会都十分关注并迫切需要回答的问题,对我们的教育启发很大。

其一,社会主义是中国人民的历史选择。该书第二章通过回顾中国近代所面临的求得民族独立和人民解放、实现国家富强和人民富裕两大历史任务,从事物的内部寻找事物变化的矛盾和发展动力，令人信服地阐释了中国之所以走上社会主义道路的三大原因：一是中国社会经济政治状况不允许走资本主义道路；二是时代条件和国际环境的新特点促使中国人民选择走社会主义道路；三是中国革命的领导力量决定了中国必然走社会主义道路。这就教育我们看问题要历史地看、唯物地看，自觉地运用马克思主义的立场、观点和方法去观察分析问题，才能抓住事物的本质，获得真理性的认识。

其二，历史形成的新型政党制度。"六个为什么"在阐述历史形成的新型政党制度时，回顾了一段重要的历史事实，这就是在第二次国共合作中，毛泽东曾多次表明中国共产党关于要实行多党政治协商、建立民主联合政府的主张，但是蒋介石顽固推行"一个主义、一个政党、一个领袖"的独裁统治，撕毁"双十协定"，挑起全面内战。1948 年，在解放战争将要取得决定性胜利之际，中国共产党发布"五一口号"，提出成立民主联合政府的政治主张，得到中国国民革命委员会、中国民主同盟等 11 个民主党派和无党派爱国民主人士积极响应。中国共产党领导的多党合作和政治协商制度，就是在这个基础上形成和发展起来的。事实表明，中国的政党制度安排，是近代以来中国历史发展的结果，是各民主党派及全国人民共同做出的正确的历史选择，是符合中国国情的新型政党制度。记住并懂得这段历史，对于我们坚持党的领导，坚持中国共产党领导的多党合作和政治协商制度，具有重大理论和实践意义。

其三，实践是检验真理的唯一标准。"六个为什么"通篇贯彻了这一马克思主义的基本原则。不论是论及新中国成立六十年来的巨大进步，还是阐述改革开放三十多年来的辉煌成就，第一位的就是用事实说话，用国家综合国力和城乡广大人民群众物质文化生活的变化和提高来作为论据。其涉及面之广，材料之扎实可靠，分析之清晰透彻，广大党员干部感同身受，倍觉亲切与信服。一句话，改革开放三十多年来，国家面貌和人民群众生活翻天覆地的历史性巨大进步的事实，有力地证明了共产党好！社会主义好！改革开放好！有着光荣传统的中华民族，一定会在中国共产党的坚强领导下，百折不挠地实现伟大复兴。

写于 2010 年

回顾毛泽东青少年时代

20

值此毛泽东诞辰 110 周年之际，作为中国革命的受惠者、毛泽东思想培育下成长的档案工作者，我们愿和朋友们一起步入档案资料所展示的历史画卷，共同追寻一代伟人的成长历程，以表达我们的缅怀之情。

勤劳朴实的农民儿子

1893 年 12 月 26 日，毛泽东出生在湖南省湘潭县韶山冲一个较富裕的农民家庭。父亲务农经商，母亲操持家务。毛泽东从六岁起就做一些家务和农活，如拔草、放牛、拾粪、砍柴，识字后又帮父亲记账。特别是在 14 到 15 岁大约两年的时间内，他成天在地里跟家中雇的长工一同干活。于是，犁、耙、栽、割，全套农活，他样样都在行。还经常跟长工争胜，抢重活干，养成了山区农家子弟的本色。毛泽东11岁那年闹灾荒，父亲要买进堂弟毛菊生赖以活命的田产，其母觉得应该设法周济毛菊生渡过难关才对，不应该乘机买他的田产，但父亲认为用钱买田是天经地义的事。母子俩的劝说自然没有效果，此事给毛泽东留下很深的印象。建国后，他多次对亲属讲起这件事，认为父亲只顾自己发财，连兄弟间的情谊也不顾，是很不应当的。少年毛泽东忠厚、踏实。一天，父亲让他和其他人一起去收田里的拖泥豆。其他人总选豆子长得稀的地方拣。豆稀，拣起来容易些，摘过的面积也大。毛泽东却选了一块豆子长得稠密的地方，老实地一颗一颗地摘拾。这样，花费的时间要多得多，但所摘过的面积却比较小。父亲来了，随便一看，竟称赞其他人勤快而责备他。但当毛泽东拿篮子里所拣的豆子给父亲看时，父亲也就无话可说了。

21

发愤读书的好学生

好学敏思，少年毛泽东在乡里、亲朋、师长间是早已闻名的。1913年春，20岁的毛泽东考入湖南第一师范学校，之后的五年半时间里，他的学习就更加自觉，更加勤奋了，为其一生打下了深厚的文化知识基础。在著名爱国人士、学者杨昌济、徐特立等名师的引导下，毛泽东把学习的重点放在修身、哲学、国文、历史和地理等几门课程中。他给朋友的信中说："从前拿错主意，为学无头绪，而于学堂科学，尤厌其繁碎。今闻于师友，且齿已长，而识稍进。于是决定为学之道，先博而后约，先中而后西，先普通而后专门。"他每天总是在天色微明时就起身，晚上熄灯后还借宿舍外一点微弱的灯光苦读，从不肯浪费半点时间，而且持之以恒。从先秦诸子到明清时代思想家的著作，从《二十四史》到司马光的《资治通鉴》，从《昭明文选》到《韩昌黎全集》，从顾祖禹的《读史方舆纪要》到本省的县志，他都认真地研读。他在给好友萧子升的信中列了77种古代经、史、子、集的著作，说："苟有志于学问，此实为必读而不可缺。"中国传统文化中的优秀部分，包括人格修养和智慧，对青年毛泽东都产生了深刻的影响。

毛泽东很推崇徐特立老师"不动笔墨不读书"的学习方法。所谓"动笔墨"，就是不只是读前人的书，而且要经过认真思考和消化，把自己的心得和看法写下来，其中包括对书中同意或不同意的地方。他当时有许多笔记本，包括听课的、自学的、摘抄的、随感的和日记等，积了有好几网篮，后来送回韶山家中存放。目前，幸存的一个笔记本是一个9行直格本，前面有他手抄的屈原的《离骚》《九歌》，后头毛泽东把它题为《讲堂录》，是1919年10月至12月的听课笔记。

青年毛泽东在汲取民族文化精华的过程中，逐步树立起了充满朝气、奋发向上的人生观。与读书同时，他采用多种锻炼形式，如日光浴、风浴、雨浴、冷水浴、游泳、登山、露宿、长途跋涉以及体操和拳术等，强健砥砺自己的体魄和意志，为后来承担中国革命和建设的大任准备了条件。

投身社会实践的有志青年

青年毛泽东在刻苦钻研祖国优秀思想文化的过程中，不仅注重知识的积累，而且善于理论联系实际，践行先贤的教导，积极投身社会实践，从无字处读书，丰富自己的思想和阅历。他推崇清代著名思想家顾炎武的思想："经世要务，一一讲求。事关民生国命者，必穷源溯本，讨论其所以然。足迹半天下，所至交其贤豪长者，考其山川风俗，疾苦利病，如指诸掌。"1917年暑期，他邀了学友萧子升，各带一把雨伞、一个挎包，装着简单的换洗衣服和文房四宝，外出"游学"。湖南俗话称"游学"为"打秋风"，指清穷的知识分子靠写点诗，写几个字，送给乡里的土财东，换几个钱糊口，形同乞丐。毛泽东他们没带分文，历时一个多月，走了900多里路，游历了长沙、宁乡、安化、益阳、沅江五个县的不少乡镇。途中，结交了农民、船工、财主、县长、老翰林、劝学所所长、寺庙方丈各色人等，写了许多笔记。回来后，读过毛泽东游学笔记的同学，说他是"身无分文，心忧天下"。为了纪念这次旅行，他和萧子升还换上游学时的草鞋短袜，到照相馆里拍了照片。这样的"游学"，毛泽东在湖南第一师范学习期间还进行过几次。1918年春天，他和后来成为中国共产党早期著名领导人的好友蔡和森沿洞庭湖南岸和东岸，经湘阴、岳阳、平江、浏阳几县，游历了半个多月。他日后养成的一切从实际出发，调查研究的作风，从这里已可看出端倪。

23

　　20世纪初叶，中国社会正处在剧烈的动荡中。毛泽东密切关心着这种动荡风云。在湖南第一师范读书的五年半，他总共花费了160多块钱，大约有三分之一用于订阅报刊和买书。他每天读报的时间很长，还常带着地图、字典和笔记本。和同学们谈论时事，他总是有条有理，了如指掌，并且往往充满着激情，于是就有了"时事通"的外号。这更加深了他那种强烈的社会责任感。

实事求是精神的源起

　　"实事求是"的精神，作为毛泽东思想的精髓，指引中国新民主主义革命与社会主义革命和建设从胜利走向胜利，其源起应追溯到毛泽东求学的青少年时代。毛泽东在湖南第一师范读书时，在杨昌济、方维夏、王季范、黎锦熙等先生的指导下，深入钻研明清之际湖南学者、我国古代杰出思想家王夫之等人的著作，汲取其朴素唯物论思想内核，关于"行先知后，经专致用"的学说，为日后确立马克思主义的世界观和方法论打下了思想根基，也为后来他创立毛泽东思想的科学体系奠定了基础。

　　"实事求是"，这个命题出自班固《汉书·河间献王传》，本意是做学问要注重事实根据，才能得出准确的结论。1919 年，在湖南岳麓书院办学的一位院长，把这四个字写成硕大的横匾挂在讲堂正门。经杨昌济先生介绍，青年毛泽东利用假期两次入岳麓书院寄读，这块"实事求是"的匾额自然给他留下了很深的印象。20 多年后，毛泽东对"实事求是"做出新的解释，并把这四个字题写下来嵌在延安中央党校的大门口。

编写于 2003 年

毛泽东在转战陕北途中

邓小平同志曾经深情地指出,如果没有毛泽东,我们现在可能还在黑暗中苦斗。此言一语道破了伟人与我们国家、民族复兴和人民群众根本利益的本质联系。今年是毛泽东同志诞辰120周年,陕北老区人民怎能不无限怀念自己的知心人——毛泽东。

"要让娃娃念书"

那是毛泽东带领党中央机关和解放军总部转战陕北的初春的一天。毛泽东来到了景色秀丽的石家湾,借住在农民冯正法家的一孔窑洞里。石家湾是老根据地,早在1934年这里的农民群众就跟着刘志丹闹上了革命,思想觉悟高。今天见到毛泽东,冯正法铁着心要表达感激之情,和老伴一商量,就将家中存有的 21 颗鸡蛋端在了毛泽东的面前说："首长，我给你'欢迎'几颗鸡蛋。""我们不能吃老百姓的东西，你还是拿回去吧。"毛泽东笑着说。老冯一看毛泽东不收礼，就急了："我们这搭有个乡俗，拿来了就不兴往回拿，一定得收下。"毛泽东看出了冯正法的诚心，就说："那就算点钱吧。"老冯更急了。"哪里的话，咱们自己的队伍，还算甚钱？"经过一番推让，老冯收下了毛泽东让工作人员拿出的七毛五分边币，尔后毛泽东收下了老冯的一片真情。老冯高兴地给老伴说："这位首长太好了！"更让老冯动心的是，在这战火纷飞之际，毛泽东临离开石家湾时，还给老冯送了一支笔、一锭墨、一盒香烟，并再三叮嘱："一定要让娃娃念书，让娃娃念书。"想得多长远啊！冯正法和老伴接过毛泽东送的东西，连声说："我一定让娃娃念书！一定让娃娃念书！"

"再不能给老乡添麻烦了"

一天，毛泽东来到靖边县小河村，房东在窑洞的前窑里养着几笸箩蚕，蚕日夜发出"沙沙沙"吃桑叶的声响，连年轻的警卫员都被吵得睡不安稳。于是，大家都考虑给毛泽东另外找一处安静的住处。建议讲到毛泽东那里，毛泽东严肃地说："我们还是帮老乡收麦子去吧，那是要紧的事，这里很好，不需要另换地方。我们一下子来了这么多人，老乡的住房都很紧张，你们看房东一家人挤在一起，再不能给老乡添麻烦了！"就这样，毛泽东在这孔窑洞里照常工作、休息，有空儿了还走到笸箩前，爱抚地为蚕儿添桑叶。此后，在一次外出时，毛泽东了解到村边的山崖上有一窝花鸨，常常叼食村里鸡娃，毛泽东就组织身边的警卫战士攀到山崖上，把花鸨窝给拿掉了。乡亲们看到战士们汗流浃背地帮他们收麦子，知道毛泽东执意不换住房的情形，现在还为他们除去了花鸨的危害，都赶来向毛泽东道谢。毛泽东笑着说："这都是我们应该做的事啊！"从此，小河村的父老乡亲都把毛泽东叫作"咱们的知心人。"

"近处的柴留给群众农忙时砍"

时时处处把人民群众的利益装在心里，毛泽东在陕北老区十多年给乡亲们留下了多少亲情，多少思念啊！那是在王家湾的一天，毛泽东察看群众生产来到山上，详细地向村长高文秀了解群众生产生活方面的情况，在把有些家户缺口粮、缺柴烧，有些人家缺少换季的衣裳的困难，一一记在心里后，便发动中央机关节省粮食接济群众，把自己的衣服也拿出来让人送给乡亲们。在解决群众缺柴火烧的问题上，毛泽东想得就更细了。毛泽东担心有的战士打柴走近不走远，影响群众利益，便教育大家注意这个问题。一天后晌，机要科译电员孟昭哲到毛泽东住的院子向房东借镢头，毛泽东问他："干啥去？"小孟回答说："上山砍柴。"毛泽东说："你们打柴要跑远些，近处的柴留给群众农忙时砍。"这话被房东薛如宪老汉听见了，心想这位首长替咱庄户人想得真周到啊！就走到毛泽东面前说："首长，咱这山区到处是柴，谁还砍得完，就让他们就近些，看把后生们熬（累）成甚啦！"毛泽东微笑着没有说话，孟昭哲扛起镢头，点点头，高兴地跑了。

编写于 2013 年春

（辑自陕西人民出版社出版的《毛主席转战陕北》一书）

27

周总理最后一次回延安

　　胡锦涛同志在《纪念周恩来同志诞辰 110 周年座谈会上的讲话》中指出："1973 年，他重返延安时，目睹群众生活仍然贫困的情景，禁不住潸然泪下，痛心地自责对不起老区人民。"

　　根据陕西省档案馆馆藏资料，本文要讲述的，是周总理1973 年重返延安时是在怎样的情形下潸然泪下的，他 1973 年重返延安时对延安老区人民的无限眷顾、老区人民对他的无比爱戴，及至他在党史问题上实事求是的刚正精神。

　　"延安人民生活这样苦，这样的酒菜，我怎能吃得下去呢？" 1973 年 6 月 13 日，周总理陪同越南贵宾到延安参观访问。访问间隙，他专门挤出时间，要曾在外交部工作过的老部下，时任延安地委副书记的土金障同志如实向他汇报延安人民的生活状况。

总理："金障同志，你来延安快 10 年了，据你了解，延安人民生活到底怎么样？"

土："总理，延安地区 14 个县，130 多万人口，南边 7 个县群众生活还可以，北边 7 个县群众生活很贫困。最近我到子长县李家岔村去看了一下，那里群众连苞谷都吃不饱，其中有一家五口人合盖一床被子。"

总理："战争年代都没有这样苦！这是为什么？"

土："这可能和政策有关系。老百姓在院子里种几棵南瓜苞谷也都被铲掉。"

总理："你们为什么不阻止？"

土："人们看法不一致，不好阻止。"

总理："要阻止这种做法，铲掉是错误的，要让群众吃饱饭嘛！"

听了土金障同志的汇报，看到延安街市凋敝的情景，总理心情十分沉重。他从接待外宾的宾馆搬到了延安南关干部招待所。中午，在延安当地准备的有酒有肉的餐桌前，总理含着泪说："我这个总理没有当好，延安人民生活这样苦，这样的酒菜，我怎能吃得下去呢？"总理只要了一小碗小米饭。这天中午，延安当地安排了两桌饭，总理和延安地委、行署的领导同志在一桌，省上前来陪同的领导坐一桌。当总理情绪平静下来后，他向省上和延安的领导同志提出了延安三年变面貌，五年粮食翻一番的要求，问行不行。在场的同志为总理关心百姓的真情所感染，都齐声回答："行！"总理说："好！我要的就是你们这句话"。又说："拿酒来！"总理和大家一起含泪碰杯。碰了杯，喝了酒，又和每个在场的同志一一郑重地握了手，表示今后中央要给养育了中国革命的延安特殊政策。

为了让延安人民吃饱饭，总理回到北京后，决定每年由中央财政直接补贴延安地区 5 000 万元。同时在总理的亲自安排下，一时间，1 200 多名技术人员从全国各地来到延安，帮助延安兴建了钢厂、卷烟厂、丝绸厂、造纸厂、化肥厂等一批地方企业，对改变当时延安的面貌起到了重要作用。

延安父老硬是用肩扛手抬将总理的汽车抬过了小南河。周总理是 1947 年 3 月国民党进攻延安时和毛主席一同离开延安的。二十六年后重回延安，中午休息的时候，总理嘱咐工作人员不要惊动他人，尔后乘北京吉普车登上了宝塔山，深情地俯视他曾经工作过十三年的延安的山川大地，并以沉重的语调反复诵读 1949 年 9 月毛主席给延安和陕甘宁边区人民的复电："延安和陕甘宁边区人民对于全国革命是有伟大贡献的。"登临了宝塔山，下山返回时，群众发现了总理的车子，几千名群众向总理的汽车拥来。汽车只能在群众簇拥下缓行。当时延安市区通往宝塔山还没有公路桥梁，车行进在小南河河道中，司机本想加大油门冲过小河，但总理怕河水溅湿群众，让司机减速慢行，慢行中汽车突然熄了火，总理的乘车便滞留在河中间。此时，总理打开车窗，将手伸出窗外和群众握手。看到无比亲切敬爱的周总理，无数群众忘情地肩扛手抬硬是把总理的车抬过了小南河，总理向群众致谢，不少群众流下了激动的热泪。

在参观延安革命历史纪念馆时，总理一一道出了七名新四军师长的名字。这天下午，参观延安革命历史纪念馆，周总理看到受当时严重歪曲的党史观念的影响，整个纪念馆展板中连一张刘伯承、邓小平、陈毅同志的图像都没有，认为党史展览不符合历史事实。他还指出："新四军后来的发展，只是因为刘少奇是政治委员才有的，新四军的七名师长都是有功劳的。"并一一道出了七名师长的名字。他说："有些人犯了严重错误，要揭露，但要允许改正，改了就好嘛！"现在看，总理当时之所以说这番话，不仅是为了澄清历史，更是在为一大批老革命家出来工作特别是为邓小平同志出来工作考虑，是有深意的。他对延安的同志说，展出的内容太少，不客观，这个事不能怪你们，也不是一个地方的问题，我回去向毛主席汇报一次，怎么办再告诉你们。

再找一找陈友才同志的坟墓。1937 年 4 月，周恩来副主席和张云逸、孔石泉等同志从延安出发，前往庐山同国民党谈判。由于特务告密，4 月 25 日当汽车行至延安以外 50 华里（1 华里 ＝0.5 千米）的崂山时，突然遭到 120 多名武装土匪的袭击，陈友才等同志为掩护周副主席撤退，在这次战斗中壮烈牺牲了。几十年来总理总是惦念着陈友才等烈士。1970 年 1 月邓大姐来到延安，按照总理的嘱咐和当地同志一起查探陈友才烈士的坟墓。经反复核查确认陈友才烈士的坟墓就在延安清凉山上，但具体是哪一座坟墓，仍无法确定。这次总理回到延安又要求延安同志查寻陈友才烈士的坟墓，他动情地说："陈友才是个好同志，作战勇敢。他是替我死的，找到了坟墓我应当前去祭奠。"

总理最后一次回延安，应当说是带着一桩尚未了却的伤情离去的。

胡锦涛同志在《纪念周恩来同志诞辰 110 周年座谈会上的讲话》中有如下论断：周恩来同志功勋卓著，品德崇高，人格光辉。应该说，总理最后一次回延安时的一言一行，就是对这一论断的又一印证！

编写于 2008 年

习仲勋与西北解放

伟大的无产阶级革命家、政治家、著名国务活动家、改革开放事业的开拓者之一——习仲勋同志，在其长达六十多年的革命生涯里为中国人民的解放事业，为新中国的建立和社会主义建设的发展壮大所做出的重大贡献，建立的卓越功勋，已彪炳史册，为举世所公认。值此建国六十周年之际，本文谨概述抗日战争胜利后，习仲勋同志为西北五省区的解放呕心沥血、运筹帷幄、折冲樽俎的光辉业绩，以资学习老一辈无产阶级革命家开元布新，推动历史前进的崇高理想和大智大勇。

独当一面

习仲勋同志 1913 年出生于陕西省富平县淡村乡中合村一个

贫苦农民家庭；1926 年在该县"立诚学校"高小部读书时加入
中国共产主义青年团；1928 年在陕西省立第三师范学校（校址
位于三原县县城）爱国学生运动中，加入中国共产党。此后，
习仲勋同志作为职业革命家在关中大地，在陕甘宁边区为中国
人民的解放事业历尽艰辛，整整奋斗了二十多个春秋。时至
1945 年，习仲勋同志已成为中共中央七届中央委员会候补委员、
中共关中地委书记，成为我党文武兼备的高级干部。也就是在
这一年，由于抗日战争的胜利，中国面临着两种命运、两种前
途的斗争，即继续实行国民党的独裁专政，维持半殖民地半封
建的局面，或者实现和平、民主的新民主主义建国之路。在此
历史关头，我们党及时分析了形势并科学地预测了时局发展方
向，用毛泽东同志的话来讲，就是"反动派是不会自动退出历
史舞台的"。为此，我们党提出了关于争取和平和准备革命战争
的方针，确定了以革命的两手反对反革命的两手的策略，同国
民党反动派进行了针锋相对的斗争，在战略上"向南防御，向
北发展"。陕甘宁边区即成为实现这一战略方针的重要后方。据
此，中共中央决定，包括西北局书记高岗在内的陕甘宁边区党
政军机关及其各分区万余名干部调赴全国其他解放区，其中一
半人被派往东北建立根据地。就在这一重要时刻，习仲勋受命
担任中共中央西北局书记兼陕甘宁晋绥联防军代理政治委员，
主持西北党政军工作，时年年仅 32 岁。当时，中国共产党已有
120 多万党员，根据地的面积达到近 100 万平方公里，人口近 1
亿人，人民军队发展到 120 万余人，民兵发展到 220 万人。党
中央分设南方局、北方局、西北局、中原局、山东局等，分别
组织领导各根据地的工作。

　　从地委书记的岗位上直接调到中央局主持一方面的工作，

33

反映了党中央、毛主席对习仲勋长期在地方工作的肯定和对他的高度信任与期望。后来的斗争实践证明，党中央、毛主席的这一选择完全是正确的。习仲勋同志在陕甘宁边区的保卫和建设，以及日后解放大西北的斗争中所表现出的政治远见和卓越的组织领导才能，给党和人民交出了一份极为出色的答卷。

保卫延安与支持前线作战

习仲勋同志出任西北局书记后，坚定地贯彻党中央以革命的两手反对反革命的两手的方针和策略，根据陕甘宁边区在我党全部工作中的地位和作用，首先组织领导陕甘宁边区做好五项工作：第一，继续发展生产，整顿财政，以发展经济、保障供给为中心，尽量发展农业，把开荒放在第一位，改良农业耕作法，推广选择良种，积肥施肥，消除病虫害，深耕细作。工业除了公营的纸厂、兵工厂、毛织厂外，大力发展家庭纺织业，实行自种、自纺、自用，满足群众和边区各项事业的需要。第二，加紧练兵，加强部队的教育（守卫陕甘宁晋绥根据地部队），彻底纠正部队中存在的涣散、疲沓现象和严重违法乱纪现象，为战争做好准备。第三，大力推动边区建设特别是做好文教工作。陕甘宁边区所属关中、陇东等分区进一步办好中学，各县办好完全小学。加强对报纸工作的领导，团结爱护文艺工作者，改善他们的政治和生活待遇。加强边区医药卫生工作，关心人民群众疾苦。第四，发展和巩固民主政权建设，认真总结边区以参议会为形式的政权建设的经验，倾听群众意见，诚恳团结党外人士，结成更加广泛的统一战线，为争取和平、民主而斗争。第五，整顿党的队伍，转变思想作风，着重解决有些干部比地位比待遇、脱离群众的问题，怎样团结带领群众的问题。习仲勋同志根据自己长期与人民群众朝夕相处，开展地方工作的实践经验教育广大党员干部：在农村里，就有这样一个特点，老百姓他亲身体验了，才能心甘情愿地去执行。否则，不会高兴参加这些运动的。我们应当注意这个特点，永远不要脱离群众。在习仲勋同志的精心组织领导下，陕甘宁边区的各项事业都得到了很大的发展。到1946年全边区600万亩冬小麦、35.6万亩棉花取得较好收成，从而保证了边区经济和各项事业的需要。

就在习仲勋同志倾心边区建设的时候，国民党集团撕毁与我党签订的和平协议，在对我党领导的根据地全面进攻失败后，改变策略，于1947年重点进攻以延安为中心的陕甘宁边区和山东解放区，是谓"哑铃政策"，妄图就地摧毁或将我党首脑机关逼至黄河东岸。值此危急关头，党中央、毛主席决定以彭德怀为西北野战军司令员兼政委，习仲勋为副政委，以不到2万人的解放军团结边区军民抗击胡宗南集团20万人对边区的围剿。在保证边区，保证党中央、毛主席的这场严重的斗争中，习仲勋充分发挥熟悉地方军民和善于开展政治思想工作的经验，协助彭总在四个月时间内，先后取得了著名的青化砭、羊马河、蟠龙及收复陇东、三边解放区战斗的胜利，扭转了陕北战场于我不利的局面，而陷胡宗南集团于被动挨打的境地，为党中央、毛主席谋划解放大西北创造了条件。此后，考虑到解放大西北，彻底打败胡宗南集团对陕甘宁边区的侵犯，以及巩固建设陕甘宁和晋绥解放区的需要，党中央、毛主席，在著名的小河中央扩大会议上决定，习仲勋以西北局书记的名义和贺龙同志共同指挥陕甘宁晋绥联防军，由贺龙任联防军司令员，习仲勋任政治委员，全面负责解放大西北的后方工作。

习仲勋同志离开前线和彭总，回后方主持西北局工作后，与贺龙同志一起采取了三项重大的支前措施：一是统一生产建设和金融贸易，建立独立自主的财政经济体系；二是加强对支前工作的领导，有计划地使用人力、物力、财力，为前方服务；三是搞好土改，从根本上调动劳动人民生产、支前的积极性。这三项措施的实施在后来的解放大西北的斗争中，都发挥了巨大作用。仅1948年习仲勋、贺龙组织陕甘宁边区和晋绥解放区为彭总指挥的野战军一次就送去农币（晋绥解放区西北农民银行的银行券）350亿元，银元10万元，黄金1 600两，敌币4亿多元，粮食3万石。动员战勤民工120万人（次），运输牲畜110万头，畜工260万人，有效地保障了战争的需要。

土改纠"左"

习仲勋同志回后方主持西北局工作后，还将巨大的精力投入到领导土地改革运动当中。他在调查中发现，一些农村不加区别平分一切土地，把财产较多、生活较好的农民当成土改对象，把已转化为农民的旧地富（陕甘宁边区在建区之初就在我党领导下进行了打土豪、分田地的斗争，有些地方早在20世纪30年代末即进行了土改）又拉出来斗争，甚至把在我方任职之公教人员，其家中缺乏劳力者，也定成地主、富农。在枣林坪街，把店铺大部分查封。在延家岔，贫农会上规定谁斗地主不积极，就用乱石头打死。在辛店贺家石工作团所领导的农会上，规定民兵吊地主，打干部。许多群众斗争会上，总是有几名打手，专门捆、打、吊、拷，弄得人心恐慌。习仲勋在一份调查报告中写道：土改一到农村，就发生极"左"偏向。凡是动起来的地区，多去强调"贫雇农路线"，反对所谓"中农路线"，都是少数群众（不是真正的基本群众）起来乱斗、乱扣、乱打、乱没收财物、乱扫地出门。最严重的是佳县，有好几个村庄，连贫农、中农的东西都一律没收。干部家属幸免于此者很少。张达志（时任我晋蒙军区副政治委员）家中也被斗，被索要银洋。有的烈士家属也被扫地出门。佳县乱搞不到五天，竟一塌糊涂。我看一有"左"的偏向，不到半月，就可把一切破坏得精光。在机关学校中，也发生"左"的事件，如边保（指陕甘宁边区政府保安处）的马夫起来斗争马夫班班长，也叫贫雇农翻身。

针对这种"左"的风潮，习仲勋一边调查，一边纠正，一边进行研究。从 1947 年至 1948 年的两年期间，他本着实事求是，一切从实际出发的精神以及维护党和群众根本利益的原则，曾三次提出了自己的纠"左"的意见，受到党中央、毛主席的肯定和赞扬，有效地推动了土改工作的健康发展，从而有力地保障了后方的稳定，极大地支持了解放大西北、经略大西北的斗争，并给全国各解放区土改工作以积极的影响。

1948 年 1 月 4 日，习仲勋致信西北局并转中共中央，就检查绥属（绥德分区）各县土地改革中出现的问题，向中央做出汇报，信的主要内容：①苏维埃时期的老区，有许多问题与抗战时期情况是不同的。首先，老区成分（指当时农村农户划定的阶级成分）一般定得高，群众不满意。其次，中农多，贫雇农少。平分土地对我不利，最好以抽补方法解决少数农民少地或无地问题。第三，地主、旧富农也比新区少得多。如果在老区再沿用地主富民占中国农村 8％ 左右的做法，必然会导致错

37

误。第四，对老区地主，应查其剥削关系及是否参加劳动与时间长短来决定。第五，在老区发动群众运动，要坚决反对"左倾形式主义"。②绥德分区领导上虽有明确决定，但是，在群众发动起来的地方，一般的都是过"左"。这种"左"的情绪，不是群众原来就有的，而是干部带去的。要将运动引向正确的方向，这还是一件很艰苦的工作。③在选贫农团、农会领导土改的成员中，要由群众选能代表多数群众利益，并为全村、全乡群众所拥护的人来担任，工作团不能包办代替和搞其他形式主义。④他在信中特别指出，"陕甘宁边区的老区（全国解放区的一块特殊地区）是有许多问题同新区有其基本上的区别，望能在土改方针及方式上，随时注意，适合当地的具体情况"。

毛主席看到习仲勋这封反映农村实际又颇具真知灼见的信后，即发出电报表示："我完全同意仲勋同志所提各项意见。望照这些意见密切指导各分区及各县的土改工作，务使边区土改工作循正轨进行，少犯错误。"

同月 19 日，习仲勋根据实际调查研究的情况又一次致电毛主席，提出边区土改中九个值得注意的问题：①土地革命地区的农民，实际上已都不是贫农，而是中农；边区的劳动英雄，还是勤苦劳动，热爱边区的，但因有余粮往往被当成斗争对象，这与劳动致富方针不符，对党对人民是莫大损失。拟规定，凡劳动英雄与干部家庭在处理前必须经过超一级的批准。②在土地革命地区中农占优势，在抗日战争中经过减租减息地区，也发生了基本变化。这次所斗争过的地、富，实际上其中三分之二都已自己连续劳动在七年以上，应按现在的情形妥善对待，既不脱离群众，又不多树敌人。③老区有些乡村贫雇农很少。有的是好吃懒做，抽赌浪荡致贫的，如由这些人领导土改，就等于把领导权交给坏人。在老区就要不怕中农当道，真正的、基本的好群众在中农阶层及一部分贫农中。④不要再算老账，不管重大或轻微的旧账，都一概不究既往，否则会引起社会上极大动荡，对我不利。⑤只要不是死心塌地的投敌分子，均采取感化争取政策。⑥对恶霸应有明确的定义，不能扩大化，特别不能株连其家人亲属。⑦老区土地应以调剂为主。⑧边区土改要首先解决好人民生计，要同生产救灾结合起来。⑨救灾中要形成一人一户、一村一乡去解决问题的新作风。

毛主席在接到报告后第二天，即20日复电习仲勋：①19日来信完全同意。②望坚决纠正"左"的偏向。③同时注意不要使下面因为纠正"左"而误以为不要动。毛主席又将习仲勋的九条意见转发全国各解放区，并批示："完全同意习仲勋同志这些意见。华北、华中各老解放区有同样情形者，务须密切注意改正'左'的错误。凡犯有'左'的错误的地方，只要领导机关处理得法，几个星期即可纠正过来，不要拖延很久才去纠正。同时注意不要使下面因为纠正'左'而误解为不动。"

习仲勋的九条意见引起了毛主席的高度重视，他又指示习仲勋等人，就在老解放区、半老解放区及新解放区实行我党制定的《土地法大纲》的具体措施，提出自己的意见。习仲勋在进一步调查研究的基础上，首先对三类不同地区的概念做了界定：日本投降前解放的地方为老解放区；日本投降以后，至全国大反攻时这两年内所占地方为半老解放区；大反攻以后所占地方为新解放区。他进而建议：由于陕甘宁边区中农占有土地多，如果平分，必然会动摇农民对土地所有权的信心，挫伤他们的生产积极性，故不宜平分土地。老解放区不能搞贫农团领导一切，因为贫农团内有由于地坏、地远、人口多而致贫的，有遇灾祸生活下降的，也有不务正业而变坏变穷的。这种贫农团一组织起来，就必然向中农身上打主意，"左"的偏向也就由此而来。"这一倾向，十分危险，有压倒中农，破坏农村经济繁荣之势。"要把发扬民主与土改、生产相结合，解决中农负担过重的问题。习仲勋的这些意见再次受到党中央重视，毛主席亲自修改校订了习仲勋发来的电报稿，并批示转发晋绥、中工委、邯郸局、华东局、华东工委、东北局，参照执行。

经略大西北

陕北战场的主动权转入我军之手以后，作为西北局书记的习仲勋，根据全国解放战争的发展态势，于1947年下半年就开始思考我党如何管理新的解放区以及城市的问题。这年7月他向党中央、毛主席报告：①坚决贯彻中央政策是顺利建设新区的重要条件。蒋管区的广大人民，包括一些中上层分子对我党我军的态度是好的，都是愿我少犯错误，迅速推进革命胜利。普遍的顾虑，是我们能不能照宣布的政策办事到底，故要求再不犯政策错误。②抗战期间，陕甘两省农村生产未遭大的破坏，蒋管区的农民生活并不像我们过去想象的那样无法活下去。一些地方中农户数占55％左右，小农经济较为发展。故我军进出这些地区，必须严格遵守党的政策，群众纪律也要十分严明。③新区解放后，首要任务是建立革命秩序，宣布解散一切反动特务组织，有计划地转入发动群众，进行社会改革。新区土改不应过早提出。解放县城后，要统一管理城市，宣传纪律，加强发展生产，把消费城市变为生产的城市。新区政权初期不宜过急实行民主选举。故新区建设，可发动党组织临时推选或选派。新区财政是我们最不熟悉的工作。税收应一律维持原状，由原税收机关按原规定向民主政府交款，俟我有力管理时，再去接收。新区学校应采取坚决保护政策，初解放时，一律维持现状。毛主席、刘少奇、周恩来传阅了这一报告，给予高度评价并将此报告转发各中央局参考。

当我西北野战军转入南线作战，解放关中，挺进大西北之时，习仲勋同志特别指出，西北是我中华民族发祥之地，历代文物古迹甚多，凡我党的组织和人民政权均应负起保护文物遗产的责任。1948年3月26日他与林伯渠、贺龙联合署名发出《保护各地文物古迹布告》，其保护种类为"古版书籍、宗教经典、地方志、风土志、贵重图书资料，包括外文书刊、专科书籍及各种调查图表；古代钱币、铜铁钟鼎、陶瓷器皿、古字典、碑雕刻及照版等。""凡老区、新区的古迹名胜，如碑塔、陵墓、雕刻、塑像、寺院、庙宇及其他一切有历史价值的建筑均需一律保护。"

1949年5月20日，我军解放西安后，习仲勋同志首先提出了"建设人民新西安"的口号。他指出："必须团结拥护新民主主义革命的各阶层各阶级，组成广泛的统一战线，全市工人阶级、其他劳动人民、知识分子、小资产阶级和民族资产阶级及少数民族等，都应当在共产党领导之下团结起来，建设人民的新西安。"他还指出："今天西安市基本上还不是一个生产的城市，而是一个消费的城市，还不能以大量的生产品供给乡村，乡村农民还没有力量购买消费城市的生产品。只有与建设城市同时积极进行农村民主改革，才能更有条件地为建设和发展城市的工业生产而努力。"

同年9月23日，离新中国宣告成立还有7天时间，习仲勋便及时提出西北经济建设问题。他说："战争结束后我们的主要任务是建设，在建设事业中又是以工业建设为中心，以便一定时期，将西北由一个在经济上散漫、落后的农牧区，改变为工业经济起领导作用的先进地区。要达到这个目标，必须有正确的步骤。恢复与发展现有的公私企业，这是第一步；第二步是有计划地建设新的大规模的工业，这种新的大工业经济，必须是用最新式技术装备起来的，其中又以重工业为主。"

习仲勋同志其时之所以对于如何经略大西北，建设大西北进行战略规划，是因为 1949 年 6 月 8 日，中共中央根据全国形势的发展和解放、建设大西北的任务，决定组成新的中共中央西北局。彭德怀、贺龙分别任第一、二书记，习仲勋任第三书记。由于彭德怀正在指挥第一野战军向甘、宁、青、新广大地区进军，贺龙不久即率军入川与第二野战军合作作战，习仲勋分工主持西北局日常工作。更因为同月，在中国人民政治协商会议第一届全体会议上，习仲勋当选为中华人民共和国中央人民政府委员，党和人民赋予了他建设新中国的新的历史使命，时年他年仅 36 岁。投身革命二十余年，矢志以求的理想终于实现了，他同全国人民一样，豪情万丈地要把自己深深热爱的祖国建设成为一个独立、民主、富强的新国家，实现振兴中华的百年梦想。

从此习仲勋同志又同全国人民、大西北人民一道，开始了新的历史征程。

编写于 2009 年

（资料来源：《习仲勋传》上卷；《中国共产党七十年》

《解放陕西回眸》）

伟大的爱国者于右任

　　时值纪念辛亥革命 100 周年之际，作为辛亥革命的猛士，民国元老，伟大的爱国者，享誉海内外的著名诗词、书法大师于右任先生，其一生忠正炽烈的家国情怀和爱国业绩，又一次为国人所怀念。

致力民主共和　　向往十月革命

　　于右任先生 1879 年（清光绪五年）出生于陕西省西安府三原县东关道巷一个穷苦家庭。7 岁入私塾读书，此后在族人乡邻的资助和个人的努力（屡获奖学金）下，先后就读于三原县学、西安陕西中学堂，获秀才、举人功名。然而在民族主义和民主主义思想的影响下，他毅然放弃了封建士大夫的人生追求，于青年时期起就立志反清救国。25 岁（1903 年）即刊印发行《半哭半笑楼诗草》，抨击慈禧专权误国的罪恶，呼吁革命的到来，为无数热血青年竞相传颂，在西北，在中原，引起强烈反响。

> 误国谁哀窃窕身，唐惩祸首岂无因。
>
> 女权滥用千秋戒，香粉不应再误人。
>
> 太平思想何由见，革命才能不自囚！
>
> 换太平以颈血，爱自由如发妻。

由是开罪清廷，密令就地斩决。后来在亲友的掩护下，于1904 年亡命上海，结识革命党人和著名教育家马相伯，从此走上了职业革命家的道路。

到上海后，于右任一边读书办学，一边洞察时事。他看到清政府疯狂地压制革命舆论，遂决心冲决罗网，利用租界，创办报纸，倡导舆论，鼓舞民气。于是，于右任相约邵力子于1906 年东渡日本，考察报务，购置设备，物色办报人才，同时与革命党人取得联系。此次日本之行，对于右任影响极大。一是拜会了孙中山先生，中山先生对于右任的革命精神和才华甚为欣赏，向其详述革命形势和方略，并由其秘书胡汉民主盟，吸收他加入同盟会。随后孙中山即委任于右任为长江大都督，责任东南各省的革命事务。二是考察了《朝日新闻》社和《每日新闻》社的报务运行状况，在东京革命人士中筹得办报经费 3 万银元，且延揽了杨守仁（《新湖南》的作者）等几位办报的优秀人才。三是通过奔走联络，把陕西、甘肃、河南、山西等四省的爱国同胞团结起来，成立了四省旅日同乡会，于右任被推举为会长，为日后开展群众革命工作创造了条件。

由于这次日本之行收获巨大，回国后，于右任一方面遵照中山先生的指示开展革命活动，另一方面，从 1907 年起，在同清王朝、袁世凯和帝国主义的不断斗争中，坚持在上海办报凡八年。他相继创办了《神州日报》《民呼日报》《民吁日报》和《民立报》，大力宣传民主主义思想，揭露清王朝的腐朽与黑暗，反对帝国主义的侵略和压迫，在舆论上发挥了破旧立新的重大作用。1936 年，毛泽东在同斯诺谈话时就谈到：年轻时他在长沙第一次看报纸看到《民立报》，这是一种民族革命的日报，登载着广州反清起义和七十二烈士的殉难。这件事是一个叫黄兴的湖南人领导发动的。他被这件事深深地感动了，觉得《民立报》充满了富于刺激的材料。这份报就是于右任主编的。诚如毛泽东所言，于右任所办报纸始终秉持民族革命的宗旨。秋瑾烈士遇害后，《神州日报》发表评论，痛骂杀害秋瑾的凶犯是"国人之蟊贼"。1909 年朝鲜志士安重根在哈尔滨刺杀了日本前驻朝殖民总督、胁迫清政府割让台湾的日本首相伊藤博文。中国境内中外报章恐结怨日本，都噤若寒蝉，唯有《民吁日报》大字标题在显著位置刊出了这一令中朝两国人民称快的消息，并尖锐地指出："伊藤之满洲旅行，非独为满洲，为全中国也。"辛亥革命胜利后，于右任主持《民立报》极力宣传报道此次胜利的重大意义，率先发表文章，邀请孙中山先生回国主持政局。这一呼声立即赢得各方面的热烈响应，为中山先生回国组建临时政府起了很大促进作用。中山先生回国抵达上海后，专访《民立报》社，亲笔为其题写中英两种文字赠言："戮力同心"。后又以临时政府大总统名义，颁布"旌义书"，表彰《民立报》和于右任对革命的贡献。同时，鉴于于右任冒着杀头的危险长期倡导革命舆论，开展革命活动的功绩，及其在此期间所表现出的卓越的组织领导能力，遂任命其为临时政府交通部次长，视其为建国理政的干才。

后来的事实证明，于右任没有辜负中山先生的厚望，每临重大历史关口，都表现出了大智大勇和坚定的革命立场。袁世凯窃国后，"二次革命"时，他受孙中山之命回陕任靖国军总司令，领导陕西的革命武装，沉重打击了袁系军阀势力，有力地支持了南方革命运动。1925 年初，孙中山先生在北京病危，为应对时局，委于右任为国民党中央政治委员会委员，并着其参与起草《总理遗嘱》。1926 年，奉军进驻北京，悬赏搜捕国共两党革命人士，李大钊委托于右任秘密赴苏联学习考察并敦促在苏联的冯玉祥回国，重整军事。于右任到苏联后，受到苏联政府的热烈欢迎和斯大林的接见，同时也为社会主义苏联的崭新面貌深深感染。在苏联的 20 多天里，于右任心情格外欢畅，参观红场、克里姆林宫、拜谒列宁墓，瞻仰列宁遗容，并会见在苏中国留学生，号召大家早日回国，参加国内革命斗争。在此期间，他有感而发写下了大量歌颂十月革命和社会主义的诗作。

一片红场红又红，照耀世界日方中。

列宁同志何曾死，犹呼口号促进攻。

二百余年霸业零，天风吹尽浪花腥。

掬来十亿劳民泪，彼得湾中吊列宁。

回国后，他诚心接受苏联革命理论，大书"一切权力属于党，一切利益归于民众"十五个大字，刻石嵌入陕西省党部大门墙壁。又书"工农商学兵联合起来"，悬挂在靖国军总司令部大门檐上，向往十月革命胜利和社会主义的思想十分鲜明。

秉持民族大义　力促国共合作

于右任先生作为我国民主主义革命的忠诚战士，究其一生，他总是把救亡图存、振兴中华作为其事业和人生的最高理想和信念。此一点，在几十年间屡屡力促国共合作的问题上，表现得尤为大气凛然、义无反顾。

早在 1924 年 1 月 10 日，于右任先生就在《东方杂志》上发表《国民党与社会党》（社会党即共产党）的理论文章，该文首先批驳了"君子不党"论。指出："爱国之政治家必须相互结合以自厚其势力，庶可以与黑暗势力相搏斗。"随后又分析了国民党内部存在的问题和改组的必要性。称誉说："社会党乃吾国新起为政治活动之党，吾闻其党多青年，有主张、能奋斗之，吾不能不有厚望于彼等。"他呼吁："在此革命期间，应断然合为一家。""合则两益，离则两损。"同时在同年召开的中国国民党第一次全国代表大会上，他由衷地拥护中国共产党和共产国际帮助制定的中国国民党章程。

1935 年 8 月 1 日，中国共产党发表"八一宣言"，号召全国人民联合起来，抗日救国，要求国民党停止内战，共同抗日。于右任遂与何香凝、柳亚子、孙科等人共同签名响应中国共产党的号召，力促蒋介石改变反共立场，团结抗日。于右任时任国民党政府监察院长，对蒋氏集团多年来剿杀中国共产党人的血的事实洞若观火，却毅然参加了这次签名活动。其为救国救亡置个人得失和生命于不顾的浩然正气，受到中国共产党的高度尊重。

西安事变和平解决后，蒋介石回到南京，实行新闻封锁，许多人并不了解中国共产党对事变的政策主张。于右任先生通过杨虎城将军得到中共中央对西安事变的四项声明，遂巧妙地通过他人，在总理（孙中山）纪念周会上宣读给与会的国民党中央委员听，在国民党高层引起极大震动，纷纷表示共产党信守民族大义，是抗日救国的重要力量。舆情随之转向了同情张杨二将军和中共这一边。

抗战期间，于右任先生欣然为《新华日报》题写报头，并满怀激情地为该报题写"热诚爱国"四个大字，在该报刊出，表达对中国共产党的信赖。同时，他支持他的女婿——五四运动时期著名学生领袖屈武——与中国共产党保持长期联系。周恩来在重庆时就对屈武说："于先生是位公正的人，有民族气节。"并嘱咐屈武，"于先生是你的老长亲，你应该爱护他，首先在政治方面爱护他，要帮助他在两党合作、团结抗日问题上立场要坚定。在这方面发生的重大问题，要有正确的理解和积极的态度。"屈武将周恩来对于先生的器重和爱护转告先生，于先生很感动，即表示："恩来先生的人格真是伟大啊！"并对周恩来等中共领导人在重庆这样险恶的环境中坚持开展抗日救亡工作，深表钦佩。

汪精卫公然叛国投敌后，在周恩来的影响下，于右任几次发表广播讲话，痛斥汪的汉奸罪行，给国民党内亲日派以强烈的震慑。皖南事变发生后，他又公开表示："这样破坏两党合作，简直就是破坏抗战！"重庆谈判时，有感于于右任先生伟大的爱国精神，毛泽东、周恩来登门拜访于先生。于先生随后即设宴款待毛泽东、周恩来。席间，于右任诚挚地称赞毛泽东渊博的学识、宽广的胸怀和政治家风度，明确表示反对内战，赞成和平，支持国共再度合作，建设新中国。

1949年，周恩来十分牵挂于右任的安危去留，多次通过屈武转告于先生：留在大陆，将来同张澜、李济深、沈钧儒等人一道组织新政协，我们一同合作。时至1961年，周恩来依然惦念着身在台湾的于右任。得知于先生为发妻高仲林女士八十寿辰在西安孤寂度过而伤心，遂指示陕西省委统战部邀请在大陆的于氏亲友集会西安，在西安饭庄（当时西安最好的饭店），以女婿屈武的名义为高仲林女士祝寿。一时间于家三代人同堂，高朋满座，于夫人甚为高兴，一再感谢共产党和人民政府对她的关怀。事后，在台湾的于右任先生知晓这一切，喜出望外之余，通过香港的朋友，向周恩来表达他深深的谢忱和感动。

由是，谁能否认，于先生晚年（于先生1964年病逝，终年86岁）在台湾写下的如下两首感人肺腑的望大陆、思故乡的著名诗篇，无不饱含着对于中国共产党的信任和神往。

破碎河山容再造，凋零师友记同游。

中山陵树年年老，扫墓于郎已白头。

葬我于高山之上兮，

望我故乡。

故乡不可见兮，

永不能忘！

葬我于高山之上兮，

望我大陆。

大陆不可见兮，

只有痛哭！

天苍苍，

野茫茫，

山之上，

国有殇！

49

甘为布衣"大臣"　倾心故国文教

于右任先生从政几十年，始终着布衣、布鞋、布袜，保持平民风范。同时从不置私产，却力行"以天下为己任"的宗旨。1929年，陕西发生特大干旱，民众遭受了空前的饥荒苦难。于先生忧心如焚，他不仅将自己和夫人的寿金，长子大婚所得礼金，孙儿满月、过岁之礼金悉数捐出救灾，还萌发了科学改良农业、示范引导民众的想法。他以自己和本户族人的300亩土地为基础，又以公平价格购进他人转售的土地千余亩，于1931年在家乡三原县斗口村开办了农事试验场，引进科技人员，修建玻璃温室，创建苗圃，繁殖推广优良品种，培训青年练习生百余人。后来试验场在果树栽培、棉花改良方面取得显著效益，于先生分文不取，且担忧部属或他人效仿他的做法，购买贫民土地，扩充个人的产业，更担忧后辈儿孙将来把试验场据为私产，遂刻石立嘱，以绝其患。石刻嘱文如下：

余为改良农业，增加生产起见，因设斗口村农事试验场。所有田地，除祖遗外，皆用公平价格购进。我去世后，农场有利无利，即行奉归公家，国有省有，临时定之，庶能发展为地方永远利益。以后于氏子孙愿归耕者，每家给水地六亩，旱地十四亩，不自耕者勿与。

更令乡人敬仰者，于先生身为政要，每次回乡探亲、扫墓，总是将车停在家门前的几里处，步行进村，一路上不时和乡亲们打招呼。回家后总要询问左邻右舍和亲友的生活境况，有困难的，必着人送钱送物予以接济。于先生有位舅父，患有腿疾，行走瘸拐不雅。于先生将其接到南京奉养，每逢家中饮宴客人，不论来人中有什么达官贵人，于先生总要安排这位舅父入主席上座，且每每讲明其身份。于右任尊老敬亲，人莫不佩服。

于右任先生一生清廉，不置私产，由此，在黑暗的旧中国，屡受挫折。1948年，国民大会竞选副总统，其他候选人送礼送

钱贿赂选票，于先生既无钱亦鄙视贿选，便用一周多时间写了
一千多幅"为万世开太平"条幅，分送国大代表和会议期间的
求字者，竞选当然败北，于先生倒也坦然处之。

但是，就在持守清廉安于平民化生活的同时，于右任先生
却以其远见卓识，以极大的热忱关心扶植文化教育事业，或出
巨资，或亲自奔走上下斡旋。一腔爱国之诚感动、引导过无
数人。

于右任先生一生先后筹办过复旦大学、中国公学、上海大
学、西安中山军事学校、西北农学院、渭北中学、渭北师范、
三原女中、四川省岳池县新三中学、三原县民治小学、宗海小
学等十二三所大中小学校，并设过"右任奖学金"，为国家和家
乡培养了大批人才，真可谓大教育家。

于右任先生从 1924 年到 1935 年，殚精竭虑收购、保护我
国古代石刻碑帖的事迹，今天来看，愈发显得功莫大焉！先生
自幼研习书法，早年便成名立派，因而对古碑石的价值认识极
高深。1924 年，洛阳一古董商人，欲替日本商人将 320 多方汉、
隋、北魏、北齐、北周时期的墓志碑刻，盗运出国。其中包括
蔡文姬之父蔡邕用汉隶体书写的《易经》、左思手书晋武帝诏书
等，堪为无价瑰宝。于右任得知其事，立即托人找到该商人，
晓以民族大义，出高价将这批珍贵文物悉数收藏。先运到北京
自己家中管护研究，当年就将研究论文在《东方杂志》上发表。
抗战爆发前，为防损伤，于右任将这批文物连同他过去收藏的
蔡邕所书碑石《汉熹平石经》残石，一并于 1935 年运至西安，
捐献给西安碑林（当时西安的文庙）。时任陕西省政府主席邵力
子先生甚为感动，在该处专辟了一"右任藏石室"以为铭记。
直至今天，于先生捐献的这批石刻仍系西安碑林博物馆的重要

藏品，发挥着其特有的历史和文化价值，为一代又一代国人所珍爱。

敦煌宝藏，美轮美奂，中外瞩目。1941年，63岁的于右任考察西北，专程赴敦煌调查，只见瀚海茫茫，古寺寂寥，许多洞窟濒于坍塌，有的壁画大块脱落，地方当局听之任之，敦煌宝藏完全处于逐渐消亡的状态。于右任心疼不已。看过敦煌的凄凉景象后，他不顾年迈和艰险，又乘坐大木轮牛车赴敦煌的姊妹窟安西万佛峡、榆林窟调查，其景象之差比敦煌更甚。于右任心情更加沉重，回折兰州即与地方当局商讨保护事宜。返回重庆后，于右任遂起草建议书一件，痛陈敦煌之价值，现状之凄惨，"非特为考古家所叹息，实是民族最大之损失"。强烈要求国民政府教育部在敦煌建立"敦煌艺术学院"，"招容大学艺术学生，就地研习，寓保管于研究之中，费用不多，成功将大"。在于右任等一批爱国人士的强力推动下，1943年，"国立敦煌艺术研究所"在莫高窟成立，常书鸿始带人进驻，遂有了中国现代史上对敦煌宝藏的第一次国家层面上的科学保护与研究。

于右任先生在敦煌艺术宝库面临存亡危急关头，做出的开创性贡献，已载入中国古籍文物保护抢救史册，激励和教育着今人与绵长的未来者。

编写于2011年

论爱国主义教育基地建设

今年是西安事变 70 周年。近日，笔者又一次研读了陕西省档案馆馆藏资料《西安事变史料》上、下编，期望能因枝振叶，沿波讨源，见人之未见，丰富深化我们对这段在中国现代史和世界现代史上，都具有重大影响和鲜明特点的伟大事件的意义和作用的认识。所幸笔者果真有所收益，为此特撰此文，与读者共飨。并以此纪念为国殉难的抗日英雄，探讨爱国主义教育基地建设的相关问题。

《西安事变史料》精心汇编了当年在西安地区以及在全国各地出版发行的《解放日报》《晋阳日报》《世界日报》《文艺日报》《中央日报》《华闻晚报》《大公报》《益世报》《实报》等报刊，对于西安事变发生及其善后处理的广泛报道，读之，发生在 70 年前这件云谲波诡、震惊中外的重大事件的草蛇灰线清楚地展现在了面前，使人如临当年救亡图存的时代氛围。尤其珍贵、更值得研究的，是这册资料中收集的今天已存世极少且不易见到的，当年东北军参谋部于 1936 年 12 月编辑发行的杂志《东望》（第 6 卷第 6 期）。该期杂志不仅如数刊登了为学术界、档案界所熟知的西安事变发生后张杨两将军通电中外的八大救国主张，张杨两将军告全体将士书以及张学良将军于 1936 年 12 月 14 日晚、杨虎城将军于 1936 年 12 月 15 日晚在当时的西安广播电台分别发表的题为《举行净谏与对日抗战的决心》和《兵谏的意义》的广播讲话稿。更使人惊喜的，是该期杂志还全文刊载了张学良将军 1936 年 12 月 13 日下午 5 时，即事变发生后的第二天下午 5 时，在东北军参谋总部对全体干部职员的讲话。讲话题为《一二一二事件的原委》，共计 3 000 言。作为内部讲话，张学良将军在讲话中剖心剥腹，痛陈利害，辩白自己置生死荣辱于度外，毅然担负起团结抗日拯救民族危亡的责任和决心。其说理之刚正，陈情之恳切，用词之哀婉，爱国之心之赤诚令人备受感动和鼓舞。联系到各种史册所记载的——1936 年 12 月 7 日下午，张学良将军到蒋介石所住的临潼华清池去，向蒋面陈停止内战，一致抗日的要求时，讲得声泪俱下，而蒋最后将桌子一拍，厉声说"你现在就是拿枪把我打死了，我的剿共政策也不能变"——确凿事实，我们完全可以说，张学良将军的这篇讲话堪与诸葛亮的《出师表》、岳飞的《满江红》、文天祥的《正气歌》、林则徐的《赴戍登程口占示家人》相媲美。这篇讲话不但无可辩驳地说明了西安事变发生的历史真相，而且有力地辩白了作为"有大功于我们民族"（周恩来语，见《周恩来选集》第 248 页）的张学良将军的伟大爱国情怀和磊落的人格魅力，当属中国近现代史上彰显爱国主义精神的发愤之作、经典文献，值得引起学术界和档案界的重视。

张学良将军在这篇讲话中言道：

董参谋长、诸位同志，这几天因为我很匆忙，所以今天早晨想和诸位讲话，结果未能腾出时间。方才又令诸位等了好些时间，很觉得对不起。

过去差不多有一个月的时间没有到班，没有同诸位讲话。不到班，不同诸位讲话的原因，实在是由于我内心不愿意做"剿匪"工作（此处谓之"剿匪"系指与当时在陕北的红军作战）！在外侮日迫的时候，我们不能用枪去打外国人，反来打自己人，我万分难过！我不愿意同我的部下说假话，说违心的话。可是，因为我限于命令和职务的关系，不说则已，要说就得说些违心的话，不得已，只好根本不说。关于此次十二月十二日事件的原委，想诸位已大概地明了，现在我再简单地述说一遍。我同蒋委员长政治意见上冲突，到最近阶段大抵已经无法化解，非告一段落不可，谁也不能放弃自己的主张。于是我决定三个办法：第一，和蒋委员长告别，我自己辞却职务走开；第二，对蒋委员长用口头作最后的诤谏，希望蒋委员长能在最后，万一改变他的主张；第三，就是现在所实行的类似兵谏的办法。假如不是因为我遭逢国难家仇的处境，假若不是因为我对国家民族负有重大的责任，假若不是因为采纳部下的意见，接受部下的批评，或者假若我只身离去，同东北义勇军一起做工作，也能收到和实行第三种办法同等的效果。实行第一种办法，对我个人没有什么，我一点不在乎。

第二种办法，是我最近一个月来所实行的。在实行这种办法时，我真是用尽心机，也可说是舌敝唇焦，而绝对是纯洁无私的。我曾去洛阳两次，有一次为表明心迹，是单身去的。可惜，因为蒋委员长气太盛，我的嘴太笨，总未能尽其词，在上面已经说过了。我可以说是蒋委员长的最高干部，而他对最高干部的话，不但不采纳，甚至使我不能尽词，反之，却专听从不正确的一面之词，这实在不能算对！

　　第一、第二种办法都行不通，只好采用第三种办法。采用第三种办法，还有几个近因，也是主要的原因：第一，上海七位救国领袖被捕，上海七位救国领袖究竟犯了什么罪，我想全国大多数人谁也不晓得。沈钧儒是一位六十多岁的著名教授，他所犯的罪，只好像他自己所说"爱国未遂罪"！有一次，我对蒋委员长表示上项意见，他竟说："全国人只有你这样看，我是革命政府，我这样做就是革命。"我心里的话，那时没有说出来，革命政府并不只是空洞的四个字，革命必须有革命的行动。第二，"一二·九"西安学生运动，事前我听说了，便同杨主任、邵主席计议，想各种办法来制止。我提出几个办法：令学生在学校开纪念会，请邵主席召集扩大纪念周，令学生用文字表示，实在还不成，非游行不可，由我和杨主任邵主席尽力劝阻，无论如何不叫到临潼去。对学生运动，我实在是尽力排解，假如不是蒋委员长饬命警察开枪，武力弹压，使群情愤激，我想学生决不至于坚持到临潼去。学生走向临潼后，我不顾一切利害，挺身而出，幸而把学生劝回来。而蒋委员长却怪我没有武力弹压，而且竟公开说是他叫警察开枪枪击，假如学生再向前进，他便下令用机关枪打！我们的机关枪是打中国人的吗？我们的机关枪是打学生的吗？蒋委员长有了以上两种表示，杨主任、其他西北将领和我本人，就都断定了他的主张是绝不能轻易改变了。尤其是听他说，除了到西北，除了我，没有人敢那样说他，没有人敢批评他；他是委员长，他没有错，他就是中国，中国没有他不成等话以后，便断然决定采取第三种办法。的确，我们平情地说，从蒋委员长的一切言行上看，他和专制大皇帝有什么区别？

我们这次举动，把个人的荣辱生死完全抛开，一切都是为了国家民族！将要发生什么影响，我们真是再三再三地考虑，假如无利于国家民族，我无论如何也不干；反过来说，我们一定要干！我们这次举动，无疑的，对于国家的秩序或有相当的影响，但权衡轻重，为了拯救国家的危机，是不得不如此。这样做，对于国家终于是有好处的。

现在蒋委员长极为安全，我们对蒋委员长绝没有私仇私怨，我们绝不是反对蒋委员长个人，是反对蒋委员长的主张和办法。反对他的主张和办法，使他反省，正是爱护。我们这种举动对蒋委员长是绝对无损的。如果蒋委员长能放弃过去的主张，毅然主持抗日工作，我们马上绝对拥护他，服从他。那时甚至他对我们这次行动，认为是叛变而惩处我们，我们绝对坦然接受，因为我们所争的是主张，只要主张能行通，目的能达到，其他均非所计。

这次事件实关系我们国家民族兴亡，务望诸位集中全力格外努力任事。都要下最大决心，献身国家民族！我真不信我们中国不能脱离日本帝国主义的羁绊！我们要承认过去的错误，我们绝不一错再错！诸位同志！中华民族终有自由解放的一天！

鲁迅先生说："我们从古以来，就有埋头苦干的人，有拼命硬干的人，有为民请命的人，有舍身求法的人……虽是等于为帝王将相作家谱的所谓'正史'，也往往掩不住他们的光辉，这就是中国的脊梁。"（《且介亭杂文集·中国人失掉自信力了吗》）

57

毛泽东同志指出："我们这个民族有数千年的历史，有它的特点，有它的许多珍贵品。对于这些，我们还是小学生。今天的中国是历史的中国的一个发展，我们是马克思主义的历史主义者，我们不应割断历史，从孔夫子到孙中山，我们应当给以总结，继承这一份珍贵的遗产。这对于指导当前的伟大的运动，是有重要的帮助的。"（《毛泽东选集·中国共产党在民族战争中的地位》）"三年以来，在人民解放战争和人民革命中牺牲的人民英雄们永垂不朽！三十年以来，在人民解放战争和人民革命中牺牲的人民英雄们永垂不朽！由此上溯到一千八百四十年，从那时起，为了反对内外敌人，争取民族独立和人民自由幸福，在历次斗争中牺牲的人民英雄们永垂不朽！"（《毛泽东选集·为人民英雄纪念碑起草的碑文》）

胡锦涛同志在阐述牢固树立社会主义荣辱观时强调指出："在我们的社会主义社会里，是非、善恶、美丑的界限绝对不能混淆，坚持什么、反对什么、倡导什么、抵制什么，都必须旗帜鲜明。要在全社会大力弘扬爱国主义、集体主义、社会主义思想，倡导社会主义基本道德规范，扶正祛邪，扬善惩恶，促进良好社会风气的形成和发展。要教育广大干部群众特别是广大青少年树立社会主义荣辱观。"

研究《西安事变史料》，回顾70年前这场气壮山河的斗争，拜读张学良将军70年前的《一二一二事件的原委》的讲话。感奋之余，联想到毛泽东同志、鲁迅先生的有关论述，联系到我们各级国家综合档案馆爱国主义基地建设，以及当前全国正在开展的荣辱观的教育活动。笔者感到，正如毛泽东同志所指出的，我们是马克思主义的历史主义者。因此，不论是从真实地保存历史记忆，还是从全面正确地认识中国人民抗日战争史乃至中国人民近现代争取自由解放的斗争史来看，抑或是从荣辱观教育的实际需要出发，当前，我们档案界都迫切需要把爱国主义教育基地的建设放在更加突出的位置上，采取更切实的措施，将基地建设好，利用好。要将这件事办好，其中一个很重要的任务就是要抓好教育资源的建设，特别是要抓好教育资源珍品的建设。要把那些真正属于重大题材的课题做好，把那些体现我们民族灵魂的精神以及代表我们民族脊梁的人物抓准抓好。为此，就省级档案馆而言，首先，似应组建爱国主义教育基地建设工作委员会。把那些熟悉馆藏内容的专家、老同志等相关人员、相关部门组织起来，对馆藏进行梳理选择，确定一批有地方和乡土特色的重点课题、重点人物开展研究。比如，就陕西省馆来讲，如何具体、形象、生动、直观地反映陕甘宁边区建设和斗争，反映陕南人民的革命斗争，反映建国后陕西人民建设社会主义的奋斗，等等，就还有许多工作可做。其次，选材要精，力戒概念化。要尽可能地选择那些震撼人心的文字、图片和实物等。如本文引述的张学良将军关于《一二一二事件的原委》的讲话、方志敏烈士《可爱的中国》、彭德怀元帅《我的自述》、于右任先生《葬我于高山兮》，等等，都可采用不同的形式和方法，制作成生动活泼的教材。笔者前几年在天津市南开区瞻仰周恩来邓颖超纪念馆时，就曾为放大在几十平方米的屏幕上的周邓二人青年时期的两地书所深深打动，深深感染。且不说书信内容中洋溢的爱国主义热情，仅周总理那一笔敦厚的颜体楷书，邓大姐那一笔挺拔的柳体行文，就使人强烈地感受到了两位伟人青年时代"大江歌罢掉头东，邃密群科济世穷，面壁十年图破壁，难酬蹈海亦英雄"的英姿勃发的济世豪情。第三，爱国主义基地建设要与时俱进，紧密配合党和政府的中

59

心工作。基地在保留基本教育内容的同时，还要适时地组织为党和政府现实的思想政治工作服务的教材，使基地的教育始终高扬主旋律，始终贴近我国人民正在进行的创造美好生活的现实需要，使所谓"冷"档案，真正地活起来，热起来。

编写于 2006 年

拓展研究领域　保存城市记忆

　　本文拟以古都西安为研究对象，就进一步拓展档案研究领域，保存城市记忆，继承优秀传统，建设先进文化，弘扬和培育民族精神的问题，谈一点粗浅看法，以祈引起领导同志和研究者的关注。

保存城市记忆的时代背景

　　近 20 年来，世界发生的重大变化之一，就是经济全球化已成为当今社会发展的一种趋势。经济全球化为许多国家和地区提供了发展的机遇，同时也引发了一系列冲突。现存的几种不同文明，在经济全球化的浪潮冲击下，将何以自处，是否还有独立生存与发展的空间和可能，如何消除彼此之间的分歧，成为人们关注的重大问题。人们普遍认为，文明和文化的因素将在 21 世纪的世界发展进程中发挥更加重要的作用。人们之所以这样认识问题，源于在经济全球化的带动下，西方发达国家特别是唯一的超级大国美国，利用它在经济全球化中所占的优势，把它所主导的、美国式的西方文明和价值观、大众文化产品，所谓"麦当劳文化""消费文化""流行文化"当作普通适用的模式强加于世界。连西方国家的一些有识之士都不无忧虑地指出："要警惕有人用全球化来侵蚀别国的文化和语言，迫使人们接受西方的文明观念，把西方价值标准强加于人。因此，这些人鼓吹建立普遍的全球文明，其实只是企图以强势的西方文明去支配和吞并其他文明，按照西方的价值观和标准去重新塑造世界。"更值得警惕的是，在强势的西方文明的攻势下，这些年来，我们的一些同志尤其是部分青少年，随着改革开放的深入，我国经济融入世界经济大循环，片面地看待西方的价值观和标准及其生活方式，对中华文明持历史虚无主义的态度。这就与我们党和全国人民致力于建设中国特色社会主义"三个文明"的目标相游离，与我们民族要自立于世界民族之林并实现伟大复兴的世代夙愿相矛盾。因此，针对国内外存在的这种矛盾和斗争，我们思想文化战线上的同志就应当以高度的政治责任感和历史责任感，更有针对性地开展我们的工作。通过我们的努力，像中央领导同志要求的那样，大力建设中国特色社会主义文化，弘扬和培育民族精神，帮助我们的同志尤其是青少年，在经济全球化不同文明之间对话的过程中，坚持历史唯物主义的立场、观点和方法。既要树立一种全球意识，又要在承认人类文明同一性的同时充分认识、肯定它的多样性；既要了解不同文明之间相互理解、相互尊重的必要性，又要了解承认和容许不同文明之间存在差异；既要积极吸收人类创造的一切有利于社会主义现代化建设的文明成果，又要自觉地继承和发展我们民族自己的先进文化和优良传统。在经济全球化，在强势的西方文明的冲击下，保持清醒头脑，自觉抵制所谓普遍适用的模式，坚定地按照党的十六大提出的建设中国特色社会主义"三个文明"的科学指导思想和原则、目标、任务，丰富思想，做好工作，创办事业，既建设好我们的家园，又争取中国特色社会主义"三个文明"，为人类文明做出更大的贡献。

由此可见，思想文化界特别是我们档案界的同志，应当更加深刻地领会党的十六大和胡锦涛同志最近几次重要讲话的精神实质，把我们工作的意义和作用提高到战略的高度来认识，更具敏锐的世界眼光、全球意识和政治洞察力，从而增强拓展研究领域，建设中国特色社会主义文化，弘扬和培育民族精神的自觉性和主动性。

63

保存西安城市记忆的具体对象

从世界范围来看，城市是一种历史文化现象，是一个民族赓继绵延的记忆载体，每个时代都在城市建设中留下了自己的痕迹。保存城市的记忆，保护历史的延续性，保留人类文明发展的脉络，是人类现代文明发展的客观需要。就我国，就古都西安而言，也不例外。保存我们的城市记忆，保护历史的延续性和脉络，对于我们今天的发展和建设，同样具有重要的意义和作用。

从建筑规划学和历史档案学意义上来说，城市的记忆无疑是一种复杂的组成。地形地貌、森林水力、河流山脉、居住形

态、建筑遗址、公共场所、人文遗产、文化气质、民族情调
……这些是形成一个国家和民族认同性，构成城市记忆的有力
物证。据此，笔者认为，从档案工作的性质和特点出发，当前，
在保存古都西安城市记忆的问题上，我们似应拓展研究领域，
进一步做好以下三方面的工作：

一、从上层建筑和意识形态的层面上进一步审视古都西安
及其周边地区在中国历史进程中的地位，进而认识这方面城市
记忆的价值，并尽可能保存好这一部分珍贵记忆。众所周知，
作为世界上唯一绵延数千年而没有中断的中华文明，形成继而
成熟于周、秦、汉、唐时期，而这其中原创性的重大建树大多
恰恰发生在西安及其周边地区。这就从客观上决定了留存在这
一区域内的记忆，在我们国家民族发展史上的源头和根基地位，
决定了它在我国乃至世界城市记忆中的珍贵价值，决定了我们
档案界应尽自己的职责，对其进行更系统更有效的挖掘、保护
和利用。例如，实行郡县制的中央集权国家行政制度，以儒术
作为国家治国、育才、教化民众的理论基础，成为西方近现代
文官制度之先河的科举制度，秦（国家）、汉（国家）、汉人
（人种）、汉族（民族）、唐（国家）、唐人（民族种族）等称谓
的源起。例如，作为中国法典、诗歌辞赋、史学、音乐、绘画
造型、书法、戏曲的源头的"周礼"、周青铜器及其铭文，《诗
经》、汉赋唐诗、《史记》，秦篆汉隶唐楷，"梨园教坊"，汉画石
像、汉石雕，"昭陵六骏"、唐壁画人物彩绘。再如，体现民族
精神精华的一扫六合的秦军"狼虎之师"，万里杀敌戍边的汉家
将军，十九年卧冰北海不辱使命的汉使节，海纳百川、取人所
长、为我所用、共存共容的大唐风度，等等。

二、从生活方式、大众文化和社会风尚的层面上进一步考

64

察、研究古都西安及其周边地区的城市记忆，以弥补以往这方面工作之不足，从而更全面更清晰地揭示西安及其周边地区是如何全方位保留中华优秀传统的，进而加以开发利用。马克思指出："现代历史著述方面的一切真正进步，都是当历史学家从政治形式的外表深入到社会生活深处时才取得的。"马克思对论述社会生活的历史著作给予这样高的评价，是因为他一贯强调生产方式、生产关系的变化，归根结底表现为生活方式的改变。人是生活方式的主体，人的解放离不开生活方式的变革，这是生产力发展的最终目的。因此对社会生活的研究是史学研究走向深化的表现。但是，我们传统的档案编研工作往往以资政为第一要义，对档案资料、文化遗产中大量记录民众生活、大众文化、社会风尚、民族情调的内容注意得不够。这样一来，作为历史主体的劳动人民究竟以什么样的方式生存和生活，他们的衣食住行、婚丧喜庆、交际往来、娱乐休闲怎样发展变化，作为主流社会的生活和精英意识与民众的文化活动和文化心理又是怎样相互影响和制约的，这其中有哪些优良传统需要拿来为今天的发展和建设所利用，在我们的研究成果中就鲜见其详了。因此，要将我们的研究深化，反映历史全貌，传承优良传统，建设中国特色社会主义文化，把作为城市记忆重要组成部分的生活方式、大众文化和社会风尚诸方面的资料、物证也纳入我们工作的视野，就是当前一项迫切任务。那么，在保护开发西安及其周边地区这方面的城市记忆时，我们应以什么为对象呢？笔者意见有以下几方面：

1. 关于街区文化记忆。西安有自汉唐以降就留存下来诸多历代著名街区，如未央区、朱雀大街、尚德路、教场门、四府街、骡马市、端履门、大有巷、竹笆市、炭市街、后宰门、马

65

场子、双仁府、北院门、南院门、含光路、马道巷、书院门等。如今仅咀嚼这些街区的名称，就会使人觉得非常有历史感，更何况在其发端、演变的流程中又发生了多少故事、传说，浸润了怎样的民族文化志趣呢？

2. 关于建筑遗存以及庙宇宗教文化记忆。西安及其周边地区至今仍存在着丰富的自秦汉以来代表东方文化特征的建筑造型遗存，如秦始皇陵园、汉陵、唐陵，如大明宫、未央宫遗址以及闻名中外的大、小雁塔，钟、鼓楼，古城墙，等等。中国佛教的十大宗派，除天台宗和禅宗外，其他八大派都发源于长安。至今保存的名刹古寺有大兴善寺、大庄严寺、青龙寺、净业寺、仙游寺、圣教寺、感业寺、华严寺、慈恩寺、西明寺、荐福寺、罔极寺、香积寺、草堂寺、卧龙寺、法门寺。此外，还保存着道教的楼观台、重阳宫、八仙庵、东岳庙及伊斯兰教的西安清真大寺。这些建筑遗存以及庙宇宗教遗存，都具有极高的城市记忆价值。比如，西安清真大寺，尽管是阐扬伊斯兰教义的殿堂，但其建筑却与佛教寺院的形制完全一致，大屋顶、高牌楼，雕梁画栋，庭院假山，小桥流水。这其中传达的共存共容的精神旨向，几百年来为伊斯兰教民和汉族民众共同认可。在当今文化冲突甚至引发战争的情况下，这又是多么值得记取、珍视和开掘的呢？

3. 关于民情民俗文化记忆。例如，由于自汉唐以来西安及其周边地区就产生过、生活过一代又一代有全国乃至世界影响的文学艺术家，其作品和创作生活堪为中国的一部文化史，因而形成了注重文化和全社会对文化人的器重的民情民俗；由于长期居于国家中心的地位，处于民族纷争的前沿，创业守成艰难，形成了执著扎实、淳厚坚韧，富于责任意识和牺牲精神的民情民俗；由于历来的古都氛围所致而形成了极浓烈的热爱祖国、热爱乡土的民俗民情等。这些在今天都留存着大量乃至鲜活的有力物证，如英雄史实史迹、书画传统、民间工艺、地方戏曲、饮食文化等，对于我们弘扬和培育民族精神不啻是极可宝贵的财富。

三、从杰出人物的业绩、人格精神的层面上深入开掘古都西安及其周边地区的城市记忆，就典型意义上，展现人及其人格的发展进步史，为社会民众的价值取向提供指向和动力。研究显示，仅以西安而言，名列"二十五史"的人物，截至清末，就有一千多人。这一千多人中，帝王人数约占百分之五，绝大部分属经邦济世之臣、能征善战之将、侠肝义胆之士，其余的则是农学家、天文学家、医学家、史学家、训诂学家、文学家、画家、书法家、音乐歌舞艺术家。时至近现代，西安及其周边地区出现的杰出人物与其他地区相比也毫不逊色，堪称中国近现代史上的耀眼之星。例如国人尽知的于右任、杨虎城。这里要特别指出的是，我们更应关注曾经以及正在和我们共同生活在这座城市里的各界杰出人物。这些科学家、哲学家、历史学家、文学艺术家的成就和人格魅力在新中国的发展史上是产生了重要影响的。对于他们的研究评介，对我们的工作和引导社会公众两个方面来说，都更具直接性、现实性、针对性。例如，小麦育种专家赵洪章先生于 20 世纪五六十年代培育的优良小麦品种，在我国北方大面积推广，所增产的小麦对于解决那个贫穷年月中国人的吃饭问题的贡献，应当说，不亚于当今的著名水稻育种专家袁隆平院士。再如，中国画画家石鲁先生和作家柳青先生，贾平凹称他们是"旷世天才"。这是因为石鲁及其他先辈西安画家所创立的"长安画派"，为现代中国画树立起了一个高峰，开创了一个流派，其贡献、影响应当说是国家级、世界级的。柳青先生苦心创作于长安乡间的长篇小说《创业史》，在当代中国描写农村题材的文学作品中，截至目前，还没有哪一部能超越之。其现实主义的成就，是当代中国文学的一座丰碑。石鲁先生终年长发，衣着不整；柳青先生则是光头，穿老式对襟衣裤，但其实他们都是具有世界眼光的大艺术家。石鲁先生能歌善舞，精通西洋美术，又能创作电影剧本；柳青先生更是懂得三四种外语，常年阅读英文报刊。他们的作品、人品及精神，都已成为中华民族文化遗产的一部分不动资产。

党的十六大强调指出，归根结底，人的因素是决定因素。普遍提高人的素质和能力，已经成为当今中国能否加快发展，增强综合国力，使中华民族实现伟大复兴的关键。因此，进一步开拓西安及其周边地区绵延数千年所出现的中华杰出人物的遗存和记忆，当是我们档案工作者面临的又一重要课题。

保存西安城市记忆的工作方法

通过以上分析我们可以看出，保存城市记忆确实是一项浩繁的巨大工程。要搞好这项工程，必须采用科学得当的工作方法和工作措施，才能收到预期的效果。为此，笔者的建议是如下：

第一，要解放思想，提高认识，形成共识。要将上述要保存的城市记忆的内容纳入我们的工作范畴，提上工作日程，这就在很大程度上扩大了我们原来的工作职责。因此必须做好统一思想认识的工作。一方面要统一对此项工程意义和作用的认识，另一方面要统一对展开此项工程的原则、方法、措施的认识，甚至涉及必要的物质准备。因此，应当在有准备的情况下，领导、专家、具体工作者结合起来，开展一系列专题讨论，弄清思想，使大家热情地自觉地投入工作。

第二，要确定长期与短期相结合的工作任务和目标，转变和改进工作方式，开展深入细致的调查研究工作。鉴于档案工作的性质和特点以及我们所面临的内容丰富多彩的工作对象，就长期目标来讲，在条件允许时，似应由我们档案部门主持编纂、制作以建设中国特色社会主义文化，弘扬和培育民族精神为主题，面向世界、面向未来的古都西安及其周边地区城市记忆丛书和音像产品，开发科学系统评介城市记忆的相关专题。近期，要组织力量搞好宣传舆论工作，争取社会方方面面对我们启动这项工程的理解和支持。同时，应拿出一批具有新视角、新见解、新材料，分析某些分支问题的编纂成果。在为实现长期目标打基础、作准备的过程中，既推动当前社会教育工作，又向社会展示我们的科研能力和工作决心。要实现长期目标和近期目标，我们都必须转变和改进工作方式，在占有现存档案资料的基础上，走出档案馆（室），深入社区甚至田野，开展调查研究，通过征集、访谈、拍照、摄像、录音等多种手段，丰富档案资料门类，并要对已有的和新征集的档案资料进行系统整理、研究。总的来说，在这里起决定作用的因素是，一要冲破传统观念，解放思想，确立担当保存城市记忆的责任与信心；二要有"板凳要坐十年冷，文章不写一句空"的刻苦、严谨、求实的科学精神。

第三，筹备成立保存西安城市记忆委员会。保护城市记忆涉及的部门、学科多，工作量大，也涉及现行管理体制的矛盾。因此，很有必要成立保护委员会，把有关部门的领导、专家组织起来，解决集中智慧、统一协调、组织队伍、科学规划、合理选题、确定目标任务、提高科研水平诸方面的问题。在此基础上，还应草拟制定《保存西安城市记忆管理办法》，以便从法规、政策、管理体制、工作力量上为展开此项工程创造条件。

第四，申请将保存西安城市记忆的项目列入省、市哲学社会科学发展规划，并争取使其成为重点课题，以争取党委、政府和社会各界的重视支持，进而解决此工程所需的数目不菲的资金投入问题。

"欲穷千里目，更上一层楼。"在我们档案界期望与时俱进、大有作为的今天，把保护城市记忆的工作做好了，相信将会为我们的工作拓展出一片新天地，从而实现我们要求加快发展的美好凤愿。

写于 2004 年

（参考：刘志琴《观念源于生活》、李长莉《晚清上海社会的变迁》、李舫《不要让城市失去记忆》、汝信《经济全球化与不同文明的对话》、西安档案馆《西安古今大事记》、贾平凹《老西安·历史的记忆》）

户县三名农民党员的勇敢探索

今年是我国改革开放三十周年。胡锦涛同志在党的十七大报告中指出："我们要永远铭记，改革开放伟大事业，是在全党全国各族人民建立新中国，取得社会主义革命和建设伟大成就以及艰辛探索社会主义建设规律取得宝贵经验的基础上进行的。"据此，笔者最近集中查阅了我馆已公开利用的中共陕西省委1962年至1963年的相关文件资料，对46年前曾在党内产生过重要影响的"户县三个农民党员的来信"事件的始末进行了研究。研究表明，正如胡锦涛同志指出的，新中国建立之后，全党全国各族人民对社会主义建设规律进行了艰辛探索。而"户县三个农民党员的来信"事件在这方面便具有典型意义。为此，作为党的档案工作者有责任对这一典型历史事件的始末进行研究和记述，以具体地说明我国人民在当时的历史条件下是怎样艰辛地探索和选择社会主义道路的，进而从一个侧面说明改革开放符合党心民心，顺应时代潮流，方向和道路是完全正确的。

一、"户县三个农民党员来信"的写作背景、作者简历

20世纪50年代末至60年代初，由于我们工作上的严重失误和自然灾害的影响，我国出现了三年经济困难时期。为了渡过困难，党对经济、政治和文化等领域的政策进行了多方面的调整，带领全国人民团结一致，总结经验，克服困难。在这样的背景下，1962年5月，陕西省户县城关公社七一大队会计杨伟名、党支部书记贾生财、大队长赵振离经研究商议写了题为《当前形势怀感》的三人联名信，于1962年5月10日分别寄送户县城关公社党委、户县县委、咸阳地委、陕西省委、中共中央西北局和党中央。同时还寄送给了陕西日报社，陕西省委宣传部，西安市委和渭南、华县、潼关县委。杨、贾、赵三人联名所写的《当前形势怀感》的主旨，用他们信中的话来表达就是根据在农村工作多年的"亲自体验"和"实践事实"，为了向领导机关"如实反映情况"，希望领导机关对当时的农村农业政策实事求是地进行调整，改变农村人民群众生产生活困难的状况。

杨、贾、赵三人的简历和身世：

杨伟名，男，中农成分，1962年37岁。新中国成立前曾在私塾读书三年，平时爱看书读报，善于动脑子，想问题，有一定的文化、政策水平和写作能力。《当前形势怀感》（以下简称《怀感》）就是由他执笔写成的。1949年2月加入中国共产党，1949年户县解放后曾任副乡长，当年冬因组织上调他到咸阳地

委干校学习未去，自行回家脱党。1957年重新入党。从合作化时起，一直担任社队会计，业务熟练，工作积极，并善于钻研农村工作中的实际问题。1962年5月之前，曾写过农村人民公社核算单位下放生产队、征购粮包干、生产队会计制度完善等数十份材料，有的还受到过上级组织的表扬和鼓励。1962年因写《怀感》信受到批判后，再未担任会计职务。文化大革命（简称"文革"）中又因写信问题受整，于1968年5月含冤身亡。"文革"后党组织为其平反。

贾生财，男，贫农成分，不识字，1962年49岁。新中国成立前曾讨过饭，拉过长工，当过店员。土改中分地4亩，后又买地4亩。1950年加入中国共产党，土改时即任村农会主任。1953年组织互助组，任组长。初级社时任初级社主任。高级社和公社化以后，一直担任大队党支部书记，工作积极认真。1962年因写信受批判后，再未担任大队党支部书记。

赵振离，男，贫农成分，1962年27岁，小学毕业后一直在家务农。1959年入党后担任大队长，工作积极，劳动好。1962年因写信被指出"错误"后，及时做了检查认识，于1963年担任大队党支部书记。"文革"中因系"当权派"并牵连到1962年联名写信一事，受到冲击，后来再未担任干部。

二、"户县三个农民党员来信"的内容和主要政策主张

以上三位农民党员46年前所写的《怀感》的来信，由前言、忆"撤退延安"、处方、腰带、"改造"与"节制"、"恢复单干"、"过"与"退"、"走后门"、市场管理、烦琐的哲学、双程轨道、提建议有感、后记等十三个部分构成，全文总计约8 800字。用党十七大所阐述的中国特色社会主义理论和政策来衡量，其主要内容和主要观点都是正确的，是在坚持社会主义

的前提下，对当时如何在农村具体地结合实际地实现社会主义，发展生产，民主管理，提高农民生活水平，克服困难的大胆探索。其中在个别问题的认识上，还具有实践和理论创新的意义。今天读来，不能不令人对作者肃然起敬。

1. 关于当时农村形势的问题。在谈到当时农村形势时，《怀感》中说："目前我们已经承认困难是十分严重的，而'严重'的程度究竟如何呢？就农村而言，如果拿合作化前和现在比，使人感到民怨沸腾代替了遍野歌颂，生产凋零代替了五谷丰登，饥饿代替了丰衣足食，濒于破产的农村经济面貌代替了昔日的景象繁荣。同是在党和人民政府的英明领导下，何今暗而昨明？这种情况，已经是一望而知的事实，用不着连篇累牍地再行分析了。"在《怀感》的"后记"中对此又补充说，"濒于破产的农村经济面貌数语，是否有分量过重之处，经考虑再三，确认无偏误，不欲掩耳盗铃，欺人自欺，终于如实表达如上。"《怀感》"前言"中将他们如实反映当时农村形势的思想动机和原因表白得也十分清楚："参加农村基层工作，已八年有余，俯首回顾，百感交集，尤其在当前困难形势下，其所见所闻，势如汹涌狂涛，冲击心膛。每于激动之余，口述笔道，常至情不自禁。""这篇《怀感》不是向上级领导报喜，而是报忧。但就目前形势而言，报忧重于报喜。因之《怀感》所及，似颇多苦口之药与逆耳之言。拟邮寄有关领导单位及个人，作为研究参考之用，并望赐复指正是幸。"

由此可以看出，杨、贾、赵三名农民党员纯正的党性原则。在严重的困难面前，他们以赤诚坦荡的胸怀，真实反映农村现状，供领导机关参考决策，既无私无畏又对党和政府充满了信任和希望。

2. 如何解决当时所面临的严重困难。在这方面，三名农民党员提出了四条颇有见地的看法和建议：

第一，他们认为当时所实行的人民公社化的农村政策和对国民经济全面进行计划管理的政策是"过"了。在《怀感》的第七节"'过'与'退'"一节中，三个农民党员写道："我们自己认为，我们的国家是个'一穷二白'的国家，在这个薄弱的基础上，由 1949 年解放到 1955 年合作化，仅只六年左右时间，我们的新民主主义建设任务就算真的完成了吗？答复是否定的。""由新民主主义逐步向社会主义过渡是一个长期转化的过程，需要二三十年。我们过去所做的显然是拔苗助长，违犯了客观规律。"在《怀感》"后记"一节三名农民党员进一步指出："新民主主义建设任务，有的同志说，三座大山推倒，革命政权建立，新民主主义的建设任务就算完成了，从此以后，就是社会主义建设时期了。我们觉得中间并不存在什么问题，就以第七节中所提的，把新民主主义建设任务说成是社会主义初期建设任务，也是可以的。"关于调整国民经济计划管理问题，杨伟名在另外一份材料中还写道："全国六亿五千万人民的生活，其中的一亿五千万非农业人口的生活由国家统一计划安排，约五亿农民的生活，由农民自己安排，这就是当前应该收缩（退）的合理界限。"

第二，关于土地归集体所有，土地分户"单干"，解决农业生产停滞不前问题的主张。《怀感》中说："恢复单干，不能认为是别有用心者的造谣，而是目前农民群众的愿望。现在恢复单干，也不必恢复到合作化前那样的单干，而以新的社会主义性质的单干形式出现。这种单干，之所以有别于合作化前的那种单干，是因为土地虽分到户，而地权仍归集体所有，牲口、农具可以私有，但不能买卖，也不能出租，劳动致富，生产发家，剥削行为概不能有。"同时《怀感》又指出了问题的另外一面："分田到户，也不是要求一律单干，而是愿单干者，可以允许，愿集体者可以自愿结合。如能真正出于自愿，生产是会搞好的。农业合作化以来，生产所以停滞不前，在一定程度上，与当初多数不是出于真正自愿（参加合作化）有关。"

第三，关于允许一般中小型工商业自主经营的主张。《怀感》中指出，"几年来，尤其是近两年来，市场供应情况显得特别紧张。回顾一下这种紧张情况，是发生在 1954 年开始私人工商业社会主义改造以后。改造开头两年，还看不太出来，这是因为原来社会商品有储存，继续维系着市场的供应的结果。而紧张程度的与年俱增，应看作是原有储存逐步耗然。虽然说市场紧张程度的与年俱增，不尽属于此，但属其中主要因素之一，则是可以肯定的。按说私营工商业经过社会主义改造以后，生产力得到解放，产品逐步增多，从而市场供应亦当日渐充盈，但其结果却正相反。对此我们可以从如下几个方面追求所以致此原因：首先改造的面过广，把还不适于'改造'的中、小型工商业都统统改造了。这样旧的生产关系破坏了，新的生产关系因受客观条件的限制迟迟不能形成（或是形成了而生产效率反不如从前）。就我国整个国民经济基础看，除了较大的私人工商业可以采取改造的步骤外，一般中、小型工商业，只宜采取'节制'的方法（按即孙中山先生的'节制资本'），节制其使之不足以操纵国计民生，仅取其合法利润。这与'恢复单干'一节中土地到户，权归集体，既能促进生产，又可堵塞阶级两极分化是一样的"。

第四，关于放开农产品市场的主张。《怀感》中指出："按照国家统购政策，一类物资是不许上市的。但就目前形势看，一类物资自由交易的行为，已成为普遍存在的事实，并已成为公开的秘密。这对一些领导同志来说，也是清楚的。可以设想，如果我们对一类物资采取严格控制、坚决取缔的办法，不但得不到什么好处，反而会使粮、棉、油等物资供应情况更加紧张。尤其春荒时期，粮食的困难程度更为加深。正因为如此，有关市场管理问题如馍、饭、蛋、肉、莲藕等自由市场，就无必要再加禁止了。""一类物资的开放，系指粮、棉、油完成国家统购任务后的自由贸易"。"余者出售，缺者购回，各自满足需要"。

三、"户县三个农民党员来信"的历史贡献和历史遭遇

杨伟名、贾生财、赵振离三个农民党员，长期担任农村基层不脱产干部，对农村情况了解真切，体会很深。他们根据当时农村严重困难情况和自己亲身体验，为了"有助于克服困难，裨益于社会主义建设"，向上级领导机关勇敢地提出了上述意见和建议。现在看来，不论是他们对当时农村形势所做的客观估计和所提出的看法，还是他们提出的对国民经济计划管理的范围进行调整，如社会主义建设有一个初期建设任务，允许土地分户经营，允许中小型工商业自主经营，放开农产品市场等政策主张，都与我们党对若干历史问题所做的决议相一致，与我们党当前所实行的中国特色社会主义的理论和政策相吻合。尤其值得注意的是，他们提出的地权归集体所有、土地分户经营的主张，比目前大家都视为典范的安徽省大包干经验早了整整19年；他们提出的社会主义建设有一个初期建设任务的看法，与我们党后来所阐述的社会主义初级阶段的理论又是多么巧合。由此可见，"户县三个农民党员的来信"，即《怀感》，作为46

年前形成的文本，确系我国人民几十年来艰辛探索社会主义建设规律的一个重要的思想成果。这些真正来自实际，立足国情民情，从实感而发的真知灼见，具有极高的研究和探讨的价值。杨伟名、贾生财、赵振离三个农民党员在 46 年前能有这样一番见识，确实是难能可贵的。"户县三个农民党员的来信"的事迹，以及杨、贾、赵三个人的名字完全有资格载入中国社会主义道路发展史。

然而，遗憾的是，由于历史的原因，1962 年 5 月《当前形势怀感》的信发出后，根据我馆现存档案资料显示，当年下半年杨、贾、赵三人就受到了县、地区、省级领导直至毛泽东同志在 8 月 6 日召开的中央北戴河会议上的批评。在 1962 年 10 月 25 日中共陕西省委写给中共中央西北局、党中央的报告——《对户县三个共产党员〈当前形势怀感〉的处理情况的报告》——中说道：三个党员的主张，"实质上是恢复资本主义道路，是严重的政治立场错误"。"省委要把三个党员的错误观点作为反面教材，向全省农村党员深入进行两条道路斗争的教育"。

胡锦涛同志在党的十七大报告中指出："实践永无止境，创新永无止境。全党同志要倍加珍惜、长期坚持和不断发展党历经艰辛开创的中国特色社会主义道路和中国特色社会主义理论体系。""要始终把实现好、维护好、发展好最广大人民根本利益作为党和国家一切工作的出发点和落脚点，尊重人民主体地位，发挥人民首创精神，保障人民各项权益。"在我国改革开放三十周年之际，按照党的十七大精神，研究回顾"户县三个农民党员来信"事件的始末，我们倍感胡锦涛同志这两段论述的重大历史意义和现实意义。冷静地总结过去，展望未来，我们应当真诚地向户县三个农民党员学习，响应党的十七大的号召，永远坚持解放思想、实事求是，勇于变革、勇于创新，永不僵化、永不停滞，不为任何风险所惧，通过自己的工作和努力，推动中国特色社会主义道路越走越宽广。

写于 2008 年

（参考：《陕西省农业合作简史》《户县县志》）

《酬世大典》研究

　　《晚清上海社会的变迁》（中国社会科学院社会学研究所李长莉研究员著）一书的序言中有如是论述："马克思视'生活'为人类的'第一历史活动'，并进而指出，'现代历史著述方面的一切真正进步，都是当历史学家从政治形式的外表深入到社会生活深处时才取得的'。马克思对论述社会生活的历史著作给予这样高的评价，是因为他一贯强调生产方式、生产关系的变化，归根结底表现为生活方式的改变。人是生活方式的主体，人的解放离不开生活方式的变革，这是生产力发展的最终目的，所以对社会生活的研究是史学著作走向深化的表现。"

　　受上述论述的启发，近日笔者对我馆馆藏珍贵历史资料《酬世大典》进行了研究。力图通过对这部 1927 年产生于上海的、服务于当年市民日常生活需要的百科全书式的读物部分内容的介绍和简析，使读者以接受折射图景的方式，了解80年前上海市井生活的状况，使研究上海及我国近现代城市社会史的工作者获悉一个"新资料"。同时使我们自己所从事的档案资料编研工作，也能像马克思所要求的那样，"从政治形式的外表深入到社会生活深处"。

一、《酬世大典》的来源及其基本面貌

2003年初，我馆为了丰富馆藏，通过新闻媒体向社会公开征集珍贵档案资料。经过半年的工作，有85件珍贵档案资料进馆，其中便包括这部《酬世大典》。当我馆于当年七月份举行了陕西省档案馆珍贵档案捐赠仪式之后，鉴于《酬世大典》的史料价值，新华社还为《酬世大典》的发现专门播发了消息。据《酬世大典》的捐赠者——陕西省兴平市庄头镇三渠头村的张光荣先生——介绍说，这部书是他的祖父于20世纪30年代在西安市的某书店购买的。他小的时候，长辈们就经常用这部书中的道理教育他和兄弟姐妹们如何处事为人，对他的教育影响很大。

张光荣先生捐赠的这部《酬世大典》为当年上海启明书局于1927年出版发行的分类实用读物的一种，其形体类同于今天小学生使用的《新华字典》。该书计有750个页码，所用字号类似今天我们使用的6号字，全书总计约70万字。其用途在该书的序言中就说得很明白："吾人置身社会，交际方面之活动颇为重要，若忽视社交，常因脱节失礼被人贻笑，甚则为人所不齿。编者为谋大众之方便，撰辑本书，以供读者参考。倘人手一册，无异乎社交导师常随左右，一切社交事件可以应付自如。"

该书共分为三个部分：

81

1.酬世常识。甲,社交礼义。内容包括婚嫁、寿诞、丧祭、交际四个方面。乙,社交常识。内容包括应对常识、礼制常识、通信常识三个方面。丙,生活须知。内容为个人生活和公众生活两个方面。

2.酬世文件。甲,喜庆类分别为婚嫁文件、寿诞文件、生子文件;乙,丧祭类分别为吊丧文件、祭奠文件;丙,杂用类分别为尺牍、便条、契据、柬帖、广告、楹联、电文、规程、其他;丁,集会指导分别为议事会、纪念会、交谊会、宴会;戊,演说要诀分别为准备题材、研究声调、注意动作等。

3.附录。甲,邮政便览;乙,电报章程;丙,电报新编等。

20世纪20年代我国的大都市,尤其是像上海这样有着特殊地位和作用的国际化大都会,其社会性质决定了她华洋陈杂、中西兼有、土洋结合,资产阶级的新观念、新道德与封建主义的旧观念和旧道德共存并生,共同规范和要求着市民的日常生活。因此,在编撰《酬世大典》的过程中,其作者便竭力去适应这样的社会现状和民众需求,规划确定其内容,以实现其实用性质的目的。总览《酬世大典》的全部内容,我们可以看出,它是对当年中产阶级和小生产者阶级生活现实和生活需要的综合反映。在其三个部分总共34个分类下,除对一般社会生活进行指导外,又区分了政界、学界、商界、军界、女界、宗教界的不同需要。为此,其编写的类似词典词目词条的条目竟达1790多个。逐篇逐条阅读这近2 000条文字,80年前上海市井生活的百态便以样板的方式活生生地展现在了人们的面前。

二、《酬世大典》所厘定和展现的生活风尚举要

1.婚嫁。由于时代的原因,《酬世大典》给市民介绍了新旧两种不同的婚嫁形式及集团结婚办法。新式婚嫁所撰条目有

"直接求婚、间接求婚、订婚方法、订婚礼物、结婚仪节、结婚礼堂图、茶点、蜜月、男子婚服、女子婚服"等。在此其中以蜜月、男女婚服的介绍和厘定最能反映那个时代的特点。蜜月："蜜月是西人风俗，对于当事人颇能增进结婚的快乐，吾国也渐渐盛行。蜜月就是结婚后的第一个月，此时一对新夫妇，双双地旅行长途，游览名胜叫做蜜月旅行，那正是人生的第一快事。旅行时间的长短，要视情形而异，不必拘泥。"男子服装："制服条例国民政府业已公布施行。行结婚时的新郎应穿男子礼服，就是玄褂蓝袍椭圆帽、黑色鞋。现在社会上男子的婚服，普通喜穿西式大礼服。""新妇所用的婚服在现在最不一律。依服制条例，女子礼服有两种的规定：一种是蓝色的长衣和黑色的鞋子，一种是蓝色的短衣和黑色的裙与鞋。除此以外，照普通惯例，头上可兜兜纱，手中可握鲜花一束"。而旧式婚礼所提示的条目则有"议婚、纳币、请期、戒宾、亲迎、成婚、合卺、谒见、飨妇、谒祖、见外姑舅"等。集团结婚办法："①提倡节俭美德，促进各界美满生活，故举办集团结婚；②不论男方或女方之一举行婚礼均得申请参加集团结婚；③规定每个月举行一次，日期于一个月前登公告，婚礼在会议室堂内举行，由主持人证婚；④参加者每对应缴国币某某元，于登记时缴纳之，此外并无其他费用；⑤参加者应先填具申请书，经审查议可后发给登记证，届时凭证参加；⑥参加者应遵守所订之'参加集团结婚须知'办理；⑦结婚证书由该会印备发给，并酌赠纪念品；⑧凡经登记而中途退出者，所缴费用概不发还。"

2. 社交常识。20世纪20年代的上海已是闻名世界的商工贸大都会和我国的政治、经济、文化中心。为符合这一客观实际的需要，《酬世大典》在社交常识一节以儒教伦理、商业规则和近现代宪政国家制度为原则，详细介绍了从商界到军界社会各界不同的社会应对常识，或者说是人际关系处理准则。研究之我们可以看到，这既是当年现实生活的写照，也是那个时代出版界、知识界思想认识水平的一般反映。如怎样对待店主就交代得很显分寸："商店中因劳资的地位不同，分为店主、店员。一为主人，一为雇员。因此有从属关系，显然成为商业界中的阶级。彼此未免歧视，店主所需要于店员的为诚恳忠实、勤劳努力。而于待遇方面则在生活必需标准的水平线以上，已属难能。在店员方面未尝不欲使服务的效力增加，然因生活上境遇的压迫，往往精神减少，只求无过，不遑积极。此种思想实有矫正的必要。就私人感情说，店主既把店中部分的店务相托，他对店员为人必认为有所可取，对你的感情即是不佳，也绝没有恶意存在，那么店员们何必存互相水火的成见。况店主所区别于店员的，仅在于经营的一途，其人其心固无异于常人。店员即不存阿谀的心理，也应视若一般朋友，且慈祥和善的店主亦不在少数，故店员对店主如认以为然，自当互相交欢；如认为不然便当辞职他去。如此便得各遂心愿。就店务方面讲，店主出资经营，亦非稳可获利，对于店员生活费用或未能丰裕，这是企业家普通的心理，亦不能独责店主。店员能同心协力，那么店务不难蒸蒸日上。待获利日厚个人进益有能随之增加。若是店中获利颇丰而店主仍然吝啬，那时提出加薪要求未尝不是正当办法。若是只取消极态度，因个人的痛苦而使营业日就失败非独无以对店主，而且无以对自己"。相对应的，此处对店主如何对待店员也提出了忠告。"店主或经理掌握商店或公司业务的全权，对外处置营业，对内督率职员。营业的盛衰，店务的治废，都系于一身。""店主的一举一动，都为店员视线所集，举动之间，必须处处注意。孔子说得好'其身不正，虽令不行'。庄严自守，宽大待人，辨公私、明赏罚，恩威并济，使店员信服，然后命令风行。平日间和平待人，差遣职务的时候，也有相当礼貌，使店员免意外的冲突，乐为之用。此外能与同事利用适当的时间举行聚餐游戏，或设立职员俱乐部养成职员团结的精神亦属重要。除日常娱乐外，随时举行种种公共娱乐，例如谈话演说间或举行。这样可使店主和职员间感情联络，精神一致，那经营者的业务自可蒸蒸日上"。可贵的是，此条目对商界如何正确对待顾客也有所提示。"商界上往往对于小顾客不以为然，对于一般远来的或趸批的大顾主和大同业才能招待周到，极意联络。他们有所喜悦，不问善恶一体应承，便如好狎妓赌博都设法投其所好与之盘桓周旋。就是自己所不屑涉足的地方，勉为附从，以为这是商界酬应上当然之事。这又失之太过，经商虽以交际为要项，然要在有容人之量，和蔼可亲，尚信守契约，也并不是一味地投其所好以为得计。"

在社会交际一节关于教师如何"对学生"的提示之细密周到，放在今天来看也不无意义。"教员与学生间交接机会最多，不论教学、训育、监护哪一项不要和学生相交接。教员切不可看学生是个小孩，以为可以随便摆布一切。一定要研究适当的方法，随时慎用。①要有如保赤子的心肠。做老师的，首先要培养这种如保赤子的心肠，那么便能爱学生如子女，疼学生如手足，虽饥渴冷暖极细微的事心里常萦挂着。看见学生身体不健，看见学生功课不明了，都好像自身的事。常常想出种种补救的方法来应付，一法不善，另想他法直到学生身体健康、功课明了，才得心安。②要有接近学生的习惯。裴斯泰洛齐在乡村办学的时候，起居饮食都和学生一起，视学生的洗脚、洗面、

穿衣、盖被为乐事。有人参观他的学校以后，说他的学校简直
不是一个学校，乃是一个家庭。裴氏听了非常欢喜，以为这个
批评很是确当。我们做教师的，要像裴氏一样，养成一种接近
学生的习惯。如果一日或一时离开了学生，便如失子女一般的
不安，才称得优良的教师。③要有平心静气的美德。学生的个
性不同，有的是举止活泼、言语清朗，有的是举动野蛮、言语
粗鄙。教师对前一类的学生，自然很觉可爱，对于后一类的学
生往往觉得可厌，每因屡戒不听，任其自然，或逞一时感情，
妄加责罚，其实这是教师的缺点。优良的教师对于后一类学生，
必能平心静气，慢慢地设法感化。④要有以身作则的精神。做
教师的应有以身作则的精神，凡是希望学生去做的，教师自己
便得参加。希望学生不要做的，教师便不该做。一般教师当上
课的时候，说吸烟是有害的，可是一到下课，自己便吸起烟来。
或者发号施令叫学生每天运动，自己却袖手旁观。在这种情形
之下，教师哪能引起学生的兴趣，博得学生的信仰。优良的教
师绝不这样，处处以身作则将良好的言行暗示学生，使学生于
不知不觉之中受到无形的潜移默化，才算得上乘妙法。⑤要有
联络旧学生的方法。教职员对于已离校的毕业生宜利用机会，
如同窗会、纪念会等，和他们交接谈话，观察他们的言行，以
为平日指导在校学生的参考。平时如遇毕业生来候访师长、同
学，教职员宜诚意接待，详问出校的情况，尤当探询关于本校
所教授的知识技能能否应对无憾。这种探询的结果一方面可以
改良学校课程，一方面可作为指导毕业生的参考资料。"

　　3. 礼制常识。礼制一节的撰述我们当看作当年上海中产阶
级及其以上社群日常礼仪生活的真实写照和一般准则。如其中
的投谒（拜访）方法的提示就显得十分生动有趣。"交际场中，

凡于新识之友以及素所钦慕之人，必循例投谒。投谒时不宜久坐，以二十分钟为度。固初见无甚可谈，寒暄既毕，主人颇为以思索谈料为苦也。切忌将毫不相干之事，缕缕陈述，致主人有厌恶之心。投谒见面之时，尤不可口衔烟卷，宜急以一手取烟卷一手脱帽行鞠躬礼。脱帽掀帽必以右手。若用左手则不雅观，且亦失礼。循例投谒之后，如觉声气相合，可以接续通谒，以取交谊。受谒者务于即日答拜。"又如贺年，"每届新年，凡至戚好友以及平素交往之人均须互谒致贺。见面时应特致祝颂之语。元旦为家庭团聚之日，交情泛泛之友不必于是日投贺，恐惊扰主人，反使不安。其余贺年之日俗例虽以正月全月为限，然延至元宵以后未免太迟，总以元宵以前谒贺为宜。如不亲入谒贺亦须差送名片或邮寄名片亦无不可"。再如信的书写及礼仪，"①亲友间要时常通信，询问起居并报告自己的近况；②书信的措辞要简明谦敬，字迹不可太潦草，上下款称呼要合行辈的身份，一切格式都要留意不可错误；③和不相识的人通信信面上要写明自己的姓名和住址，信笺下款要署明姓名或夹入名片，使受（收）信人便于答复；④信件写完后在封固前须从头至尾细阅一遍，以防错误；⑤信笺折叠插入信封不可颠倒错乱；⑥写信给素不相识的人探询一件事情，要他答复的，要在信封内附寄粘着邮票写明寄信人受（收）信地址的信封；⑦写信给丧家如吊唁等函最好用素纸或加贴蓝签"。此外，在礼制一节中，《酬世大典》关于交谊会礼仪形式的提示也十分贴近当年上海十里洋场的实际。"在室内举行交谊会要择宽大的客室为集会地点。室内可以置放一张大菜台四边围着椅子。台上供插有鲜花的花瓶、装有点心水果的碟子及其他合宜的点缀。每一个位置前要放一套茶杯和一把小叉，预备食点心时应用。另外在相当的地方陈列些报纸、杂志等。""在室外举行交谊会，集会场所有的在园林里面，有的在名胜之区。在园林举行的须用茶几四散安放。每只茶几的旁边放两三椅子。茶几上排列应用的茶杯。至于点心水果可把预备的东西照了参加的人数分成若干份，每份装在一只盆子里，等到被邀请的人到齐后，一一分派。同时再把烹好的茶轮流倒在各人的茶杯里。如其在名胜之区举行的，那是兼有游览性质，饱吸新鲜空气，畅玩自然景色，谈谈家常，讲讲掌故，或卧石上或坐树下或濯足涧底或漫歌山谷，同时把带来的食物使大家分食。这样一面吃一面玩，一切没有严格的仪式。"

4. 酬世文件。酬世文件作为《酬世大典》的第二部分，亦是该书章节篇幅最大的一部分。如前所述它包括了从婚嫁文件到公司规程等 14 种应用文件的撰写格式、基本要求、范文举例等诸多内容。由于这些"文件"都具实用性质，因而，我们完全可以把它们看作当年上海都市市井生活的实态，或者说是那个时代人们对于市井生活的基本态度。就丰富我们对于 80 年前上海市井生活的认识和了解来看，此其中有 5 个方面的材料颇为珍贵，值得深入探究。

（1）生子文件。该书为生子文件列举了四种文体，为贺诗、贺信、贺联和贺幛，并全部提供了实例。贺诗："久识君家种福多，善人食报乐如何。良图兴业凭勤俭，喜气充闾付咏歌。每羡金闺传举案，定看玉树长交柯。石麟天降欢相聚，獐字书来笑自讹。""擎出明珠朗，门楣喜气浓。画楼巢翡翠，碧水映芙蓉。自是瑶台种，宜从金屋逢。亦知生女好，他日卜乘龙。"贺信："阁下得占弄璋之喜，想天上石麟，他日定属栋梁之器，竭服额颂，兹奉上金印一颗为文郎将来之预兆。笑纳千里鹅毛，勿嫌为幸。肃贺麟喜并颂。俪安！"贺联："积德累仁先世栽培惟福善，降麟诞凤后昆光耀显门楣。""绕庭已喜临凤玉，照室还忻入掌珠。"贺幛："喜叶弄璋，喜听英声。""弄瓦征祥，设悦凝辉。"

（2）契据。契据涉及家务、房屋、商业、债务、聘用等五种。其中该书列举的商业、聘用契据范本尤能凸现时代特征。如《立业合同议单》："甲乙会议定在某某地方合创某某字号，经营某项事业。议定股本洋某某元作为本股，每股计洋某某元，甲认若干股，乙认若干股。某某为总经理，号中生意往来，银钱出入及伙友进退等事均归总经理秉公办理。除与总经理另立议约外，并妥议各款，载明于左，共宜遵守。欲后有凭，立此合同存照。①官利按月某厘计算，年终付给；②每届年终结账，凡有盈余按股分派，设遇亏耗，按股照认填足；③每年除提官利外，获有盈余作若干股分派，股东得若干股，总经理得若干股，众伙友得花红股，其余若干股存作公积；④股东及总经理不得在号中移动银钱另做买卖等事，如被察觉，即当议罚；⑤总经理如不得力，应由股东集议，另行延订；⑥各股东既经彼此情愿合办，如欲拆股及增加资本等情，必至年终结账后方可各陈意见，共同议决；⑦此合同议单照缮三纸，股东二人各执一纸，余一纸存号收储；⑧某年月日立合同议单，甲押、乙押、见议押、代笔押。"又如《聘请教员书》："今由某某先生介绍敦请某某先生于某年在校任某科教员，每月敬奉脩金某某元，余照本校章程办。此订。某年月日，教弟某某绚躬印，介绍人某某押。"再如《延师关约》（聘家教私塾先生）："今于某年某日敦请某某老夫子设帐寒斋，启迪某辈，年奉脩金某某元，按月致送。三节节敬每节某元，逢节致送，薄膳一载，自愧辅褒，伏望严加训诲，俾得有成，不胜铭感之至。此订。某年月日，立关约某某绚躬印，见约某某押。"

（3）楹联。楹联是酬世文件中最能反映当年上海市井社会风尚的部分，列举的计有有关时令、宅第、机关、学校、商店、祠庙、道院、杂缀应用的楹联约1 800条之多。其中尤其以学校、商店、杂缀应用提供的楹联最具有社会学意义上的研究价值。如学校楹联中的大学应用联："天下文章莫大处，龙门身份最高时。""同学尽知名士不远千里而来讲贯切磋实为英才渊薮，置身作何等人愿闻二三子之志文章事业须用根底夫。"中学应用联："保存旧道德，教授新智能。""学术前途远，少年进步多。""栽培纯粹人才养其根竣其实，研究中西学说尊所闻行所知。"小学应用联："此为蒙养始基大好乐群求进步，务望少年志学一般努力惜分阴。"女子学校应用联："郝钟礼法欧孟义方他日仪型于斯基础，道蕴解图班昭续史自来巾帼不让须眉。"又如商店联类中的银行联："改良新币制，研究古圆书。""轻重权衡千金日利，中西汇兑一纸风行。"船行联："夕阳桂楫寻诗客，远水兰桡浮海人。""锦缆牙墙烟波事业，兰桡桂桨湖海生涯。"糖行联："甘受最宜和玉味，业精定可卜千金。""会计有方泉刀自裕，交易而退梦乡俱甜"。海货行联："时新好人鲭厨品，珍味来随鹢首风。""一脔之尝八珍之味，万商所集四海所求。"钱庄联："轻重相权皆获利，方圆有制亦通神"。"经济流通利人利己，财源周转富国富民。"珠宝店联："昆池明月满，合浦夜光回。""海市珍罗鲛人贩宝，蓝田日暖龙女输珍。"绸缎店联："但向此中工布置，奚知世界有炎凉。""云织天孙锦，霓裁月姊裳。"棉花店联："聚来千亩雪，化作万家春"。"弹来白道皆成朵，衣遍苍生是此花。"鞋店联："制就自宜君子履，听来疑是尚书声。""踵纳香尘登堂入室，履行花影步月凌云。"钟表店联："功迈周官挈壶氏，制逾汉室浑天仪。""刻刻催人资警醒，声声劝尔惜光阴。"眼镜店联："胸中存灼见，眼底辨秋毫。""如用之皆自明也，苟合矣不亦善乎。"瓷器店联："七宝铸铜熏鸭绿，千金瓷翠斗雏红。""绮席美含千古色，名花艳列四时春。"首饰店联："岂止闺英施粉黛，还宜学士整衣冠。""金柳若摇莺欲语，银花如绽蝶疑飞。"伞店联："赖君驱雨伯，护我胜波臣。""郭圃夜随剪韭客，程门时伴听经人。"笔店联："挥毫列锦绣，落纸如云烟。""五色艳争江令梦，一枝春暖管城花。"米店联："谷乃国之宝，民以食为天。""菽粟稻粱堆白玉，自然囊箧满黄金。"药材店联："是乃仁术也，岂自小铺哉。""艾早三年蓄，功堪百病除。"茶馆联："九曲夷山采雀舌，一溪活水煮龙团。""烹雪应凭陶学士，辨泉好待陆仙人。"酒馆联："一楼风月当酣饮，万里溪山豁醉脾。""美味偏招云外客，清香能引洞中仙。"戏馆联："假笑啼中真面目，新声歌里旧衣冠。""非幻非真只要留心大结局，或今或古谁知著眼好排场。"理发店联："虽然毫末生涯，却是顶上功夫。""到来尽是弹冠客，此去应无搔首人。"桥梁联："雁行横月浦，虹影卧江流。""鸭头新绿水，雁齿小虹桥。"菜圃联："今日正宜知此味，当年曾自咬其根。""此味易知但须绿野秋来种，对它有愧只恐苍生面色多。"渔家联："清歌沧浪水，古意武林春。""千树绿杨铺水面，一竿青竹老江头。"

（4）规程。如米业同业公会业规：①总则。"本业规由某某米号业同业公会订定之。本业规以维持增进同业之公共福利及矫正营业之弊害为宗旨。凡在某某区域内经营米号业者，无论会员与非会员，所有直接贩卖于食户之同业须一律遵守之。"②

91

定价。"同业定价由本会执行委员会随时议定。按照来源、现下行市，凡现交者加起利息六厘为定价原则。随时呈报市社会局备案及市商会备查，并刊登各日通报告同业一律悬牌通守。"③营业。"凡本某同业须遵照某某工商登记规则之规定，将开设地址、牌号、资本额数、店主经理姓名呈请某某局登记。设遇开设新店或迁移改组更换牌号，均须补请登记换领新证并通知本会。派员推销须照公会定价不得增减斤量削价滥售，侵害同业营业。新开同业廉售某日为限，其售价应照本会定减去某厘为度，邻近老店不得随同减价。其外无论新店老店不得有巧立名目附送赠品混乱市面。举行类似减价行为同业必须用新制升斗。"④信约。"凡有主顾拖欠同业贷款甲店延不偿清而与乙店往来者，得报告本会通知乙店停止赊欠免受亏累。如遇年成丰、歉，米价有暴涨、横跌，当局饬令限盘时由本会议决临时办法通知同业维持一切往来买卖，不得私抬暗贴扰乱市面。"⑤惩责。"凡同业违背各条之规定，经调查属实，得由本会议具处罚制裁之办法。"又如营造厂同业公会业规：①总纲。"本业规由某某营造厂同业公会订定之。本业规以维持增进同业之公共福利及矫正营业之弊害为宗旨。凡在某某区域内经营营造厂业号，无论会员与非会员须一律遵守之。"②营业。"工厂主所承包之工程如业主或工程师于原订之样章外，有添出或改动之处，须审计价值议定立样，以免日后争执。工程开始后如中途变更前样章程或增减工料事情发生纠葛时，本会得以双方之同意，派员秉公调处。工程中途发生纠葛暂告停顿时，如厂主持有正当理由者，其他同业不得接做，以免别生枝节。雇用人员各项工资如须增减，由本公会同各区建筑工会议定实行。"

（5）聘请女职员："兹有某化妆品公司拟聘女职员数位，口齿伶俐、健美活泼，待遇极优，请于午后某时至某时至某某路某某号君面洽。"聘男女推销员："兹有某某新到时令要品，推销容易，每日工作数小时即有某某元收入，愿就者祈至某某路某某里号接洽。"聘请编译人才，"兹拟征聘编辑及翻译各数人，无办公时间限制可于余暇在家自行著述。应征者须有左列（以下）能力之一：甲，能著述政法等论文；乙，须谙习英文或日文，能从事翻译者。请书明姓名履历通讯处连同近作一二篇，长短不拘，文言、白语听便，译稿须附抄原文，投函本报第某某信箱，合格者再函约面洽"。

三、《酬世大典》给我们的启示

《酬世大典》作为一部密切适应当年我国都市生活的实用类读物，它不仅从一个侧面为我们提供了 80 年前上海市井生活的若干面貌，为研究我国近现代都市生活方式的变迁提供了珍贵的资料，就我们今天的都市生活建设而言，也不失其镜鉴的意义。

其一，如何引导今天的都市生活。开门七件事，柴、米、油、盐、酱、醋、茶，对于今天的都市民众来说，同样是过日子的基本问题。此外，随着日新月异的现代化进程，我们今天的都市生活又是多么多姿多彩。为此，作为今天的都市市民每天将要遇到多少新事物、新问题，甚至于多少新的困惑。尽管我们的各级政府、社区组织正在"以人为本"的思想的指导下，通过多种渠道、方式在努力地解决这些问题，然而就笔者看来，其系统性、操作性、针对性还远远不能适应民众生活的需求。由此我们的宣传、新闻、教育、出版等部门似应在社会主义核心价值观的指导下，进一步采取多种形式和手段，从物质、社会和文化三个层面来影响和引导人们的生活方式不断文明进步。

例如组织社会科学和自然科学界的著名专家学者编撰出版具有鲜明时代特色的新的《酬世大典》等。因为说到底，社会和都市进步的过程就是人民大众整体生活状态和精神面貌变革的过程。

其二，如何挖掘有关人的生活方式的档案资源。既然马克思认为"现代历史著述方面的一切真正进步，都是历史学家从政治形式的外表深入到社会生活深处时才取得的"。那么，我们各级档案馆就应当更加重视像《酬世大典》这样的档案资料。通过对这部分档案资料的挖掘、研究、介绍，揭示我们的国家、我们的都市人民大众的生活史。通过对人民大众生活史的翔实精微的展示，一方面提高公众的历史认知程度，宣传历史唯物主义；另一方面在继承传统的基础上，创立新的时代新的都市生活方式的文明。这样做，我们的档案编研工作的视野不仅会大大扩展，而且会上升到一个新的高度。

其三，如何对待都市中的既有民俗。近些年来，随着保护非物质文化遗产呼声和工作的高涨，人们将这方面的注意力大多都集中在了文物古迹、传统工艺、民族风情等方面，这无疑是十分必要的了。然而自鸦片战争以来，中国自强自立的过程，实质上就是争取从农业经济向工业化迈进的过程，而工业化的过程就本质上来说，也就是从广大而分散的农村到相对集中的城镇的过程。在这一百多年来的城镇化过程中形成和积淀的都市民俗风尚，就《酬世大典》中所反映的看来，此其中亦不乏有传承价值的内容。因此，笔者在阅读、研究《酬世大典》的过程中，便产生了梳理一百多年来我国诸如上海、北京、广州、南京、杭州、沈阳、西安、兰州等都市的既有民俗的愿望。我们档案界如能像保护非物质文化遗产那样联合相关部门、行业开展此项工作，把我国都市优秀的传统民俗风尚积铢累寸地加以整理和开发，对于建设我们今天的都市文明，一定会大有裨益。这样也会给档案事业的发展和开拓趟出一条新的路子。

写于 2010 年

清末《秦中官报》介绍与简析

　　《秦中官报》即后来学界所熟悉的《陕西官报》。目前陕西省档案馆收藏的有 1904 年至 1908 年（即清光绪三十年至三十四年）的合订本共五册。该报完全不同于我们今天的新闻报纸。它是由当年陕西课吏馆主办的，形式类同于今天的杂志及政府公报，大约每五天或一个星期出版一期（册），设置有"谕旨恭录""秦事汇编""直省文牍""外报汇钞""路透电音""艺文存略"等六个栏目。发行的范围和对象为陕西当年各府县衙门及西安等省内中心城、镇中的绅商及文化人等。

　　从该报设置的各个栏目内容来看，"谕旨恭录"刊载的均为清廷饬告全国各级衙门的行政文书文告。例如，光绪三十二年（1906 年）六月份第二册，就刊载有上谕两条："上谕礼部奏万寿圣节礼仪一摺着在仁寿殿行礼停止筵宴馀依议，钦此"；"上谕七月初一日孟秋时享太庙朕亲诣行礼"。而"秦事汇编"内容便显庞杂，有司法文批、税赋行状、安民赈灾、匪事袭扰、办学申请，等等。"直省文牍"系以直隶为主，旁及其他省份的行政事务报道。"外报汇钞"主要是转载北京、上海等大城市出版的报刊上的新闻消息，计有上海《申报》、北京《中外纪闻》、天津《津报》等。"路透电音"因时值一战前夜，多有西方列强相互争战及媾和的短消息。"艺文存略"大约类似今天报纸的副刊，主要刊发当年陕西士绅写作的诗歌与散文，以诗歌数量居多，偶尔也刊登当时全国著名人物如张之洞等人的诗文。

笔者研究上述五年的《秦中官报》感到，就其历史意义而言，它不失为那个时代我省资讯的翘楚，保存价值极高。就其现代意义来讲，"艺文存略"所载诗文，尤有其价值。它可以使我们从中窥探一百年前陕西士绅的思想精神状况，为此，本文特地就此作以介绍简析，以期为研究以及社会公众了解陕西清末思想精神史提供佐证。

1904 年至 1908 年，是世界发生剧烈变化的年代，国际上列强内讧，争夺霸权，战火纷飞。国内清廷丧权辱国，昏暗羸弱至极处。要求维新变法，实现共和，拯救中华的人民群众运动风起云涌，大江南北风雷激荡，已到了辛亥革命爆发的前夜。然而遗憾的是，就在这样一个大变革的年代，偏安于关中的陕西士绅，就《秦中官报》"艺文存略"所刊诗文来看，绝大多数还在那里吟风弄月，祝寿吊庆，甚至醇酒妇人，礼佛狎妓，娱声色之乐，几乎没有反映时代脉搏和心声的作品出现。

例如，《秦中官报》丙午年（1906 年）闰四月第三期所刊陈豪诗二首："梅花香静屋庐深，花映头颅雪满簪。人世光阴蛇赴鎣，残年心事鸟投林。分陈图史堪为伴，除却湖山欲废吟。从此忘言清梦稳，五更灯尽恋重裘。""闲游莫笑林头贪，乐事余龄满目春。大好林泉曾劝我，何堪衰病更依人。无尘始觉心如洗，不坏忧折手未真。止止吉祥添妙谛，南华一卷是知津。"

又如，乙巳年（1905年）二月第六期所刊《雨中闷坐再用云生句作四律广之》，其一："茶因里箬遥相寄，酒为封泥懒不开。国忌晓厅无客至，社题夜驿送诗来。端溪砚好须生眼，景德瓷轻早脱胎。老去春衣谢绫锦，云南筒布称身裁。"其二："薙草休教镰月捐，移花即带土砧栽。诗因镂木争相乞，酒为封泥懒不开。开向后时吟白苎，提前三月作黄梅。闷来书偏新蕉叶，笔法还从屋漏推。"其三："春阴十日罢登台，山杏微霞已上腮。群峭摩天犹见雪，百昌出地未闻雷。琴因落漆知难补，酒为封泥懒不开。老去谢公不当作，昨宵犹斥管弦来。"其四："厅事清阴覆绿苔，吏人指点说唐槐。桃窥露井相连爱，燕睇雕梁面往回。九城新闻旧报纸，一春新事损诗才。剑因出匣勤相拭，酒为封泥懒不开。"

再如，乙巳年（1905年）十月第三期所刊樊增祥诗二首："天子初元第一人，上公剑履动星辰。缥题金榜科名首，成就熙朝柱石身。门下诵统龙种贵，关中都典虎符新。千秋万世穷事始，始自尧年丙子春。""圣节慈恩先一日，衣冠万国拜丹宸。封已祝尧为女岳，降重生甫及申此。地三宫三辅驻跸，每年十月十洲春。宣仁不尽霞觞酒，留待明朝赐重臣。"

更有如，乙巳年（1905年）十月第二期所刊《闺房僧鞋菊》《禅院女儿茶》二首："飞卿错认锦为鞋，纤手轻招葛屦来。刺绣灯前描白足，敲门月下是瑶台。羞随丝簇凌波起，各有金莲贴地开。省识西厢皆佛理，秋阶临去又徘徊。""斗茗来寻雪坞师，鼎娥名字漫相疑。净瓶甘露教谁捧，秋水禅心有妓知。消渴喜逢散花女，涌泉应是窃符姬。蒲东寺里枯鱼泪，莫怪崔娘响沫迟"。

当然，纵览上述五年的《秦中官报》"艺文存略"，其中亦不乏一二篇醒世之作，如《拟请建筑东西干路以固陆防议》，文章痛陈沙俄对我新疆的军事威胁，要求建筑抵达伊犁的军事防务通道，以应对战时之急需。然而，这样的文章在五年的《秦中官报》中毕竟是凤毛麟角，无补其颓唐之貌。

"艺文存略"在《秦中官报》中所呈现的如斯思想面貌，原因可能在于当时陕西地方当局钳制舆论。但与当年上海发生的《苏报》案，邹容发表《革命军》，章炳麟激烈要求革命的文章相比，"艺文存略"所反映的陕西仕绅的思想状况无论如何显然是落伍了。与1905年西安广大市民积极开展抵制美货运动，组织"拒约会""争约处"，争取国家主权的斗争也相去甚远。笔者在本文中介绍《秦中官报》当年"艺文存略"所刊诗文无意谴责什么，仅仅只是期望为读者提供一段史料，使大家对陕西近代思想文化史有更全面的了解。

同时，联想到西部大开发，建设西部经济强省、文化大省，实现陕西跨越式发展的今天的现实生活，这段史料提供的历史的经验教训亦值得引以为鉴。那就是按照科学发展观的要求，在陕西全省上下要进一步解放思想，振奋精神。精神强，则万事兴矣。

写于2006年

紫阳茶历史贡茶的档案实证

在陕西省秦岭以南的安康、汉中乃至商洛广大地区，茶叶生产已成为当前该地区林特产品中规模最大的产业。据资料显示，以"紫阳银针""紫阳毛尖"为代表的紫阳茶系列在紫阳、平利、岚皋等县的种植面积已发展到30多万亩，而以"午子仙毫""宁强雀舌""商南仙茗"为品牌的陕南绿茶已在西乡、南郑、宁强、勉县、商南等县种植到近70万亩。然而，令人遗憾的是，眼下这质量并不比江南茶逊色的陕南茶的行销，在很大程度上却还同清末民初一样仍局拘在我国西北地区，在华北、东北、华东这些习惯饮用绿茶的地区还难有市场，且价格总是提不上去。笔者三年前在北京王府井大街的一家超市里曾欣喜地看到"紫阳毛尖"，但使人沮丧的是，其价格仅为浙江、湖南等省所产茶叶的四五分之一。去年在上海南京路笔者转了几家商店，压根儿就没有看到陕南茶的踪影。当给上海市档案界的同志谈到我们陕西也出产茶叶时，上了年纪的还表示有过耳闻，而年轻人则大惑不解。西北大漠黄沙之谓也，何茶之有？

陕西的秦巴山区前几年就同广西的石林、宁夏的西海固、甘肃的定西等地区一起因自然禀赋不好被国务院列为全国重点扶贫开发区。在这种情况下，陕南地区有如此规模巨大的茶叶产业，却至今还未收到应有的效益，确实令人心急心焦。造成这种状况的原因当然是多方面的了，要做的工作也可能很多，但就笔者看来，目前还是要着重在研究适应我国民众的消费文化心理上多下工夫。前几年笔者曾到紫阳县参加过县上举办的一年一度的"紫阳茶文化节"。"春到茶山一片新"，满山遍野碧绿青翠的茶园，采茶姑娘的红装、茶歌、茶艺表演确实都让人心旷神怡。著名营养学家于若木给紫阳茶的科学评价："紫阳茶富硒抗癌，色香味俱佳，系茶中珍品。"大作家贾平凹先生对紫阳茶的吟诵："无忧何必去饮酒，清静常品紫阳茶。"这些都能使人清晰地感到宣传工作的力度，也能明白经营者的苦心。但就我国民众对于茶叶的消费文化心理而言，这些还都显得不够有力。以浙江的西湖龙井、湖南的君山碧螺春、云南的普洱茶、安徽的六安瓜片茶为例，无一不是在茶叶的历史文化底蕴上做足了文章而名扬海内外，行销天下的。为此，笔者今天特地撰此小文就陕西省档案馆新近发现的珍贵历史档案——清朝光绪年间紫阳县正堂档案中有关"紫阳贡茶"征购的历史记载——在这里作以介绍，为紫阳茶确系历史上的贡茶的事实再次举证，为陕南茶再次正名，以祈陕南茶在历史文化宣传上有所开拓，进而再力争国内外市场，获取应有的收益。

陕西省档案馆目前馆藏的这份关于紫阳茶确属贡茶的历史档案，是一份清朝光绪三年（1877年）正月二十六日，陕西省紫阳县知县唐清辅差遣县衙两位衙役办理贡茶事宜的"信票"（指令文书）原件。该信票的主要内容是"为贡茶事，案奉各宪檄饬查照上届贡茶数目，严催采办，务于二月内申解。等因奉此，合行催办，为此仰役前往，协同该处乡地，照依后开各数目传喻各茶户，遵照上例，作速采办细嫩上好茶叶，务于二月内照数送，当堂领价，以凭申解。该役等不得籍端索延，致干重处不贷，毋违，速速须票。计开权河春分茶十斤，白茶（带茸毛的芽茶）十四斤；盘厢河春分茶十四斤，白茶二十斤；毛坝关春分茶二十斤，白茶二十五斤；麻柳坝春分茶二十斤，白茶二十五斤"。

以上催办"紫阳贡茶"的信票提供的历史事实至少有四点是十分清楚的：①当年紫阳县知县严令催办"贡茶"在紫阳已不是第一次了，而是根据"上届贡茶数目"援例执行的。②所选"贡茶"在当年的紫阳县境内已早有明确的地域界定，如权河、盘厢河、毛坝关、麻柳坝等地的各茶叶种植户。③对"贡茶"的质量、数量有特别要求，"细嫩上好""春分"时节采摘的茶叶。其中春分茶共计六十四斤，白茶共计八十四斤。两项合计共一百四十八斤。④收购上贡的方式为"照数送案""当堂领价"，由县衙给茶户支付茶价。"以凭申解"，按照规定的数量、质量、时间如期完成朝廷下达的上解"贡茶"的钦命。

据紫阳县县志记载，当年清朝安康府知府叶世倬就有诗云："桃花未尽开菜花，夹岸黄金照落霞。自昔关南春独早，清明已煮紫阳茶。"紫阳一带大巴山区植茶历史可追溯到战国时期。唐代紫阳茶区已成为全国七大茶区之一的"山南茶区"的一部。

102

后来宋元明清都承袭唐代的制度，始终将紫阳茶列为贡品。

由此看来，陕西省档案馆新近发现的这份可靠的历史档案——紫阳县知县唐清辅于 1877 年下达的收购"贡茶"的"信票"，一方面再一次证明了历代历史记载真实可信；另一方面，也是更为珍贵的一点，据笔者研究，这份"信票"是目前自唐代以来记录"紫阳贡茶"事务的唯一存世的政府档案（原始凭证）。清代以前紫阳县县政档案因各种原因目前已不复存在了。

由此笔者想到，陕西省有关部门和陕南茶叶产业经营管理者，当前，似应依据陕西省内保存完好的清代紫阳县正堂档案（分别存于省档案馆和紫阳县档案馆）和相关历史典籍，编辑出版陕南茶叶产业史，制作反映陕南茶叶产业起源、发展历史的影视作品，通过宣传以"紫阳贡茶"为代表的陕南茶产业的历史、文化，进一步开拓陕南茶叶的市场。同时，做好这方面的工作，将会使陕西历史文化资源的开掘工作拓展到茶文化的领域，从而丰富陕西文化建设的内容和色彩。

写于 2007 年

一个值得高度关注的编纂选题

近两年夏秋之际，陕西连续遭到暴雨袭击，特别是今年，渭河多次出现超纪录的特大洪峰，使下游人民群众蒙受重大灾害。就在这危急关头，胡锦涛总书记、温家宝总理给陕西省委主要负责同志打电话，询问灾情和灾区人民群众的生活安排，表示中央将大力支持陕西军民的抗洪斗争，要增援、调动部队，需要抢险物资，中央将动用国家储备。作为一个陕西民众，听到中央领导的这份关心，又有谁的心头不会发热呢？

更感人的是，《陕西日报》9月22日报道的温家宝同志与我省佛坪县灾区小学生的一段极具亲情的交往。去年6月9日，佛坪遭受了百年不遇的特大洪灾。全县2万多人受灾，3 000多人无家可归，112所学校受损。时任国务院副总理的温家宝同志专程赴佛坪查灾慰民，他来到被洪水夷为平地的沙坝小学的临时教学点，动情地为孩子们领读："我是中国人，我爱中国，我们要克服重重困难，为重建我们的家园而努力学习。"温家宝同志的这番领读，这番情义，而今已成为佛坪父老竞相传颂的佳话。一年过后，在中央及省市领导的关怀支持下，佛坪人民已在大灾中挺立起来了。全县投资1 000多万元优先建校。3月20日，温家宝总理在百忙当中应师生的请求，特地为新建的"沙坝小学"题写了校名。学生王希芳对前来采访的记者叔叔说："总理的关心太让我们激动了，如果能再见到他，我要当面感谢温爷爷。我会牢记他的教诲，好好学习。"

读了这则好新闻，笔者不由地回想起了那新的"春天的故事"。胡锦涛同志亲赴重疫区——广东——看望百姓，温家宝同志在北京大学学生食堂与学子共进午餐，教导青年们听从学校安排，科学防"非"，安心读书。其他中央政治局常委分赴各地抗"非"一线，与干部群众、医护人员一起研究抗"非"对策。中央领导同志奔赴火线的这种大无畏精神，无疑给全国亿万民众以极大的宽慰，给"白衣战士"以巨大的鼓舞，给各级领导干部以极大的鞭策，给国际社会以强烈的震撼。此次抗击"非典"战斗中，中央领导同志的表率作用，所产生的社会影响既是巨大的又是多方面的。不是吗？在领路人的正确领导下，中国人民战胜了"非典"，又阔步前行了。

想到这些，笔者又联想起中央几代领导集体热爱祖国、热爱人民的那无数激励后人的事迹。毛泽东同志中途下车，替背柴草的小姑娘把柴草送回家。周恩来同志执意要工作人员给普通市民赔偿衣衫。邓小平同志以一位老共产党员的名义为"希望工程"捐款5 000元。江泽民同志发现边远地区的民众收不到电视信号，毅然决定限期实现"村村通"。朱镕基同志对中外坦言：不管前面是地雷阵，还是什么，也要为人民为国家鞠躬尽瘁，死而后已。

事实证明，中国共产党在其走过的八十多年的风雨历程中，为实现最广大人民群众的根本利益不懈奋斗，真正做到了爱民、亲民、为民，因而也就赢得了广大人民群众的衷心拥护和爱戴。尤其是几代中央领导集体以身作则，在爱民亲民为民方面更是为全党树立了光辉的榜样。

由此笔者感到，当前，在全党兴起学习贯彻"三个代表"重要思想的新高潮中，在我们档案界大力倡导进一步紧密配合党的中心工作的时候，在我们的编纂业务选题上和整个编纂工作中，大家都应当高度关注对党中央几代领导集体亲民、爱民、为民的感人事迹和言论的收集、研究和编纂，并将此作为当前整个档案工作中的一件大事来抓。正如曹操在《短歌行》中称颂的"周公吐哺，天下归心"，只要我们在这方面工作的视野更加开阔了，具体工作做得更加深入细致了，应当说其意义将是重大而深远的。其一，以档案信史编纂这种形式，能最有效地保存记载好几代中央领导集体给全党留下的这份珍贵精神财富；其二，我们这方面的编研新成果推向社会，将有力地促进全国民众对我们党的向心力，增强我们党的凝聚力；其三，我们这方面的编研成果将会成为"立党为公，执政为民"，党的思想、作风建设的好教材，反腐倡廉，保持党的先进性、纯洁性的有力武器；其四，在大力倡导公民道德教育的今天，我们这方面的编研成果，也是对公民进行道德教育的好范本；其五，这方面的工作做好了，也将有力地促进我们档案编纂工作为党的建设服务的进程，并可积累相关有益经验；其六，在开展这方面工作的过程中，我们的同志也可受到很好的教益，并将推进整个档案界普遍开展的深入学习贯彻"三个代表"重要思想的活动。

那么，当前我们如何更好地抓好这方面的工作呢？似应有这几点考虑：第一，要加强领导，提高认识和自觉性。可否在我们各级领导层学习"三个代表"重要思想的过程中，将此作为一个理论联系实际的专题议一议。形成共识后，由领导同志给干部讲一讲，做好思想动员，提高大家对问题重要性和历史及现实意义的认识。第二，组织力量，突破重点。现有的编研力量如果不够，可否动员其他部门的同志也投入进来，以确保能尽早拿出一批编纂研究成果，发挥效益。第三，利用好现存档案资料。就笔者所在的陕西档案馆而言，革命历史、陕甘宁边区和建国后档案中就散存着这方面大量翔实史料。第四，注重收集编纂现实资料。多年来，报刊、图书、影视大量报道和记载了几代中央领导集体以及像郑培民同志等一大批优秀共产党人实践"三个代表"重要思想，亲民、爱民、为民的事迹和论述。例如，反映邓小平同志南方视察的《东风吹来满眼春》，江泽民同志赴云南、陕西等地访贫问苦；胡锦涛同志带领中央书记处的同志赴西柏坡重温毛泽东同志"两个务必"的重要思想；温家宝同志三访东北煤矿采空区的困难职工；等等。这些历史和现实材料如能集中起来，精心编纂，一定会成为我们档案编纂史上的"精品工程"，光华照人，教育当前，启迪未来。第五，形式宜生动活泼。我们除了可编纂文献汇编等，亦可利用音像、图片等资料举办展览，亦可请我们档案界在党史方面有专长的专家给青少年和社会公众作报告。如果有条件，我们亦可编制电视专题片，在有关报刊上开办专栏，等等。

中央领导同志日前表示"心中唯念农桑苦，耳里如闻饥冻声"。那么，我们档案界的同志们就应该以中央领导同志为榜样，按照"立党为公，执政为民"的总要求，为了党和人民的利益，进一步动员起来，满怀感情地编写一部乃至多部中央领导集体以及广大共产党人亲民、爱民、为民的"大书"，为党的建设、为国家民族的兴旺繁荣再做我们新的贡献。

写于 2003 年

"市场档案"给我们的启示

今年 7 月 21 日,《人民日报》以《市场档案作指南》为题,报道了四川省巴中市的农民兄弟依靠"市场档案"谋发展的事迹,读后深受启发。

报道说,走进巴中市巴州区恩阳镇生猪贩运户杨希述的家,墙上整整齐齐地贴着生猪收购网点布局图、各地生猪收购价格表,还有一幅幅标明近年来生猪市场行情的曲线图。

报道说,这些年来,巴州区的农村贩运户,都像杨希述一样把通过信息机构、电视报纸、业务往来客商、亲友等多种途径获得的农产品价格信息、行情,及时加工整理成"市场档案",从中分析农产品的需求趋势和市场特点,然后调整经营策略,钻"冷门",投"空当",找"特色",尽可能选择销售的有利时机和区域，获得最大的收益。目前，全区已有1.2万户农民贩运户建立了"市场档案"，户均年收入超过 2 万元。贩运大户余新平通过分析档案资料后，他经销的山野菜已运销日本和东南亚国家。

读了这则报道，联想到我省杨凌农业高新科技示范区等地的农民兄弟也和四川巴中的农民兄弟一样，通过分析研究占有的信息资料，在花木、良种销售方面争得市场先机的情景；想到今年春季在家属院中和卖菜的富平乡党谈到，因不善经营，人家一亩蒜薹收益2 000元，而他仅卖到300元的教训；想到广大的西部贫困地区还有不少农民兄弟至今仍然不了解集约经营为何物，心中既喜又忧。喜的是，西部农民兄弟中的先行者，正在广袤的大地上以"市场档案"等现代化的手段向集约农业、现代农业迈进，向我们展示着西部农业的美好前景；忧的是，在西部的穷乡僻壤，还有多少农民兄弟和那位种蒜薹的乡党一样，在吞食着粗放经营所结下的苦果，何日才能走进小康？与此同时，想到更多的则是我们档案工作者肩上的责任。"市场档案"这样的新生事物，悄无声息地出现在了商品经济的大潮中，它在于无声处为我们档案工作者提出了新的重大工作课题。

首先，应进一步重视和加强农村档案工作。党中央这些年来反复强调，没有农村的小康，就没有全国的小康；没有农业的现代化，就没有全国的现代化；没有农民的富裕，就没有全国人民的富裕。今天，农村档案工作，作为农村社会向现代化发展的基础性工作，在整个农村社会发展中的地位和作用愈来愈显得重要了。因此，无论从促进农村社会发展计，从为经济建设的大局服务计，还是从进一步密切与人民群众的联系计，我们档案工作者都应当更加重视和加强农村档案工作，并将此作为我们贯彻落实"三个代表"重要思想的具体措施，认真付诸实施。

其次，应抓典型，广传播，谋求大面积。从《人民日报》的这则报道中可以看出，四川省巴中市的"市场档案"是农民兄弟在经营活动中以实践为依据自发地摸索建立起来的，是顺应集约经营的内在要求的必然产物。既然是必然产物，那就地不分南北了。在我省农村尤其是经济活动活跃的区域，想必与四川一样，肯定也存在着一大批像《人民日报》的报道中所赞扬的杨希述那样的有心人。尽管他们可能还没有来得及用"市场档案"的概念来概括自己所做的工作。那么，我们做宣传教育工作的同志就有必要走出档案库馆，走出办公室，深入下去，发现、总结以至扶植一批类似四川巴中市那样的有说服力的典型，并利用各种媒介，使其在农村大面积地传播开来，推广开来，进而使"市场档案"成为我省农民群众奔小康、谋发展的好帮手。

第三，应搞服务，办实事，开新路。档案事业毕竟是一门专业性很强的科学事业，尤其是进入电子档案时代之后，这门科学的知识和技术含量更是倍增了。因此，要使农村档案工作有长足的发展，我们专业档案工作者就有责任也有义务为农民兄弟搞好服务，帮助他们规范科学地建立健全所需要的档案。具体来说，我们可否走进贩运大户、养殖种植大户的家中做宣传，亲自动手帮助农民兄弟搞好"市场档案""科技档案""家庭档案"，等等。在有需求的地方，我们的专家还可办班讲学授徒。总之，随着经济、文化的发展，农村档案作为朝阳"产业"，其前景是不可限量的。只要我们进一步开展好这方面的业务，或许会为档案事业开拓出一片新的天地。

写于 2003 年

111

周至县的路德先生

　　日前，西北政法大学一位老先生将其家藏多年的一本出自清末的手抄本《路德文集》作为珍贵典籍捐赠给省档案馆收藏。有感于老先生的美意，笔者认真研读了这部珍贵手稿。经过逐篇阅读体味，透过这一百多年前的墨香，深感《路德文集》中所载文章，或记事，或说理，均不失为清代论说文、散文的佳作。尤其可贵的是，许多篇章中的精彩论述，当属反映清代思想文化史的宝贵资料。有鉴于此，笔者随后到省图书馆古籍室查阅了刊印于清光绪年间的《路德文集》。两相对照，文章的篇目、内容基本一致，便进一步认识到了此手抄本藏于我馆的社会学意义上的历史价值。

　　据《陕西省志·人物志》载：路德（1784—1851年），字润生，号鹭洲，陕西周至人。幼年刻苦读书，乡试中举人。清嘉庆十四年（1809年）中进士，选翰林院庶吉士，散馆后授户部湖广司主事。嘉庆十八年（1813年）考补军机章京职。在任积劳，30余岁即双目失明，因而辞官归乡，专心治学，每日静坐背诵经传，历经三年眼睛竟又复明。后受聘主讲关中、宏道、象峰、范阳等书院，其讲学以弘扬程朱理学为主。他主张读书的目的是为了提高人的自身修养，以知识使读书者成为具有良好道德品质的人。他要求学生先立品行，后做文章。当时关中各县，乃至山西、河南、江苏、湖北等省，都有许多求知者前来拜他为师。

路德先生的教育思想和主张，在我馆收藏的这本总计34篇文章、36 000多字的手稿中就多有反映。

关于诚信的问题，《答丁彦丰书》云："有志偿债者，不敢负债；有志全交者，不敢滥交；有志酬恩者，不敢受人恩。"

关于民生平等的思想，《造化篇》云："盲者生子，或为离娄（按：离娄系指明目者，能视百步之外，见秋毫之末）；聋者生子，或为鸣鸠；厉者生子，乃倡乃优；顽者生子，乃哲乃谋；隶人生子，乃公乃侯。"

关于移风易俗的主张，《阻诸生贺生日说》曰："一婴儿三朝（天）贺之，弥月贺之，百日及周岁又贺之。一浮名也，登科贺之，入泮（按：入泮即入学馆）贺之，举乡饮贺之，入赀得官，纳粟入监贺之。凡有庆贺，动辄数日，远近亲戚宾友络绎而来。其喜酬应好征逐者，日役役于此数事计一岁之中，光阴之虚掷者，过半。官不得尽其职，民不得竟其事。为师儒者，不专心于训课；为子弟者，不肆力于诗书。大率皆由于此也。"

《阻诸生贺生日说》再曰："天生一人，必有一人之事。各事其所事，其力皆足以自给。节馈之费，以纾度支，省往来之劳，以修职业。修则寒士有以自立，无求于人。亲友有大事，谊不得已者，量力应之，可也。其琐细事，不知可也，知而为弗闻也者，亦可也。奚必逢人探听，逐日存记。某家生子，某家娶妇，某月某日，为某生日，谬谬焉，扰扰焉，旷时废日，为此无益之举哉！"

《阻诸生贺生日说》又曰："仆（吾）于世俗之礼，心窃厌之。最甚者，尤莫如生日。此身生育之日，正父母忧危之日，当此日而不动凄怆之思者，非人情也。凄怆于中，而欢娱于外，与宾客相对，饮食谈笑。此尤非人情也。"

在移风易俗、劝业戒嗜方面，路德先生在文稿中还专门开辟专章撰写了《四不论先生》一文，以诙谐讽刺的笔意，劝喻人们戒除不良嗜好，勤于农桑功业。

"四不论先生，余门门下能文者也，嗜酒。过酒味酸涩者，初独皱眉，三杯后，渐入佳境，汩汩下喉以至于醉。曰不论好恶，好一瓶亦醉，一壶亦醉；曰不论多少，夜睡方熟，晓眠未醒，有呼之者，曰酒来矣，则蹴然而起，披衣而饮之；曰不论迟早，饭前饭后，见酒辄饮，未之辞也；曰不论饥饱。于是，同舍诸生群呼之曰：四不论先生。"

"某饮以酒，召歌伎俏觞，伎固善媚，兄先生热肠，请托终身。先生信之，谓红拂红线。复出也，竟效桑中之奔。士林大骇，余置酒钱先生曰，饮此作别，此间不可居矣。先生泪涔涔下，不能仰视。自知众论不容，踉跄而去。"

在《路德文集》中，路德先生对热爱乡土、励志立业亦有许多精辟的论述。

《歧麦铭有序箴铭》曰："雍州（关中）之土，实称上腴，矧惟我邑，山水之区，终南为屏，清渭为带，涧泉野泊，纵横灌溉，竹林果园，菜畦药圃，芒芒芜芜，下不见土，何值不蕃，何稼不繁，他邦旱稿，我独厌飧。"

《杨宪峰文伯六十寿序》云："精诚之至，金石为之立开；忠信不渝，波涛因之可涉。"

总之，我馆收藏的这部《路德文集》手抄本对于 150 多年前清代社会生活、意识形态、政治经济，都有生动翔实的记述，对于编纂清史特别是编纂清代陕西地方史乃至西北地域史，不论从史料，还是从版本学的意义上来说，均为不可多得的宝贵材料，值得引起修史工作者的关注。同时，就路德先生一生的业绩来看，我们更当将其列入陕西以及西安地区要深入研究的历史文化名人之列，加以切实地关注和研究，以丰富陕西以及西安地区的历史，尤其是近代历史文化的内涵和分量。

写于 2007 年

陕西辛亥革命中的女杰卢慧卿

　　卢慧卿，原名毅侠，字慧卿，陕西长安县圈坊村人。生于1890年，父亲早亡，与寡母艰难度日。少年时的卢慧卿长相秀丽，口齿伶俐，生性机敏。十六岁时与母亲同在清藩台衙门干杂役，遂被一傅姓男佣骗买作妾。此时傅某已三十五岁，老夫少妻，本不般配，加之傅某原本就是个市井无赖，将卢慧卿骗到手后，即在西安西关开一茶馆，逼迫卢慧卿卖春赚钱，为其敛财。卢慧卿虽竭力反抗，但在此黑暗社会中，只得逆来顺受，以待时机，摆脱困境。

　　1909年，卢慧卿结识了陕西同盟会的重要人物张光奎，遂摆脱了傅某，走上了革命的道路。通过张光奎，卢慧卿先后认识了陕西同盟会骨干张凤翙、钱定三、张钫、张云山、彭仲翔等人。在他们的谈话中，卢慧卿逐步懂得了革命的道理，革命党悟和意志日渐成熟。先是为革命党收发、传递文件和情报，后来革命党人见其工作认真负责，有胆有识，不怕风险，便吸收她参加各种会议。会议上她积极发表意见，且见识不凡，更赢得了革命党人的赏识和信任。革命党人遂将更加重要的任务交付于她。1911年10月22日（农历九月初一）酝酿已久的陕西辛亥革命起义终于爆发了。这天上午，以张凤翙为首的新军中的同盟会会员和哥老会成员，在林家坟开会决定起义。事先告知卢慧卿，要她暂到乡间回避，以防不测。卢慧卿拒绝了大家的好意，她说："我虽是个女子，但在省城人熟地熟，可给你们做些力所能及的事，为革命效劳。"大家听了甚为叹服。起义的枪声首先在军装局打响。一时间，西安城内外炮声隆隆，流弹横飞，市民纷纷逃避躲藏。而身为弱女子的卢慧卿却勇敢地随起义军入城参战，奔走于军装局（起义军的临时指挥所）与城内外各重要据点之间，侦探敌情，传布命令。不久，起义军领导机关给她配备了一匹马，发给她一套军装。她穿戴起来，驰骋纵横，成为起义军中唯一的女战士，为起义军三天内击溃清军、光复西安做出了贡献。一时间，红装女侠卢慧卿便成了西安城内革命军民的美谈。

117

西安光复后，张光奎任新成立的秦陇复汉军大统领府参政兼东路粮饷大使，负责掌管财政事务。卢慧卿运用她和张光奎结识后学习的文化知识，多方协助张的工作，使各项经费开支安排得井井有条。这时大家才发现卢慧卿还是个理财理政的能手。

1912年，陕西境内起义军与清军之间的战斗结束，大局抵定，秦陇复汉军政府改组为都督府，张凤翙任都督，张光奎任实业厅厅长。这时国内南北议和，孙中山先生被迫辞去临时大总统职位，袁世凯窃取了北京政府大权。陕西的局势也发生了巨大变化，张凤翙转靠袁世凯，起义军内部也发生了分化，争权夺利之事接连发生。卢慧卿深为忧虑，毅然挺身而出，奔走于各派势力之间，陈以团结与分裂的利害，竟使不少同志捐弃私见，消除隔阂，重归于好。当时卢慧卿自备马车一辆，常乘车来往于各署部门、官邸，为巩固革命成果而奔忙。然而，个人的努力终究难以逆转革命受阻的危局。卢慧卿遂转而帮助张光奎料理家务，兴办学校。

　　1914年，北京政府解除了张凤翙陕督的职权，派其嫡系陆建章主陕。陆到陕后，裁汰革命军，并大肆捕杀革命党人，反动气焰笼罩全省。张光奎被迫出走天津，但卢慧卿却毫无惧色，革命意志依然坚定，仍然以自己的智慧和才能，支持革命力量，反袁倒陆。袁世凯称帝后，革命党人焦子静在渭北组织倒袁护国军，在西安城内购得一批枪械，却因敌军戒备森严而无法运出。卢慧卿知情后，多方设法，后来将枪械藏入自己乘坐的轿车底盘内，安全运到草滩镇，交给护国军接应人员，有力地支持了渭北革命斗争。与此同时，诸如革命党著名领导人马彦翀等多人都是卢慧卿利用自己的轿车，护送至西安东十里铺，踏上了去上海的旅途的。卢慧卿为国民革命保存了一批干才。

　　时至1917年，由于少年时遭受的摧残，加上连年为革命过度操劳，卢慧卿一病不起，竟于是年2月2日与世长辞，时年二十八岁。一代革命女杰的溘然长逝，在西安城内、城外引起强烈震动，社会各界送上的挽幛挽联数以千计，隆重安葬了这位女界革命先驱。

　　后来，杨虎城将军多次向人谈起卢慧卿女士的革命事迹，赞扬其为陕西辛亥革命中永远值得铭记的女豪杰。

编写于 2011 年

118

应该铭记的又一座丰碑

近日，阅读由人民出版社于 2004 年 12 月出版发行的，反映 60 多年前著名爱国将领孙蔚如、赵寿山、孔从洲等人，率领关中子弟与日本侵略者血战山西中条山，保卫黄河、保卫大西北的英雄史迹的纪实文学作品《立马中条》，使人从另外一个侧面丰富了对中国人民抗日战争历史的了解，深切地感知了陕西父老在抗日战争中所表现的民族大义、所做出的巨大牺牲。在深受震撼和教育的同时，也对档案文献资料编纂工作如何依据历史唯物主义的原则，进一步开掘档案资源，保存历史记忆，服务于当前开展爱国主义教育的迫切需要，产生了一些新的认识。

《立马中条》的作者徐剑铭、郭义民、张君祥先生（三位均系陕西本土作家），从 1986 年起，通过查阅陕西省档案馆馆藏档案资料、《山西文史资料》等文献以及实地走访调查，积十多年之功，终以 30 万言，真实地叙写了从 1938 年 5 月至 1940 年 10 月，孙蔚如、赵寿山、孔从洲等将军率领的由 3 万多名关中子弟为主组成的第四集团军，在黄河东岸、山西省中条山阻击日本侵略军的英勇奋战史。书中展示了这 3 万多名陕西健儿在两年多的抗击中，把不可一世妄言三个月占领中国的日本鬼子拒阻于潼关以外，使其进入关中掠占西北的梦想死于胎中。日本鬼子不仅未能踏进潼关一步，而且付出了惨重的代价，仅"六·六"会战一役，日军排长以上军官的尸骨层层叠叠堆了 1 700 多具。而我军在这两年多的抗击中，所表现的不畏强敌、誓死报国的爱国主义精神更是感天地、泣鬼神。在一次战斗中，我 177 师新兵团 1 000 多名战士被 2 000 多名日本兵包围在黄河岸边的悬崖上，经过激烈拼杀，200 人战死，余下的 800 多人面临被俘的危险。在敌人的喊降声中，800 勇士毅然集体跳下百尺悬崖，投身奔腾咆哮的黄河，为国捐躯。据当年的目击者称，当时最后一个跳下悬崖的战士，是高唱着秦腔"两狼山战胡儿天摇地动，好男儿为国家何惧死生"而慷慨赴难的。

"宁跳黄河死，不作亡国奴！"读着这鲜为人知的抗日英雄血战史，使人禁不住肃然起敬，为三秦、为陕西、为中华而骄傲！使人禁不住联想起狼牙山五壮士、投江以明志的八位抗联女英雄，想起了天安门广场上屹立的庄严的"人民英雄纪念碑"及其碑文。一切为中华民族的自由与解放事业而牺牲的英雄们永垂不朽！

应当说，《立马中条》的可贵之处，不仅仅在于它第一次全景式地向世人真实地报道了第四集团军在中条山英奋抗击日寇的英雄战史，为我们矗立了又一座应当永远铭记的历史丰碑，更在于它所深刻揭示、生动表现的伟大的民族精神。正如陈忠实先生为该书撰写的序言中所指出的："我阅读着《立马中条》，完全沉浸在一种悲壮的情怀里难以自拔。……几万士兵又铸成一个英雄群雕。他们之中的任何一个士兵，昨天还在拉牛耕地或挥镰割麦，拴上牛绳放下镰刀走出柴门，走进军营换上军装开出潼关，就成为日本鬼子绝难前进一步的壁垒。他们之中的大多数可能只上过一两年私塾初识文字，有的可能是连自己的名字也不会认写的文盲，然而他们有一个关中的地域性禀赋：民族大义。这是农业文明开发最早的这块浸淫着儒家思想的土地，给他们精神和心理的赠予；纯粹文盲的父亲和母亲，在教给他们各种农活技能的同时，绝不忽视对国家和民族的忠诚和信义；在火炕上的粗布棉被里牙牙学语的时候，墙头和窗口飞进来的秦腔，就用大忠大奸大善大恶的强烈感情，对那小小的嫩嫩的心灵反复熏陶。"

由此，也使人自然地想起了《中共中央关于加强党的执政能力建设的决定》中，关于"弘扬以爱国主义为核心的民族精神和以改革创新为核心的时代精神，使全体人民始终保持昂扬向上的精神状态"的号召，以及党中央关于在中国人民抗日战争暨世界反法西斯战争胜利60周年各种纪念活动中，应"着力宣传在中国共产党主张建立的抗日民族统一战线旗帜下全民族打败日本帝国主义侵略的历史功绩"的要求。用中央的这些重要指示精神来衡量，我们完全可以说，《立马中条》既是一部生动的爱国主义教育的好教材，其成书过程以及创作过程中所遵循的生活真实与艺术真实相统一的历史观和美学观，也为我们从事档案资料编辑开发研究工作提供了一个好范本。我馆馆藏民国档案，共计94个全宗，93 052卷；革命历史档案，共计58个全宗，19 488卷；革命历史资料、建国前旧图书、旧资料、志书、革命烈士材料、名人字画、报纸及建国后图书共计114 260余册（件）。这其中蕴藏着多少爱国主义精神教育的好素材，在期待着我们去发掘，去开发。《立马中条》一书中许多具体史料就来源于我馆保存的20世纪三四十年代西安地区出版发行的书籍和报刊，其中《西北文化报》等报刊为该书提供的大量珍贵历史图片和文字资料，就在很大程度上增强了作品的历史科学性和艺术感染力。

为此，笔者感到，在大力弘扬和培育民族精神，调动一切积极因素，全面建设小康社会的今天，在实现祖国完全统一成为我们在新世纪新时期所面临的三大战略任务之一的时候，我馆以及全省各级国家综合档案馆都有必要集中力量，进一步开掘馆藏资源，像《立马中条》一样，推出一批编研力作，以争取为"三个文明"建设做出更大的贡献。

在中条山为抗击日本侵略者而牺牲的先烈们永垂不朽！

写于2005年

长安终是人文荟萃的地方

《西安晚报》2008年1月14日"文化纵横"版刊登了刘炜评先生指正我于去年12月24日在同一个版面发表的文章的断句错误的文章，题为《〈关中名士路德先生〉断句指瑕》，读后令人心悦诚服。

一是关于《路德文集》中《四不论先生》一文的断句。我在《关中名士路德先生》一文中确实存在着断句不科学的问题。尽管通过我的断句介绍，读者也可对什么是"四论先生"有一个相当的把握，但的确存在着如刘先生在文章中指出的，"断错了四个不论某某句的属上、属下关系，以致文义层次不清的问题"。刘先生在文中依目前通用的标点习惯，重新对《四不论先生》一文进行断句，断得更加清楚规范，拜读后深受启发。

二是关于《四不论先生》一文中出现的"红拂红线"系唐代传奇中的女性人物的典故。我在写作《关中名士路德先生》一文时，并不知道确切的所指，也未进行必要的考释，便望文生义地断了句，结果使原文的文义扭曲。在这里，我诚恳地向读者致歉，并对刘先生的科学阐释表示敬意和感谢。

读了刘先生的文章后，除了折服之外，同时也使我有了一份清醒，"八川分流绕长安，秦中自古帝王州"。长安自古就是人文荟萃之地，今天仍然是我国的文化教育重镇。今后作文问学自当更自省自律，要深入钻研，不可粗枝大叶；要向读者负责，对得起先哲；亦要替西安的形象负起一份责任来。至此我还想起了文坛的一起掌故来。人民文学出版社 1959 年出版的《沫若文集》第二卷系郭沫若先生的著名历史剧本集。在《屈原》剧本后附有郭沫若先生的一篇短文《一字之师》。文章中讲道：

124

是《屈原》演到第三场或者第四场的晚上吧，我在后台和饰婵娟的张瑞芳女士谈到第五幕第一场婵娟斥责宋玉的一句话：

"宋玉，我特别地恨你。你辜负了先生的教训，你是没有骨气的文人！"

我说："在台下听起来这话总觉得有点不够味，似乎可以在'没有骨气的'下边再加上'无耻的'三个字。"

饰钓者的张逸生兄在旁边化妆，他插口说道：

"'你是'不如改成'你这'。'你这没有骨气的文人！'那就够味了。"

听了他的话，我受了莫大的启示，觉得这一个字真是改得非常恰当。

我回头也考虑了一下，这两语法，为什么有那样强弱的不同。

"你是什么"只是单纯的叙述语，没有更多的含义，有时或许会是"不是"。

"你这什么"便是坚决的判断，而且还（把）必须有附带语"是"省略了。譬如说，"你这没有骨气的文人！"这下面是省略得有"你真该死"或"你真不是东西！"或"你真是禽兽！"之类的极度强烈的语句。这样的表现自然是特别地强而有力了。

郭沫若先生这样的文化大师能将给予了这样一个启示的事情记载到自己的文集当中，足见其为文为人的诚恳和虚心向学的精神。由此我想到"文化纵横"版的编辑同志能及时地刊发刘炜评先生的文章对我进行善意的提醒，所要倡导的恐怕就是郭沫若先生所持守的人与人之间互相学习、互相批评帮助的精神吧。想到这一层，我心里也生出了对编辑同志的敬意来。

在讨论文化问题的时候，当前我们大家确实都应当学习前辈的一字之师的精神和胸怀，在互相批评帮助中，来建设、来营造我们西安历史文化名城的学术氛围，树立我们西安文化工作者更加良好的形象，为古都增色。缘此撰此小文既承认自己的错误，感谢刘炜评先生的帮助，同时衷心地期望我们西安的文化建设工作更加美好、和谐。

125

写于 2008 年春

写在电子档案日益激增的时候

　　随着信息化、数字化的迅猛发展，电子档案的管理被各级档案部门日益提到了重要议事日程。但使人忧虑的是，在这种形势下，我们有些同志自觉不自觉地对纸质档案便不那么重视了，甚至对纸质档案的地位和作用的认识也发生了动摇。为此，笔者觉得，在这里有必要为纸质文书和档案说几句话。

　　晋代初期傅咸在《纸赋》中，对由竹简到纸张的转变过程中纸张这种新型载体的优越性有过这样的赞美："揽之则舒，舍之则卷，可屈可伸，能幽能显。若乃六亲乖方，离群索居，鳞鸿附便，援笔飞书，写情于万里，精思于一隅。"这就是说，纸取代简释放了写作空间，使人们的思维表达获得了极大的自由。在纸质前时代，简册刮削不易，素帛成本昂贵，手持刀笔的作者在简册之上写作仅能做一些局部的修改，很难进行大幅度的改动。因此，他们正式写作前，需要有长时间的构思腹稿的过程，即将每一个字都想好之后才能落笔成文。作者由于过多考虑成熟的表达方式，也就阻塞了内在之意的自然流露。以纸写作则有所不同，作者突破了"慎重落笔"的心理障碍，写作思维更加自然流畅，作者可以用最快的手段捕捉到瞬间的心理反应与写作冲动，释放作者的内在情愫。写作思维方式的这种变化，应是纸质载体写作对简素写作一个最具革命性的改变。

古人对纸本载体的赞美，无疑是十分中肯和科学的。即便是信息化、数字化迅猛发展的今天，在纸质载体上书写，也因其无能耗（电），无甚多条件要求的便捷，乃至于对书法艺术的成就和展现，仍然是国人大众喜爱而须臾不可离失的写作方式。就是通过计算机写作，除了在网上传播外，绝大多数作品仍然还要存留在纸质载体上。因此，纸质的文书、信函等在今天仍在大量产生，并有效地服务于社会各方面的生活和建设。同时我们还应当充分注意到，由于纸质文件的可触摸性、直观性，无可辩驳的凭证作用和长期存留的可靠性，纸质档案在今天以至今后一个很长的历史时期，仍然具有无可替代的独特的历史地位和作用。所以，在电子档案日益激增的今天，我们有必要保持清醒的头脑，有必要历史地、辩证地对不同载体的文书和档案加以具体的实事求是的科学分析和科学定位。对于电子文书和档案固然要紧紧跟随当今社会生活实践的实际发展，给予足够的重视和关切，施之以现代理念指导下的现代技术管理手段；对于纸质文书和档案同样不可盲目菲薄。在做好电子文书和档案的征集、管理工作的同时，也应倍加重视对纸质文书和档案的收集、保管和利用。据《光明日报》报道，目前保存在中国国家图书馆中距今七八百年前的宋元善本图书《洪范双鉴》《资治通鉴》《东坡乐府》《稼轩长短句》等仍然相当完好，可资阅读、利用。据此完全可以想见，目前保存在各级国家综合档案馆和其他档案馆中的各种珍贵纸质档案，在保管条件不断改善、保护手段不断改进的情况下，也完全是可以长久留存并发挥其作用的。这就表明，各级国家综合档案馆当前以至今后一个相当长的历史阶段仍将以纸质档案为主要管理对象。因此，在电子档案日益激增的今天，对于各类纸质档案尤其是珍贵纸质档案，我们还是要倍加珍视和呵护。在保管利用上，元代大书画家、藏书家赵子昂提出的著名的护书"六勿"原则——"勿卷脑，勿折角，勿以爪侵字，勿以唾揭幅，勿以作枕，勿以夹刺，随损随修，随开随掩"，我们还是应当借鉴和遵循的。

"莫道昆明池水浅，观鱼胜过富春江。"在电子作为新型载体其优越性日益展现的时候，对于不同载体的文书和档案如何做到科学定位、合理对待，同样是当前我们各级档案部门在全面落实科学发展观的过程中，需要认真研究解决的课题之一。

写于 2006 年

128

应重视工业遗产档案资源的征集和利用

近些年来，在研究近代史、保存城市记忆和民族文化遗产等工作中，大家重视乃至聚焦于政治变革、文化艺术创造、社会风尚习俗变迁等，无疑是必要和正确的。然而，在我国努力实现工业化的时候，如何保存近现代工业遗产，在相当多的地方却没有将问题提上议事日程。这不能不说是观念和工作上的一种严重缺失。今天，当人们享受着工业化提供的物质和精神产品的时候，有人就会追问，这些都是怎么来的？中国近现代史上具有划时代意义的工业化进程经历了一个怎样筚路蓝缕、开启山林的艰难历程？那么，由谁来问答人们的这些追问呢？肯定地讲，档案界首先具有发言权。

就笔者生活的陕西省而言，近代工业化进程起步虽然较晚，遗存不丰，但仍然存留着不少具有地域乃至全国意义的典型的工业遗产遗存。例如，延安黄土高原上就存有清朝光绪年间兴建的中国大陆上第一口石油井。抗日战争时期，上海、天津等沿海地区就将一批诸如棉纺织业迁陕，为抗战贡献甚多。20 世纪二三十年代爱国将领杨虎城主陕政时，效仿沿海地区也兴建过多项利省利民的工程。特别是建国初期和三线建设时期，著名的 156 项国家重点建设工程在陕就建成了 24 项。而三线建设项目在陕则多达 400 项，分布在 48 个县，450 多个点上。在陕西省，诞生了新中国的第一块芯片、第一只显像管、第一台大型飞机发动机、第一架大型轰炸机和运输机，这些正是在陕项目的产物。再例如，著名的渭北煤田，自清代大规模开采以来，时至今日仍然是秦岭南北广大地区重要的热源和动力源。由此看来，档案工作如何保存我国近现代工业遗产，仅陕西就有许多工作可做、要做。那么，以全国来看，以近现代工业发展早得多的沿海地区而言，在保存工业遗产的问题上，档案工作更应当说是大有用武之地的，是大有作为的。

据有关文献介绍，早在 19 世纪末，在英国就出现了"工业考古学"，成为世界保护工业遗产的启蒙。20 世纪 70 年代，发达国家便产生了较为完整的工业遗产保护理论和方法，当时在国际上就成立了一个国际工业遗产保护委员会。到本世纪初，工业遗产作为人类文化遗产的一个重要组成部分，为世界各国普遍认同。2003 年，在俄罗斯的下塔吉尔市召开了国际工业遗产保护委员会大会，通过了国际工业遗产保护领域的纲领性文件——《下塔吉尔宪章》。

在实践上，重视并成功保护工业遗产的国家首推英国和德国。在联合国科教文组织世界遗产名录里就录入有建于 18 到 20

世纪初年的英国大铁桥和德国的弗尔克森炼铁厂等一批工业遗产。德国鲁尔工业区包括了埃森、杜塞多夫、多特蒙德等数座重要城市。从1860年起先后经过100多年建设，形成了以煤炭开采、钢铁冶炼为主的工业基地。但从20世纪中期起，由于德国高科技产业的兴起，这里开始萧条冷落。德国人没有将那些堪称世界第一的工业遗产，如厂房、矿井、机器设备简单地拆除、销毁，而是在那里兴建了一处具有世界规模的工业遗产保护区、博物馆，通过大量有历史典型意义的原始工业建筑和生产设备，通过老照片、视频影像等再现当年工业生产和人们日常生活的原生态，供人们参观追忆。澳大利亚的墨尔本市的中心区有一座原来生产子弹的大型工厂，停产后，当地人请世界著名设计师重新进行规划设计，原有厂房被改造成一座现代化购物中心，使这座大厂房显示了新与旧、现代与传统所具有的强烈对比的历史感。

令我们欣喜的是，在保护工业遗产方面上海市近年来展现了大手笔。著名的江南造船厂旧址用来建设世博会西区。厂区内的历史性建筑分为保护和保留两大类，保护类将永久保存。有历史价值的原造船局二号船坞作为世博会文化场所，原飞机库改为企业展馆，原造船厂办公楼改为造船博物馆，原海军司令部旧址改建为文化设施。

受国内外积极保护工业遗产理论和实践的启发，笔者认为，不论是从存史的职能来看，还是为全面建设爱国主义教育基地着想，当前全国档案界极有必要将保护工业遗产的问题提高到应有的高度来认识，在我们职责的范围内，在条件允许的情况下，应有计划、有步骤地开展好保护我国近现代工业遗产的工作。首先，要解决思想认识问题，将收集利用工业遗产档案资源的问题，摆在应有的位置上。应当看到，就人口、区域空间来看，今天中国发展和变革的过程，就是一部世界上规模最大、影响最为深远的实现工业化的历史进程。无论主观自觉与否，这个过程中所形成的档案资源将日益成为全社会档案资源的主体。如果这方面工作跟不上，今后的档案资源建设就很可能抓不住主干或者根本。其次，要采取切实有效的工作措施。在这方面，就是要以逐步建立公共档案馆和整合档案资源的理念为指导，突破陈规，打破条块分割的界限和束缚，为建设公共档案馆征集对全社会来讲有标志性、有典型意义的工业遗产档案资源，使今后我们的公共档案馆中能有一个为全社会所需要的工业遗产档案资源信息源，综合概括地反映我国近现代工业化的进程。具体工作的着手点应当是多元的。现成的老文件、老资料、老照片要征集，更应派干部到现场、到历史的见证人那里去，通过拍照、录像、访谈等形式和方法，由我们档案人制作这方面的"新"档案。第三，还应适时地以多种方式展示工业遗产历史信息、历史记忆，一方面使大家不要忘记中国工业化初期那段艰苦奋斗的历史，另一方面激励人们为实现我国完全工业化更加勤奋地工作。

实现工业化是建设社会主义和谐社会的必然要求，也是我们民族复兴、和平崛起的必由之路。档案界通过积极地开展保护工业遗产的工作，一定会在促进国家工业化过程中做出更大的贡献。

写于 2007 年

一则红色故事的启示和教益

　　近日读史，"耿飚之问"振聋发聩。说的是 1991 年，老一辈革命家耿飚重返曾经战斗生活过的陇东某县。一天晚饭后，他的住所外突然黑压压来了一群"告状"的老百姓，群情激昂地诉说对一些县乡干部的不满，怎么劝也不肯离去。此情此景让耿飚同志深感痛心，他召集省地县的干部讲了一件往事。50年前，他任副旅长的 129 师 385 旅就驻扎在这里。一次，一个战士严重损害了当地群众的利益，旅部依律决定枪毙他。老百姓知道后也是"黑压压"来了一大群人，说共产党都是好人，哭着跪求饶了这个战士。耿飚反复说明八路军的军纪，可老百姓一个也不起来。最后，耿飚只得流泪接受了群众的请求。讲完故事之后，耿飚激动地大声问道："现在，我要问问今天在座的你们这些人，不管哪一个，如果犯了事，老百姓还会替你们求情吗？"

这就是"耿飚之问"，此问直槌人心，全场鸦雀无声。那么，"耿飚之问"该怎样回答？其实，历史早已为我们做了解答。延安时期，陇东群众之所以为战士求情，是因为他们认为"共产党都是好人"。新时期，共产党只有切实践行为人民服务宗旨，用实际行动证明"共产党都是好人"，才能赢得群众的真情，才能回答好"耿飚之问"。

由此想到，党的十八大要求在全党深入开展以为民务实清廉为主要内容的党的群众路线教育实践活动是有深意的。而我们档案部门进一步挖掘整理类似"耿飚之问"的红色故事，其意义和作用也将会是巨大的。

写于 2013 年早春

134

村级档案管理信息化工作大有可为

去冬今春，在检查"新农村建设档案工作示范县"创建工作的过程中，笔者先后在我省商洛市、咸阳市、宝鸡市的8个行政村，看到一批保存得相当完整的20世纪五六十年代的村级档案，年限最早的是咸阳市旬邑县马栏镇长舌头村保存的一卷记载该村土改后1949年的土地占有情况的档案。而那些20世纪五六十年代的档案多为反映合作化、公社化、反"右"倾、"四清"运动的档案，有村党支部会议记录、社员大会记录，有每年年终生产、分配报表，等等。仔细翻阅便能清晰地透视当年这些村的经济、政治、生活的状况。

由此推想，这些保存完整的村级档案不啻是研究新中国成立以来我国农村社会生活变迁的珍贵史料，是档案工作者、近现代史研究者乃至党史工作者都应当深入进去的新视域，更是这些村庄记忆之珍贵载体，决不可等闲视之。

认识到这些村级纸质档案的价值后，在由衷敬佩几十年来精心收集和保管这些珍贵档案的乡村干部的同时，又使人不能不担心起这些珍贵档案长期完整保存的问题。与多数村干部谈论起数字化加工的话题时，话不投机。有认知上的不对等，有投资欠缺，有会使用工具的人员稀缺等诸多困难。

毋庸讳言，我们能够前去检查的这几个村，还是比较富裕，基层组织、文化条件都比较好的村，谈起信息化工作尚且面有难色，那么，要在全省27 530个行政村（社区）普遍开展档案管理信息化工作，任务就更艰巨了。但从事物的另一面来看，信息化工作在村这一级又存在着巨大的客观需求，属大有可为之地。

由此来看，要保护好村级珍贵档案，守护好乡村历史，建设好社会主义新农村，笔者认为，就陕西而言，亟须将村级档案管理信息化工作尽早提上工作日程。首先，应以省为单位统一规划、统一标准、统一工作要求。其次，要从省到村四级联动解决经费投入和人员培训问题。第三，要有长期作战的思想准备，以县为单位分批实施。每一个县（区）都应先抓好几个示范村，示范带动，以解决思想认识为前提，然后逐步解决面上工作的问题。

总之，数字时代档案信息化工作切莫忽视了村级档案这方广阔天地。

写于 2012 年春

由布什政府档案"成灾"所想到的

　　据新华社去年年底报道，随着美国当选总统奥巴马就职之期日见临近，如何尽快处理布什政府各类档案成为美国国家档案局眼下一大难题。一是与过去几任总统相比，布什任内8年的档案数量大幅增长，电子邮件等新形式文件数量激增，复杂程度加剧。据档案工作人员估算，布什政府电子档案存储量大约为1亿GB，这一数值约为前任总统克林顿两届政府档案总量的50倍。为此，美国国家档案局不得不做出紧急应对方案："封存"白宫在储系统内相关文件，同时考虑将这些文件转移至改良后的计算机系统。二是白宫"不够配合"。美国国家档案局一名高级法律人员2007年9月在一份备忘录里写道，工作人员多次要求白宫提供有关电子邮件档案数量、格式等信息，但白官方面总是不理不睬，致使档案交接计划"取得零进展"。这样一来，布什政府 2003 年至 2005 年期间往来电子邮件"不翼而飞"，今后或许无法追回。

读了这则报道，使人不由得联想到我们国家各级政府部门的档案尤其是电子档案的管理问题。就笔者所在单位在贯彻落实国家档案局第 8 号令的过程中发现的问题来看，不少省直部门单位档案管理制度不健全，或者有制度但已很陈旧，突出的问题是基本上没有电子档案管理的规章制度。不少档案管理人员对如何管理电子档案概念不清，个别部门的领导同志甚至对电子档案这个称谓听起来也很生疏。省级机关如此，市、县电子档案管理的体制机制更是亟待建立健全。我们某些单位的工作滞后，然而，时不我待。在国家大力推行电子政务的大背景下，以往欠账未理清，新的电子档案、新的任务又会扑面而来。在此种情形下，我们的工作再不急起直追，进入良性循环。要不了几年，我们有些单位和部门，或许也会像布什政府的白宫一样，出现档案"成灾"的问题。这样的话，就不仅仅是我们工作被动的问题了……

布什政府档案"成灾"，当然是由他们的官僚行政体制所致；而我们少数单位存在的上述问题，究其原因在很大程度上是因为电子政务发展快，我们在思想上、工作上还没有来得及跟上去。二者的性质混淆不得。但同为档案事务，便有相同规律。为此，我们还是应本着"它山之石，可以攻玉""闻人之过，即省自身"的精神，去思考布什政府档案"成灾"这件事给我们的启示和警示，切实加强和改进我们的工作。就当前来看，首先要结合深入贯彻落实国家档案局第 8 号令，进一步学习宣传、贯彻落实《电子文件管理办法》，在各级政府部门乃至全社会牢固树立电子档案的地位和作用以及电子档案必须依法管理的思想意识。其次各级档案馆、档案室，都要按照国家档案局的要求，切实建立健全具体、完整、操作性很强的电子档案管理的规章制度，并在日常工作中认真执行好这些规章制度，如积极缜密地做好电子档案的元数据、背景信息的收集归档及其移交工作。第三，也是最要紧的，必须进一步在整个档案干部队伍中普及、提高与电子档案相关的专业知识和技能。事要人干，事在人为，授人以鱼，不如授人以渔。

在我国电子政务工作迅猛发展，电子档案成几何数增长的今天，大洋彼岸的"灾情"，不啻是一剂清醒剂。我们各级档案部门的同志尤其是领导同志不妨都来读一读 2008 年 12 月 29 日新华社编发的这条消息，以取未雨绸缪之功效。

写于 2009 年初

档案虽无言　诚信它可鉴

　　我是一名档案工作者，讲到诚信，根据多年的工作实践，我深深体会到，诚信不仅仅是一个道德自我约束的问题。在有些时候，发生利益冲突，要想更好地兑现、执守诚信，则需要求助法律，依据相关契约。而自觉地利用档案也是化解矛盾、实现诚信、增强人与人之间团结友善的一个不可或缺的渠道。

　　这些年来，党和政府要求各级档案部门切实做好事关人民群众切身利益的档案利用服务，是为民生档案工程。在此服务过程中，我们真切地看到，无言的档案却是诚信的宝鉴，正如俗话说得好：千年的文书会说话。多少下岗职工在原始档案中搞清了自己的确切工龄，从而享受到了国家规定的有关福利待遇；多少农民兄弟在原始档案的佐证下，使承包地、宅基地、林权地，乃至计划生育指标，都得到了合理的解决。档案使当事人的权益和诚信，党和国家有关政策的诚信和权威，都得到了兑现和落实，真是皆大欢喜啊！

当然，如同清清的溪流有时也会出现激越的浪花一样，档案也劝诫教育过一些不讲诚信的人。前几年，有一位中年男子拿着一张申请书和一份新中国成立前解放区出版的报纸，要求我馆证明报纸的真实性和报纸上刊登的一条表彰性消息中其母亲姓名的真实性，从而使其母参加革命工作的时间提前几年，以便享受离休干部待遇。我馆接待人员热情地接待了他，拿出了我馆保管的他带来的那份报纸的当年合订本，也查到了那条消息，两厢对照姓名完全吻合。可是我馆细心的接待人员发现，这名男子拿来的那张报纸上其母的名字中的一个字的字迹新鲜，与我馆保管了60多年的这份报纸上的字迹之旧明显不同。鉴于对当事人及其母亲的尊重，我馆接待人员表示请当事人稍等一下，我馆在对两张报纸的字迹进行技术鉴定后，即能给他出具他要求的证明。这名男子见要进行技术鉴定，遂表示不要证明了，并要离开我馆。我馆接待人员和蔼地询问原因，男子支支吾吾就是不回答。此时，我馆接待人员这才指出那个字的字迹怎么显得那么新鲜。当事人知道遇到了行家，遂说明有人撺掇他在那个字的字迹上动了手脚，把别人的名字改成他母亲的名字，将报纸拿到他母亲原单位，单位不采信，要他到我馆来开具证明的内情。并一再表示，这不是他母亲的意思，是他一时糊涂所为。我馆接待人员善意地批评了他的造假行为，指出了造假的危害。这位当事人连连道歉，羞愧地离开了我馆。

讲述这个故事，我是想告诉读者，档案资料对于合理诉求定会予以坚定的支持，对于不合理的诉求自会予以合理合法之规劝化解，对于造假者不啻是一面高悬的明镜。从这个意义上看，档案确是诚信的宝鉴。

讲述这个故事，我还想告诉读者，遇到陈年旧事，解决相关矛盾，期待诚信兑现，就来档案馆吧。同时，我还想提醒大家的是，不仅国家各级综合档案馆保管着与人民群众生产生活息息相关的档案、资料，为公众提供利用服务，实际上，我们每一个人，每一个家庭也都有档案。从出生证、毕业证、结婚证、各种荣誉证、家庭日常开支记录，到房产证、买卖合同、土地证、林权证、常年记录的日记本、著作手稿、家庭藏书藏画及各种藏品等，都属个人或家庭档案，都可作为某些事物的诚信凭证、诚信记录。

总之，随着社会主义市场经济的发展，社会各领域诚信制度的建立健全，全民对诚信的期望越来越高，关系诚信的实践活动越来越繁富。档案作为历史凭证，将会在诚信建设的各种实践中发挥越来越重要的作用。因此，我们全社会都要增强档案意识。既要善于利用国家、部门单位保存的档案维护个人的权益、国家的利益，追求诚信，反对欺诈，创造和谐，还要善于收集保管好个人及家庭档案，做到事实清楚、过程明白，在处事为人的时候，践行社会主义核心价值观、诚信观，促个人诚信，建社会和谐，谋人人幸福与尊严。

最后再说一句，欲讲求诚信者，切莫忘记了档案可是诚信的宝鉴啊！

写于 2010 年

谈谈刘义权同志的档案观

刘义权是"全国优秀共产党员""全国档案系统先进工作者"。在他生病治疗期间，胡锦涛总书记曾特地前往医院看望，并号召全军官兵、全国档案工作者向他学习。这是党和国家对刘义权同志最大的褒奖。为什么他做到了这一点呢？归根结底，是因为他始终树立和践行了正确的档案观。

档案事业是崇高的。刘义权同志曾说："看到革命历史档案的真实记录和史料印证，心里沉甸甸的，没有办法不为我们的党和军队骄傲，为自己是一名革命军人自豪。我要一辈子爱档案、干档案。"正是怀着崇高的使命感，刘义权同志心无旁骛地为档案事业奉献了38年的生命里程。正是有了这种崇高的使命感，38年间刘义权同志走南闯北亲手征集革命历史档案11万余件，接收军事档案 71 万余件，为党中央、中央军委的重大决策提供了史料印证，使无名烈士享受了应有的光荣，在我军外事交流中发挥重要作用，赢得了对方尊重。正是有了崇高的使命感，刘义权同志把平凡的档案工作推向了一个又一个不平凡的高峰。

档案事业是讲科学的。在刘义权同志看来，档案事业是一门最讲科学的事业。因此，他硬是把领导置办的但对档案安全会产生危害的地毯让大家撤出了库房。就算是总部抓的试点单位，档案整理、分类、编目不符合科学规范的要求，他也决不放一马，直截了当地说："你们这是在做表面文章，外面光里面糠，不符合达标要求。"坚决不同意签字，直把该单位"逼"得整改三个月，"逼"成了全军档案达标先进单位。

档案事业是讲实干的。毛泽东同志曾说过，不干半点马列主义都没有。作为一名优秀共产党员，忠诚的共产主义战士，刘义权同志也深深地懂得这一点。38 年的档案生涯对他来说，是实干苦干的 38 年。不论是在条件艰苦的山区，还是在首都北京，刘义权同志实干苦干的精神，在同志们的眼中是最亮丽的一道彩虹。志愿军档案十几万件，时间跨度从 1950 年到 1958 年，长达 9 年。因当时物质条件所限，纸质五花八门，有手抄件、油印件、打印件，字迹很小，常常浸染成团无法辨认。有的档案一件就有 200 多页，加上行政区划、部队移防整编等变化，一些地名、番号与现在有很大差异。特别是档案目录不能全面反映档案内容，必须一份份、一页页、一行行辨认、查找、分析、整理。刘义权同志每天都戴着老花镜，拿着放大镜，全神贯注地投入到这项工作中，累了就趴在桌子上休息片刻，接着再干，直干到身体发出癌变信号，还不肯停歇。

　　档案事业是需要感情的。人之相交，莫先乎情。事业成就，亦需倾情。刘义权同志对于档案事业感情之深，在他罹患癌症之后表现得尤为真切。为了能继续工作，他要求领导为他的病情保密。手术后，化疗未满一个疗程他就要求去上班。癌细胞向右髋臼骨转移，需要再接受放疗，他坚持工作，每天直到下午五点才去医院接受放疗。最后一次化疗出院后，他还强忍病痛，一步一步挪到办公室，又坚持工作了四天。生命的最后时刻，他还惦记着那未鉴定完的 9 000 件档案。什么叫全情投入，置生死于度外？刘义权同志用生命最后的光华，回答了我们的问题。

　　同为档案人，同做一件事，感同身受，都识个中滋味。在向刘义权同志学习的过程中，我们档案界的每一位党员干部都应该以刘义权同志为镜，照一照自己的档案观，也就是事业观、价值观、人生观。

写于 2010 年

横渠书院的前世今生

宋天圣元年（1023 年），关学创始人、宋代大儒张载的父亲张迪在涪州（今重庆涪陵）知州任上病故，家议归葬故里开封。此时，15 岁的张载和 5 岁的弟弟张戬，均尚年幼，与母亲陆氏护送父亲灵枢越巴山，奔汉中，出斜谷行至陕西眉县横渠镇，因路资不足及前方发生兵变，无力返回故里，遂将父亲安葬在横渠镇南大振谷迷狐岭上。因此，全家便定居在了眉县横渠镇，张载入该镇崇寿书院就读，并随邠（今作彬）人焦寅学习兵法。从此，张载便与秦川关中、眉县横渠结下了终生不解之缘。

21 岁那年，张载投奔于陕西招讨副使兼延州（今延安）知州范仲淹帐下，建议对西夏用兵。范仲淹"一见知其远器，欲成就之，乃责之曰：'儒者自有名教，何事于兵！'因劝读《中庸》"。张载听从了范仲淹的劝告，回家之后，苦读《中庸》，又读了许多"释老之书，累年尽究其说，知无所得，反而求之《六经》"。长期在儒释道三家中上下求索，精心思考，终于建立了自己的哲学思想。以濂学（周敦颐）、洛学（程颢、程颐）、关学（张载）、闽学（朱熹）为代表的官方哲学理论，影响了宋、元、明、清达六七百年。

宋嘉祐二年（1057 年），张载赴汴京（开封）应考，时值欧阳修为主考官，张载与苏轼、苏辙兄弟同登进士，时年张载 37 岁。张载考中进士后，做过几任地方官。宋神宗熙宁二年（1069）年，由于御使中丞吕公著向宋神宗推荐张载，经过问对，张载以三代的治国方略为对，神宗听后，十分高兴，后来，任命张载为崇文院校书。时值王安石变法，张载也主张改革，但不同意王安石的"顿革之"，而主张"渐化之"，故"语多不合"。加之张载的弟弟监察御史张戬，因为反对王安石变法，被贬知公安县（今湖北江陵），张载估计自己会受到株连，于是辞职回到眉县横渠镇，遂"移疾不起"。

张载回到眉县横渠镇后，依靠家中数百亩地维持生计，生活虽然不很富裕，但他却处之益安，一面养病疗疾，一面讲学著书，研究义理，达八九年之久。张载于横渠讲学就在自己少年时就学的崇寿书院进行。司马光有诗云："当令洙泗风，郁郁满秦川，先生倘有知，无憾归重泉。"足见当时关中学者以张载——横渠先生——为师，纷纷来学，执经满座，郁郁秦川，如同当年孔子弟子三千、洙泗之风的情景。张载的讲学教育是教人有道德为圣人的教育。要求通过教育变化人的气质之性，恢复本然的善性，最终达到圣人境界。所谓"为天地立心，为生民立命，为往圣继绝学，为万世开太平"。因此，他在教授中创立了"叩其两端"法、"扣钟"法、"时雨"法、"不待讲论"法等以启发诱导、因材施教为体系的教育思想，惠及求学者，为求学者所喜爱。

张载在讲学授业、著书立说的同时，仍然心怀天下，关心民众疾苦。为了抑制土地兼并，解决失地农民的生计，他曾把自己的井田主张《井田议》上奏皇帝，还与弟子们买一块土地，按照古代井田制度的办法，划分成公田和私田，分给无地、少地的农民耕种，并组织民众兴修水利。至今关中这一带还流传着"横渠八水验井田"的故事。

由于张载一生创立关学，教书育人，关心国事民生卓有成就，他病逝后（1077 年），人们为了纪念他，遂将他讲学的崇寿书院改称为横渠书院。元代元贞元年（1295 年）又将横渠学院改建为张载祠。元代泰定三年（1326 年）又在张载祠内恢复横渠书院，形成"后祠堂前书院"的格局，此格局一直延续到清末。近百年来，张载祠及横渠书院年久失修，破损不堪。近些年来，从陕西省到眉县人民政府都对恢复其原貌高度重视。1992 年其旧址被省政府列为省级重点文物保护单位，1998 年眉县政府投巨资在其旧址上重建恢复了张载祠和横渠学院原有面貌，定名为张载纪念馆。目前，该馆占地 20 亩，坐落有大殿、讲学堂、山门、精讲堂等宋式兼有明清特点的建筑多处，并建立有张载刻石雕像、纪念碑廊，开办有"张载及关学思想文化展"，向公众开放。

更令人高兴的是，眉县政府决定从今年起将在横渠镇规划建设占地 350 亩的张载关学研究学院，进一步弘扬优秀传统文化，纪念张载这位我国古代伟大的思想家、哲学家和教育家。

写于 2011 年

大唐豳州昭仁寺

　　大唐豳州昭仁寺坐落在我省与甘肃省平凉、庆阳地区交界的咸阳市长武县县城的东关（距西安西北方向 150 公里）。由于地处偏僻，在这些年研究记述西安及其周边地区文化、宗教等历史遗存的著述当中，我们很少看到对这座具有极高历史文化价值并颇具传奇色彩的寺庙的记述。为此，作为长武子弟，笔者今天特地撰写此文，介绍大唐豳州昭仁寺的由来及其现存古迹的特点，以期为研究西安及其周边地区的历史记忆唤醒一个"新"材料，同时也尽一份宣传桑梓的责任。

　　据长武县县志记载：隋末唐初，地方割据势力薛举、薛仁果父子（河东汾阳人，今山西省万荣县）先后在金城（今甘肃省兰州市）、折墌城（今甘肃省泾川县）割据，号称"西秦霸王"，与李渊父子相抗衡，屡屡侵掠唐属地豳州（今我省长武、彬县、旬邑一带），威迫长安。唐军与其多次交战，胜负难分。为根除此患，唐高祖武德元年（618年）秦王李世民率大军与薛军决战于今天长武县浅水原上的高墌城（唐初的军事要塞，今已无存）下，经恶战，唐军大获全胜，杀、俘薛军二万，收附男女丁口五万，薛仁果被俘押解长安。从此长安西部的危机解除，陇东为唐所辖治。

自古以来，当地民间就传说，这场战争给李世民留下了极为深刻的印象。战乱平息后，李世民每每于夜梦中梦见阵亡将士在浅水原上和高墌城下留下的尸骨升腾起的鬼火（磷火）。李世民登极后，于贞观三年（629年）颁行《为殒身戎阵立寺刹诏》，凡举义征剿主要战地同建七处佛寺，以超度烈士的亡灵。豳州昭仁寺位列首位，其次为台州普济寺（在今浙江省台州）、晋州慈云寺（在今山西省天镇县）、汾州引济寺（在今山西汾阴县）、邙山昭觉寺（在今河南省洛阳市）、郑州等慈寺（在今河南省郑州市）、涉州昭福寺（在今河北省涉县）。

作为悼念统一战争中阵亡将士的首座寺刹，豳州昭仁寺于唐太宗下诏的当年便开始兴建，于次年就竖《大唐豳州昭仁寺之碑》于寺内。贞观年间的昭仁寺全貌今已无法确知其辉煌，然由于历朝历代官方和百姓的爱护，唐昭仁寺内两处最重要的文物却得以保留于今，且分别被列为国家重点保护文物和中华书法艺术名碑。

一是大雄殿。现存的唐昭仁寺大雄殿台基高1米，长宽均约12.6米，殿前月台约5亩。大殿面宽进深各3间，跨度10.5米，建筑面积108.16平方米。单檐歇山式屋顶，木构建构，斗拱疏朗，重叠肩架，举折平缓，殿内无柱，宽敞方正，工艺精

150

巧，俗称"一担挑八角"，极符合力学原理。只是殿梁榫头宽 0.38米，高0.24米，用材规格大于唐代建筑制式，疑为五代时改建所致。据长武县县志记载，元、明、清三代对大雄殿均有修葺。新中国建立后国家于1975年、1982年两次拨款对该殿地基进行加固，对部分损朽土构件进行改换，使其完整保留了唐寺佛殿的面貌。据县文物部门介绍，唐昭仁寺大雄殿是我省现存的几处唐代古建中保持原貌最完整的建筑之一。可惜的是，殿内原有的精美的释迦牟尼佛、阿弥陀佛、药师佛等坐像在"文革"中均被砸毁，成为千古遗憾。

二是《大唐豳州昭仁寺之碑》。此碑当年选用优质青石雕镂，螭首龟趺。现存碑体通高4.56米，其中碑首1.26米，碑身2.64米，基座0.66米；碑宽顶部为1.1米，底部为1.22米。此碑之所以被列为中华书法艺术名碑其因有二：①碑刻骈文约3 000字，四言诗230字，均为唐守谏议大夫骑都尉朱子奢所撰，其内容集中反映了唐太宗李世民宏大开放、文德教化治国的理念，系研究初唐历史政治的最真实可靠的文献。其中关于经营关中使其成为王朝根基、全国首善之地的思想，当属中古时代认识西安及其周边地区在安邦定国方面区位优势的经典论述。"豳馆斯开，公刘建都之地。梁山南忱，甘泉东指，面云雕之郁蓊，想玉树之青葱。沃野千里，平原超忽。先王之桑梓，西州之都会。于是诏司空，相原隰，四衢如砥，八道傍通。"其次，碑文中若干警言、缄言对于我们今天的生活仍有借鉴意义。例如，"用人不偏于世族，得贤无弃于农锁"。"革污俗于维新，正王风于旧物。春雨以润之，秋阳以暴之"。"变秽土于宝城，开莲花于火宅"。"百姓为心，顺天从之欲"。②昭仁寺碑文之书艺。碑文末尾虽无书丹者的具体记载，但经宋代著名历史学家郑樵在其名著《通志·金石略》中考证，此碑文乃"贞观四大家"之一的大书法家虞世南（其他为欧阳询、褚遂良、薛稷）受命太宗皇帝楷体书丹的。其书体笔力雅健、遒劲、隽丽，既是唐代碑版典范，也是我国千年石质文库的瑰宝。所幸的是，与大雄殿一样，由于历代珍爱，这通千年名碑于今天仍完整地保存在长武县昭仁寺院内，且经文物专家技术处理保护，人们随时可读其文，赏其书，追寻有唐一代的灿烂文明。

"八川分流绕长安，秦中自古帝王州"。研究大唐豳州昭仁寺的由来和历史文化特点，我们会感到，要充分挖掘梳理秦中文物景胜，切不可把眼睛仅盯在西安，八百里秦川乃至渭北地区都是我们应认真研究考察的范围。只有把像昭仁寺这样尽管地处偏僻但却极其珍贵的遗产也研究宣传充分了，才能透彻完整地把握西安及其周边地区的历史记忆，也才能使人们尤其是青少年热爱陕西，热爱西安，热爱乡土，从而更好地继承传统，开辟未来。

写于 2007 年

唐代麟州慈禅寺石窟造像

唐代麟州慈禅寺石窟造像现位于我省宝鸡市麟游县县城以南 4 公里处的漆水河北岸（距西安市 160 公里），与闻名遐迩的唐九成宫遗址渊源深厚。

据麟游县志记载：有汉一代该县因县治城池踞于杜水河以北，故谓之杜阳县。隋恭帝义宁元年（617 年），因在隋文帝杨坚于该县天台山周围所建的避暑离宫——仁寺宫——之中发现有白色麒麟出没，感其灵异，遂改称麟游郡兼置县。唐武德初年（618 年以后几年）唐王朝"罢郡，置州"，又改该县为西麟州。唐贞观五年（631 年）天下大定，太宗李世民下诏修葺已颓败的隋仁寺宫，并更名曰九成宫，作为唐王室的避暑行宫。贞观六年（632 年）的一天，李世民在九成宫西城之阴信步，视崖土有润渍，以杖捣之水遂出，于是开掘成泉，但见泉涌不绝，水质清冽，味甘如醴，殊为祥瑞，李世民即诏命铭碑勒石，以志其事，始有文、书双绝的千古名碑——《九成宫醴泉铭碑》（魏征撰文、欧阳询书丹）——遗存于世。尽管巍峨壮丽的九成宫现已无法确识其详，然由于古来历朝历代爱护，特别是新中国建立之后的屡次抢救性保护，如今作为中华书法艺术名碑之一的麟游《九成宫醴泉铭碑》依然清朗整肃，前往观赏、研究者络绎不绝。但对于近在咫尺与《九成宫醴泉铭碑》可视为双子星座的，文化艺术价值极高的唐麟州慈禅寺石窟造像公众却知之甚少，明珠处暗，实为资讯如此发达之今日的一桩憾事。为此，笔者今天特地撰写此文，介绍唐麟州慈禅寺的由来及其现存石窟造像的价值和特点，以期为研究西安及其周边地区的历史记忆再唤醒一个"新"的亮点，并使这一珍贵历史文化艺术遗存在我们正在开展的爱国主义教育活动中，发挥其应有的价值和作用。

154

唐永徽年间（650—655年），为满足高宗李治和武则天在麟州万年宫（永徽二年高宗李治将九成宫更名为万年宫）避暑幸游期间礼佛的需要，禁军右领军郎将薛仁贵奉旨在万年宫就近监修皇家佛寺。建成初，取皈依我佛，恶心渐灭，滋生善念之意，定名慈善寺。慈善寺由宏伟富丽的楼阁厅堂和依山开凿的石窟造像两部分组成。据史载，该寺建成后高宗李治和武则天从永徽五年（654年）到仪凤三年（678年）前后八次到此进香礼佛。由于皇家垂爱，慈善寺一时名声远播，高僧聚集，香火炽盛，为海内所向往。此种景象持续到180余年后的唐文宗开成元年（836年）发生了转变，是年麟州遭逢历史罕见特大暴雨，山洪陡发，冲毁慈善寺楼阁厅堂及九成宫正殿。所幸因慈善寺石窟地势较高，石窟及其中造像得以保全。时至唐武宗会昌五年（845年）佛难之后，佛教诸宗衰落，但我国僧人所创禅宗，却于唐末弘扬光大，滋善寺遂易名慈禅寺，并于每年农历四月初八佛诞之日于石窟处举行法会，此后遂演变为民间传统，该法会一直延续到新中国建立。

目前，虽历经千余年风雨沧桑，慈禅寺大小17处石窟及其造像保存仍基本完好，清晰地向人们传达着唐代造佛艺术，将神秘感、法相庄严与人情味、世俗化完美结合的鲜明的审美风格及其气韵展示于世。

如大窟第一窟，窟高7.2米，宽深5.4米，内雕凿坐佛三尊。中间一佛结跏趺坐于方形须弥座上，座高1.6米，座底承托成阶梯型，束腰中开有壸门。佛像身高3.7米，头饰螺髻，面部丰满，额方平正，双目启睁，眼相分明，耳轮阔大，嘴角微微下撇，身披垂领袈裟，坦左胸，腰身挺直，左手抚膝，右手掌心向外上举。右坐佛像通高5.5米，头戴宝冠，面相酷肖女容，眉修长，眼角锐细，嘴唇、鼻梁棱角分明，面颊丰腴饱满，下额微翘，着圆领袈裟，双手交叉平置怀中。左坐佛像通高5.4米，高肉髻，双目紧闭，面部表情恬静安详，手势与右佛像相同。此窟三尊坐佛造型虽高大，初望之令人陡生畏惧，但再细观之，丰润的面目上却流露着丝丝浅笑，寓庄严于慈祥，使人感到佛教严慈博爱的思想主张就蕴于其中。

而侍立于第二窟大佛两侧的二赤足菩萨则别具情致，颇有现代感，似着半裸轻纱，站姿富于动感，犹如宫娥彩女玉树临风。

其次，17处石窟的石崖面之上及其夹缝沟渠之间草木皆葳蕤，有的佛窟被树木遮掩得严严实实，恰似重重浓绿的垂帘。

此帘及窟型之影映于河水之中，蓝天白云浮动之日，就会出现历史上别具盛名的"漆流禅影"的美妙景象。

20世纪80代著名美学家、艺术评论家王朝闻先生考察慈禅寺石窟后感慨地表示："慈禅寺石窟很精美，很耐看。"这些年来国内有的大学讲授的佛教史教材中，亦将慈禅寺石窟造像列为讲授的内容，有的学者出国讲学时也将慈禅寺石窟造像作为我国古代有代表性的石雕作品向国外学界介绍。

就笔者看来，当我们亲临慈禅寺石窟造像之前，就会感到此石窟造像上追敦煌，下携洛阳龙门造像之神韵风范。其造型之准确，工艺之精湛，线条之流畅洗练，不仅在雕刻艺术上达到了唐代的高峰，系我国历史上石窟文化的瑰宝，而且其神人结合的艺术构思，亦是研究佛教中国化的典型材料，是反映中华民族对外来文化吸收改造，使其适应我们民族心理结构的又一形象的缩影。

综上所述，现存唐麟州慈禅寺石窟造像群，实属西安周边地区珍贵的历史文化遗产。我们省市相关部门极有必要采取相应的措施，改变目前此寺窟这种可谓藏在深山人未识的状况，使其在我省文物、艺术、旅游诸版块上也能够像九成宫遗迹一样"闪亮"起来。

写于2007年

中国最早的国家图书档案馆

汉代开国元勋萧何是一位具有远见卓识、重视文化典籍的名臣。在刘邦带兵进入关中时，萧何对珍宝、财物、美女都不感兴趣，最先指示部下将秦宫中收藏的图书典籍抢救性地接收了过来。后来萧何主持设计和修建著名的未央宫时，专门修造了两个收藏图书典籍和文献档案的地方，这就是有名的天禄阁与石渠阁。

珍藏典籍　天禄校书

汉惠帝和吕后当政时期，废除了私人不许藏书的禁令，制定了鼓励抄书和藏书的法规，同时用重金求遗书于天下，建立起皇家藏书制度。到了西汉末年的哀帝、平帝时期，天禄阁和石渠阁藏书总数已达 13 200 多卷，成为当时世界上规模最大、藏书数量最多、图书种类最为丰富的国家图书档案馆。

天禄阁位于未央宫北部，南距前殿 730 米，西距石渠阁 520 米，主要存放国家文史档案和重要图书典籍。司马迁撰写《史记》所用的文献资料，大部分都是这里和石渠阁的藏书典籍。汉代的许多名儒学者如刘向、杨雄等，都曾在这里整理古籍，研究学问，讲学论经。《隋书·经籍志》记载，汉成帝时期，曾召集来自全国各地的一些名流硕儒和朝中大臣到未央宫天禄阁，进行大规模的图书档案整理和校勘工作。天禄阁是一座高台殿阁建筑，原阁规模宏大，后经两千年的风雨剥蚀，现只留下台基（在今西安市未央区天禄阁小学院内保存），残高约 7 米。基址上有后人为纪念刘向而修建的刘向祠遗址，系今人于西安古城踏访古代先贤遗迹的一幽静之处。

158

藏书宏富　石渠论经

石渠阁同样是一高台殿阁建筑，位于未央宫西北部，东距天禄阁 520 米，因其阁下有石砌渠道以导水而得名。其规模比天禄阁稍大，是西汉时期最大的国家图书档案馆。今址尚有南北长 65 米、东西宽 67 米、高约 8 米的夯土台基。当年萧何从秦都咸阳接收过来的秦朝律令和图书典籍，就收藏在此阁。西汉时期许多著名的学者都曾在石渠阁查阅过图书资料或者讲论过群经六艺。西汉中晚期，石渠阁不仅是收藏天下各种图书典籍档案的殿阁，也是都城长安的文化研究和学术交流中心。

汉宣帝甘露三年（公元前 51 年），朝廷下诏全国的儒学大师到石渠阁，共同研究讨论儒学典籍"六经"的异同，一时石渠阁内"群贤毕至，少长咸集"，成为当时文化界规模最大、规格最高的一次学术盛会。石渠阁会议的初衷是让儒家内部不同学术流派各抒己见，以求统一思想，但其结果却在全国引起了研习儒家经典、辩论各派是非的学术热潮。这就是史书上所说的"孝宣论六经于石渠，学者滋盛，弟子万数"。石渠阁遗址曾出土"石渠千秋"瓦当，证实其在汉代文化发展中曾起的重要作用。

编写于 2010 年

中国最早的图书档案分类学目录学家

西汉王朝在长安城未央宫建立起天禄阁、石渠阁后，就开始在全国范围内进行图书征集工作。经过 100 多年的努力，两阁之中图书典籍汗牛充栋，无所不有。但这些书籍没有实行分类，给收藏和查阅带来了许多困难。汉成帝时期，朝廷开始对所藏图书典籍进行大规模的整理和校订工作。先后主持这项工程的，就是西汉宗室贵族刘向、刘歆父子。

刘向校书 《别录》传世

刘向，本名更生，汉宣帝时曾任郎中，给事黄门，辅佐皇帝处理天下奏章。汉元帝时他成为辅政四大臣之一，但后来因弹劾外戚擅权、宦官误国而两次下狱。汉成帝即位后，他改名刘向，曾任领护三辅都水，官光禄大夫、中垒校尉。刘向为人谦和，不交接世俗，专心于学术研究，昼夜书传，夜观星宿，最终成为一代经学大师。

河平三年（公元前 26 年），刘向受汉成帝之命，率领一批学者进驻天禄阁和石渠阁，开始了规模浩大的图书整理和校勘工作。这一工程由刘向全面负责，并亲自承担了儒学经典、诸子百家等书籍的整理校勘工作。传说正当刘向深夜独坐天禄阁面对着浩如烟海的图书典籍发愁时，梦见一手扶青藜杖的黄衣老人为其带来光明，传授给他点校天文地图的秘籍。刘向得到神助后果然学识大进，所遇困难迎刃而解。从此刘向的后裔便自称"天禄刘氏"或"藜照刘氏"。

在整理校勘的过程中，各任其职的学者们将自己整理校勘的结果汇报给刘向，由刘向统一审订并负责拟定所有书目的叙录。后来刘向以此编写了《别录》一书。《别录》共 20 卷，是中国历史上第一部有书名、有题解的综合性分类目录书。它实际上是当时西汉朝廷所藏全部图书的目录和内容提要汇编，总计著录图书 603 家，计 13 219 卷，分为六大部类、38 种，每类之前有类序，每部之后有部序，叙述各类各部的学术源流和主要思想。刘向的著作除《别录》外，还有《洪范五行传论》《新序》《说苑》及辞赋等数十篇。

刘歆承业　撰成《七略》

刘向去世后，其子刘歆继承父亲未竟的遗志，成为图书典籍整理校勘工程新的领军人物。刘歆，字子骏，后改名秀，字颖叔，是刘向第三子。他自幼受父亲熏陶，勤奋好学，以精通

《诗》《书》，能文善赋为成帝召见，被任命为黄门郎。当年刘歆受诏随父亲一起到天禄阁协助整理校勘群书。刘歆在天禄阁工作了20个年头，饱览藏书使他成为当时仅次于其父的大学问家，六艺传记、诸子百家、诗赋音律、数术方技，无所不究，无所不通。刘向死后，刘歆接替父亲为中垒校尉。哀帝即位后，刘歆受大司马王莽的推荐，任侍中太中大夫、奉车光禄大夫，继续负责整理图书典籍。

工程结束后，刘歆概括总结了各类书籍的整理校勘结果，撰写成《七略》。《七略》是我国最早的图书分类学和目录学专著，全书共由辑略、六艺略、诸子略、诗赋略、兵书略、术数略和方技略七个部分组成。其中，辑略是综述概要，六艺略是儒家经典，相当于经、史、子、集四库分类法的经部，其他各部各如其名，相当于四库分类法的子部和集部。这种分类法，不但保存了大量汉代的图书文献书目，而且作为图书整理与校勘的典范，对后世图书整理和分类产生了重大的影响。原书虽已散佚，但其主要内容仍存于《汉书·艺文志》中。

编写于 2010 年

隋唐时期二则曲折动人的爱情故事

（一）

南朝最后一个朝代陈朝时，名仕徐德言娶了后主陈叔宝的妹妹乐昌公主为妻。夫妻恩爱笃情。乐昌公主天生丽质，又能诗善乐，可谓是才艺双绝。虽说徐德言也气质不凡，但他总是担心有朝一日失去妻子。因为当时时局可危，他就和妻子乐昌商议：今日陈国岌岌可危，北方强隋终有一天会灭亡陈国，凭夫人的才貌肯定会被长安权势之家收留。如果我们的情缘未了，我们要想尽办法再见面。时势纷乱，人海茫茫，一旦失散如何才能再相聚呢？他们就将一面铜镜分成两半，每人各执其半，相约日后每年正月十五，就将铜镜拿到长安市中叫卖。

后来，陈朝果然为隋所灭，乐昌公主被越国公杨素看中，纳为姬妾，且在众多的姝丽之中颇受宠爱。数年后，徐德言辗转流离到了长安，他于正月十五来到市场寻访卖镜者。恰好这几年，每逢正月十五，长安都市中就有一名商人专卖破镜。徐德言见到卖破镜者，就把他引到自己的住所，拿出自己的半边镜，正好与之相合。他感慨万千，当即写下一首诗交与卖镜者，诗云："镜与人俱去，镜归人不归。无复嫦娥影，空留明月辉。"乐昌公主得诗后，涕泪俱下，忧郁不食。杨素便询问原因，得知事情的来龙去脉后，他也被二人的真情感动，就派人找来徐德言，答应让陈氏重新与他破镜重圆，并备厚礼遣送。后来陈氏与徐德言终老于江南农家乡野。

（二）

唐朝书生崔郊气质高雅又有文学之才，只因家贫孤苦，只得寄住在姑姑家读书生活。久而久之，他喜欢上姑姑家里长相端丽的侍婢，二人常常相约于花前月下，但其姑姑并不明就里。后来姑姑家生活日渐困窘，便将该侍婢以 400 万钱转卖到了节度使于頔的家中。崔郊事后才知道，他无法克制自己对侍婢的思念，就每天来到节度使的府邸前，希望再次见到那位侍婢。寒食节那天，侍婢随主人扫墓归来，正好看见崔郊在柳树下站立。四目相对，侍婢泪如雨下，崔郊则融情于诗作以为回赠："公子王孙逐后尘，绿珠垂泪滴罗巾。侯门一入深似海，从此萧郎是路人。"

有人将崔郊的诗抄录送给頔，于頔看后，就让人把崔郊召来，左右都不知其意，替崔郊担忧。见崔郊来到，于頔就问：

"侯门一入深似海，从此萧郎是路人"是你写的吗？崔郊忐忑不安地回答道：是。于頔接着说：400万钱算得了什么，难道给我写一封书信说明原因就这样困难吗？说完，马上命人把侍婢叫来，让她和崔郊一起回家。临走时，又把侍婢在府中所用的衣物首饰，帏幄奁匣，全部赠送。于頔欣赏崔郊的诗句，在自己的喜好与他人的爱情发生冲突时，表现得甚是豪爽，屈己之情，成人之爱，实令人赞叹。

这二则见于新编大型历史读书《话说陕西》的曲折动人的爱情故事，笔者读后，感触良多。作为信史，它既反映了隋唐时期青年男女的择偶观和对爱情、婚姻的大胆追求，同时也表明了隋尤其是唐代开放、包容、恢弘的社会风尚，亦从一个侧面说明了要成为盛世人心、民情以及文化应达到的高度。此外，二则故事中相关人物的言行，对于时下的我们，都不无启迪、开导的作用。对爱情还要不要持守，做人还要不要应有的气度和雅量，均值得我们深长思之。

编写于 2011 年

隋唐时期饮茶饮酒的故事

《话说陕西》，作为陕西省新近组织众多专家学者编撰的一部旨在细致入微地反映古代社会生活史的普及性大型历史丛书，其中记述了许多饶有兴味的古人生活的故事，而隋唐时期茶酒生活的相关记述就是一例。

进入盛唐，饮茶之风日盛。世界上第一部茶学专论——《茶经》——随之问世，其作者陆羽也被尊为"茶神"。陆羽幼为孤儿，少小时被竟陵禅师智积收养。智积禅师本是嗜茶之人，并且善于品评各种名茶，陆羽从懂事起便为师父煮茶。在智积的点拨教导之下，陆羽不仅对茶事萌生了极大的兴趣，积累了许多茶事的经验和知识，而且练出了一手烹茶的绝技，以至于师父智积在陆羽出游时，对他人所奉之茶绝口不饮。此事传到朝廷，唐代宗派人召来智积，命宫中烹茶能手为他煮饮，智积只饮了一口便无法下咽。代宗见状，对陆羽的好奇之心陡然而生，秘宣陆羽进京奉茶，再赐给智积品尝。智积接过茶盏，一饮而尽，感叹道："这真像是陆羽亲手煮的茶啊！"

陆羽一生游遍大山名川，始创煎茶法，分其源，制其具，教其造，设其器，命其煮，遍品天下所产之茶，遍尝各地所出之水，所著《茶经》三篇为茶文化的传播起了推波助澜的作用。从此后，天下益知饮茶，唐人茶饭并提，茶酒同行，使天下无人不识茶味，无人不闻茶香，几乎达到闻茶欲饮的程度。

尚茶之风不仅在内地流行，周边民族也效仿跟风，不少塞外部落争相行销贩运，历史上影响巨大的茶马贸易从此展开。当时茶之名品几乎尽人皆知，不仅内地唐人了解茶名，即使是边地塞外，识茶赞茶者同样屡见不鲜。一次常鲁公奉命出使吐蕃，赞普很隆重地接待了他。谈话间，常鲁公欲饮茶提神，就命随行者在吐蕃帐中烹茶。赞普随口问道："使者所饮为何物？"常鲁公就回答："涤烦疗渴，就是所谓茶啊。"赞普就说："我这里也有一些，你看与你所带有无不同？"说罢就命人捧上来，指点给唐朝使者说："这是寿州所出黄芽茶，这是舒州茶，这是顾渚所产的紫笋茶，这是蕲门团黄茶，这是东川昌明茶，这是岳州湖茶。"连一向嗜茶的常鲁公也惊叹赞普收藏之丰富。

隋朝卢思道喜欢饮酒，他善与人言，常语出惊人。一天清晨，有人见他醉卧于道旁，就找来他的侄子卢贲。卢贲见状就问他说："叔父您在哪里喝的酒，凌晨如此巍峨？"卢思道在醉乡中听到有人问他话，就答道："长安酒价 200 钱，还不够巍峨吗？"当时长安酒价太高，让喜欢喝酒的人们难得一醉，所以，卢思道才有此语。

与此类似的还有王元景，他生性喜欢饮酒至醉，其醉言也多有流传。有一次他大醉，同僚杨尊彦就问他："一天不见，怎么突然变得忽高忽低起来？"王元景醉得摇摆不定，嘴里却回答说："黍熟穗头低落，麦熟穗头高昂，黍麦都有，怎么能不忽高忽低呢？"这种醉言语惊四座，在当时被视为有名士风采。

王绩生活在隋唐之际，性放达而好饮酒，每逢骑牛经过酒肆，都会停留下来一醉方休。因为他在隋代声望很高，唐初就让他待诏门下省，按照惯例，每日供给酒三升，他乐此不疲。有人问他什么是待诏门下的最乐，他一本正经地回答说："官供好酒足以让人留恋。"当时陈叔达任门下省长官，听说此事后，就特意提高他的供给量为日给一斗，时人就称王绩为斗酒学士。

贞观初，王绩因有病辞职罢官，后来，再一次入仕待选。听说太乐署有一位善于酿酒的小吏叫焦革，王绩就主动提出要担任太乐署副长官太乐丞。吏部官员劝他说："您是士人清流，而太乐丞是浊官，清流不能任浊官，太委屈您了。"王绩再三要求说："我想做太乐丞自有深意。"他在任职太乐丞期间，焦革将家酿好酒供他。焦革去世后，焦革的妻子仍给他送酒，正当他陶醉于美酒时，焦革的妻子也死去了。王绩痛心疾首地哭道："难道不让我王绩饮美酒是天意吗？"于是他弃官归乡。退隐后的王绩，为了感激焦革，还将他的酿酒之法写成《酒经》《酒谱》。

唐太宗时，唐军征服高昌，得到当地所产味道极为可口的马乳葡萄种子，将其运到长安城中。唐太宗亲手把它种在长安城北的禁苑中，同时也得到了一种秘不外传的葡萄酒酿造方法。等到葡萄在禁苑中挂满枝头的时候，唐太宗就命人按所学酿酒之法且加上自己的心得，酿造出色泽碧绿的葡萄酒，芳香四溢，味道爽口。他对其法稍作增减，又酿成了八种颜色的新式葡萄酒，酒味甘美醇香。太宗将所酿葡萄酒赐给心腹大臣，京城长安才开始有了自种自酿的葡萄酒。

唐朝官府用酒量很大，专门设有良酝署负责酿酒以供皇家御用和政府官用，京城中也多有官府酒坊。因为酿酒需用大量的粮食，酿酒与用粮矛盾很大，所以唐政府在某些时期还有限制酿酒的禁酒令，甚至于皇帝本人也戒酒。唐德宗时，由于粮食供应短缺，宫中多日已不酿酒，当听到韩晃运来三万石粮时，德宗兴奋异常，令人于酒肆中买酒庆贺。

编写于 2011 年

169

汉代的女性之美

无论哪个时代的女性审美，其首要都在于面貌。而汉乐府诗歌所体现的女性容貌审美理想，更着眼于具体细节，如眉毛、朱唇、发式。形体之美也是汉代女性审美理想的重要组成部分。汉代的时尚美人，身材娇小，腰身似可握。如汉成帝时的皇后赵飞燕，《赵飞燕别传》中曾描述："赵后腰骨尤纤细，善踽步行，若人手执花枝颤颤然，他人莫可学也。"除了腰肢，汉乐府诗歌中观察女性形体另一个重点是女性的手。例如，《孔雀东南飞》中"指如削葱根"，《青青河畔草》中"纤纤出素手"等。

在汉代，女性的精神气质中也呈现出一种时代性的刚健和大气。既为中华妇女的精神气质面貌奠定了可贵的基础，又产生了强大的牵引力。在汉乐府诗作中，对于女性在生活中知礼仪、识大体、重教养的操持亦多有表现，准确地反映了汉代女性在多种社会关系中特有的思想情感和精神理想。在一些反映夫妻日常生活的汉乐府诗歌中，"妾""君""卿"之呼不绝于耳。"明知边地苦，贱妾何能久自全""我欲与君相知""君尔妾亦然"等等。这里既有对丈夫的尊崇，又有女性的自谦，甚至有对夫君撒娇亲昵的意味，令汉时女子恪守妇道又不失真率、活泼玲珑的面貌跃然于眼前。

再看《上山采蘼芜》中这位弃妇的气度和聪慧。与休弃了自己而另结新欢的前夫在山脚下不期而遇了。妇人极有礼貌地长跪在前夫面前施礼，并问道："新人复何如?"在此情境中，弃妇身心摧伤且地位卑微，因此她不得不跪。既是前夫，她理当对其行礼；且对他余情不灭，因此她甘愿一跪。然而更重要的是，她不服! 冤屈、酸楚、悲凉。总算碰到这样一个好机会了，她要当面问一问他，自己究竟比新妇差在何处。她要亲眼看一看，看他是否后悔了，是否歉疚了，是否还爱着自己。因此，妇人此时此地的一跪一问，以退为进，以守为攻，是对前夫谦卑后而放射出的十二分气势和责难。《庄子·天下》云："知其雄，守其雌，为天下溪。知其白，守其辱，为天下谷。"弃妇此时之心态正如此论，在外表的弱势中反射出心理情感的绝对强势。

尤其值得一提的是，汉乐府名篇《孔雀东南飞》对于女性阴柔凄美精神的推崇和赞美。应当说兰芝"揽裙脱丝履，举身赴清池"是有其深沉的思想情感背景的。因为汉代，在女性中已形成了这种阴柔、凄美、决绝的精神状态。诗歌将其典型化地表现出来，恰恰反映了汉乐府诗歌精神审美的另一种自觉意识。唯其如此，《孔雀东南飞》以及汉乐府诗歌才会千古传诵，

171

被不同时代的人们所喜爱。就这一点来看，汉乐府中所创造的阴柔、凄美、决绝的女性精神情感之美，当属文明时代人们永恒的精神财富。与兰芝的精神相通，而又有所不同的是汉乐府诗歌中的华容夫人。《华容夫人歌》曰："发纷纷兮寘渠，骨籍籍兮亡居。母求死子兮，妻求死夫。裴回两渠间兮，君子独安居！"据《汉书》记载："燕刺王旦，武帝第四子也。昭帝时，谋事不成，妖祥数见。燕仓知其谋，告之，由是发觉。王忧懑，置酒万载宫，会宾客群臣妃妾坐饮。王自歌，华容夫人起舞，坐者皆泣。王遂自杀。"《尧山堂外传》中更有"天子使使者赐玺书，王以绶自绞，夫人随旦自杀"的补记。

　　在这个谋事不成、灭顶之灾已经不可避免的时刻，华容夫人作为丈夫的妻子、孩子的母亲，发出了"母求死子兮，妻求死夫"的悲切誓愿，在死亡面前镇定不惧、临危不乱。没有参与"谋事"，她是因夫、子而受连坐的。可是华容夫人在这样一个时刻，非但没有表露出对亲人的丝毫埋怨，相反，她要求代替丈夫和孩子去死，用自己的生命来换得亲人的生存。华容夫人此时的情感选择，当是爱情的顶峰、母性的顶峰、对生命眷恋的顶峰。与虞姬于舞剑中自刎，与兰芝"举身赴清池"一样，同是汉代女性阴柔、凄美、决绝情感的最为华美的图景。

写于 2007 年

犹忆陆游曾伏虎

乾道八年（公元1172年），47岁的陆游作为主持西北军政事务的四川宣抚使王炎的高级"参谋"，毅然奔赴宋金军事对峙的前线南郑（今汉中、宝鸡一带），筹谋通过关中收复中原的大计。

此时的陆游诗、词、书、文已负盛名，然而，收复失地，解放沦陷区人民的一腔爱国热血，却使他义无反顾地投身到了军事斗争的前沿，做到了诗心和剑胆的高度统一。他多次到韩信坛、武侯祠、嶓冢山、定军山、仙人原、大散关等地流连踏访，登高吊古，调查研究。他曾有诗云："我行山南已三日，如绳大路东西出，平川沃野望不尽，麦垄青青桑郁郁。地近函秦气俗豪，秋千蹴鞠分明曹，苜蓿连云马蹄健，杨柳夹道车声高。

古来历历兴亡处，举目山川尚如故，将军坛上冷云低，丞相祠前春日暮。国家四纪失中原，师出江淮未易吞，会看金鼓从天下，却用关中作本根。"与此同时，陆游还数次参加前敌试探性的战斗，积极地投身到备战的各种训练当中。打猎，就是当时一项有效的军事训练手段。其布置、合围、射击，都有为来日野战杀敌作准备的实际意义。

有一次，秋风乍起，陆游率三十多从骑在秦岭山中打猎，正在下马休息的当中，一阵风起，远远听到虎啸声。陆游看到随从的士兵，他们的脸色都变了。这时退是无可退了，陆游就挺起手中的长矛，大喊一声，向着扑了过来的老虎直冲过去。待老虎猛地一跳，浑身站直，正在准备朝人马前直扑的当口，陆游将矛头伺机戳进老虎的喉管，在热血直冒中结束了老虎的性命。多年后，在《怀昔》诗篇中，他还自豪地记述了这件事。"昔者戍梁益，寝饭鞍马间，一日岁欲暮，扬鞭临散关。增冰塞渭水，飞雪暗岐山，怅望钓潢公，英概如可还。挺剑刺乳虎，血溅貂裘殷，至今传军中，尚愧壮士颜。"

在朱东润先生的名著《陆游传》中了解到上述情景，笔者不胜感慨。陆游不仅是能写出《钗头凤》这样凄切伤神的爱情名篇的伟大诗人，同时又是一位以身许国的伟大战士。陆游既有在前线赴戎机、伏猛虎的壮举，那么，他那些感人至深的爱国诗章，如"早岁那知世事艰，中原北望气如山。楼船夜雪瓜洲渡，铁马秋风大散关""僵卧孤村不自哀，尚思为国戍轮台。夜阑卧听风吹雨，铁马冰河入梦来""死去元知万事空，但悲不见九州同。王师北定中原日，家祭无忘告乃翁"就不只是诗歌了，而是民族和时代的强音、人民的心声。"呜呼，楚虽三户能亡秦，岂有堂堂中国空无人！"（陆游诗《金错刀行》句）

由此想来，陆游的生平业绩，就当是我们今人尤其是我们的作家、艺术家们应当时常念及的强骨壮筋，为时代和人民的需求鼓与呼的一面镜子了。

写于 2011 年

175

回望古人的人居观念和人居环境

在西安城市骨架不断拉大，古城朝着现代化国际大都会不断迈进的时候，面对日夜川流不息的汽车流、日益高耸堆集的高楼群，我们一方面为我们的城市日益进步而欢欣，另一方面又为我们民族古来就形成的踏青会友、游园临水、观鸟赏花、登高望远等人与人亲和、人与大自然亲近以怡情、养心、益智的好传统愈来愈不易实现而抱憾。由此不由得时尔向往起古人的人居环境和人居观念。向往之，回望之，感叹之余便产生了对我们今天的城市规划和建设谈点看法的冲动。

首先想起的是兰亭佳话。王羲之之所以能够创作出书文双绝的《兰亭序》，一个不能否认的事实是"群贤毕至，少长咸集"，"欣于所遇"，又有"崇山峻岭，茂林修竹，清流激湍，映带左右"。这样一个极为幽美的环境，对作者创作豪情的激发，必然起了很大作用。

我们再来听听元代伟大的戏剧家关汉卿当年对杭州城市有声有色的歌颂吧："百十里街衢整齐，万余家楼阁参差，并无半答儿闲田地，松轩竹径，药圃花蹊，茶园稻陌，竹坞梅溪，一陀儿一句诗题，一步儿一扇屏帷。""家家掩映渠流水，楼阁峥嵘出翠微，遥望西湖暮山势，看了这壁，觑了那壁，纵有丹青下不得笔。"

这段描写，"一陀儿一句诗题，一步儿一扇屏帷"，"看了这壁，觑了那壁"，用了多么生动的文学语言道出了杭州这座城市多彩多姿的动态景观，也道出了关汉卿内心里存在着的理想的人居环境。

出过越王勾践，南宋爱国诗人陆游，近代革命烈士徐锡麟、秋瑾，杰出教育家蔡元培，以及鲁迅先生的"报仇雪耻之乡"的江南古城绍兴，自夏禹时代起，经过先民千百年的开发营建，古来就被人们誉为湖山与城市和谐结合的典范。王羲之谓："山阴道上行，如在镜中游。"王献之曰："从山阴道上行，山川自相映发，使人应接不暇。若秋冬之际，尤难忘怀。"李白诗："鉴湖三百里，菡萏发荷花。"陆放翁诗："千金不须买图画，听我长歌歌鉴湖。""道路如绳直，郊园似砥平，山为翠螺蛹，桥作彩虹明。"

这些诗文都精辟地道出了经过人为加工后的绍兴地区郊野的开阔景色，其激赏之意充满字里行间。

优美的绍兴城古来不但城市美、郊野美，城中的不少庭院居室也散发着浓郁的我国古典人居环境建筑之美，以及从建筑美中所传达出的"天人合一"的哲理美。此其中以现存的浙江

177

省重点文物保护单位明代大书画家徐渭的庭院居室——青藤书屋——最具代表性。"屋止两间，小院横贴，绿水一片，青藤一株，濑石几块，瘦竹数竿，如此而已。"但设计和布局十分出色。槛下水池不仅点缀庭园，在夏季可为书斋送来凉爽的空气。更耐人寻味的是石上的题刻："砥柱中流""天汉分源"，以及书斋中匾额与联语："一尘不到""洒翰斋""几间东倒西歪屋，一个南腔北调人"。既道出主人的人居观，更表现了主人文学家、书画家徐文长的人生观。

清代郑板桥对徐渭的青藤书屋就曾赞许有加，写过这样一段题词："十笏茅斋，一方天井，修竹数竿，石笋数尺，其他无多，其费也无多也。而风中雨中有声，日中月中有影，诗中酒中有情，闲中闷中有伴，非唯我爱竹石，即竹石亦爱我也。彼千金万金造园亭，或游宦四方，终其身不能归享。而吾辈欲游名山大川，又一时不得既往，何如一室小景，有情有味，历久弥新乎！对此画，构此境，何难敛之则退藏于密，亦复放可弥六合也。"

当然，在我们陶醉于古人的人居环境和人居观念，以抵现代都市之喧嚣时，须明白，时代毕竟不同了，我们今天建设规划我们的城市，构筑我们的居室，已不可能完全按照古人的理想和情趣去实施了。在这里我们想要表达的是，西安亦有山有水有坡有塬，也有茂林修竹，在今天规划建设我们的城市的时候，应当更多地考虑我们民族的传统，考虑国人的文化心理结构；应当更多地加进自然元素，以便市民像古人那样能够更方便地亲近大自然，使我们的城市更加富有"山野之气"，那么，我们城市的魅力和灵气便会倍增。

祈愿我们城市的规划者、管理者，在现代化和后现代化观念的浪潮中，时时回望古人的人居观念和人居环境，于古寓新，以人为本，努力打造宜居西安、山水西安。

写于 2006 年

179

三原周家大院

提起陕西省三原县，人们常常因了这里是民国元老、书法大师于右任先生的故乡而心向往之。岂不知在关中平原的这块"白菜心"上，还有一处古建筑遗存值得引起我们的关注，它就是闻名遐迩的周家大院。

周家大院位于三原县县城西北约 3 公里的孟店村，当地人称其为"孟店周"。据三原县县志记载：清乾隆末年至嘉庆初年（1787—1797 年），时任清廷朝仪大夫刑部员外郎的周梅村，花了 10 年的工夫，在其家乡孟店村建造了总计约 3 万平方米，有十七进院落的规模庞大、富丽别致的私人宅邸。落成后即名震三秦。

清同治十年（1871 年）农民军起义，其中十六进院落毁于大火。如今一百多年过去了，仅存的这一进院落占地面积3 206平方米，建筑面积883平方米，保护得十分完好。作为关中地区典型的古建筑群落，依然古韵浓郁，清晰地向人们展示着明清时期的建筑形制和人文风情，不失为西安及其周边城市和乡村记忆的又一标志。

关中平原亦称渭河河谷，四面环山，夏季无风，酷暑难耐，类同江南。周家大院的设计者当年就考虑到了这一点，借鉴江南建筑构思，整座院落皆取冷色调以调和关中盆地的干燥炎热。黑色的门窗、屏风、看墙、匾额等，均给人以沉静肃穆的心理提示。盛夏时节置身其中，人们会觉得幽寂怡性，不凉而自凉。这种巧借江南建筑艺术之功效、调和关中气候的匠心，在陕西的明清建筑中还是不多见的。这当然与这座建筑当年的主人在朝廷为官及其学养见识有关。

精美的砖木雕刻，透露了二百多年前士大夫的精神追求以及关中风俗民情的历史信息。这方面尤以院内东西"看墙"上的砖雕和整个院落中的中厅格子门上的木雕体现得最为充分。东西两面"看墙"的砖雕分别刻画的是"大禹牧牛"和"唐尧放象"的传说故事，其中的人物、动物以写实的技法雕琢得栩栩如生。最为奇特的是，在这两幅砖雕的四边还各雕有四只吉祥物——麒麟，每只瑞兽的口中还各含两只彩球，每颗彩球上都镌刻着"福、禄、寿、禧"的字样。而中厅的四扇格子门上的木刻就更具人文情趣了，分别刻画着陶渊明"亭前赏菊"、孟浩然"踏雪寻梅"、苏东坡"外出访友"、解学士（明代）"春游遇雨"的情景。

周家大院给教育以最优越的环境和场所，为我们民族崇文重教的优良传统留下了明证。三原县周家大院与我国中原地区

181

坐北朝南的宅院构建习俗正好相反，整座院落坐南向北，这样整个院落的最深处也就是最南面了。而这个采光最好的静谧地方，是一座精致的二层木结构楼房，起名"怀古月轩"，专为子女读书所建。登临楼上阳光明丽，阡陌辽远，似乎与尘世的喧闹相去甚远，真乃读书的好地方。

艺术家说，建筑是凝固的音乐。周家大院，这座经历了二百多年风雨的民俗博物馆，如今依然不舍昼夜地为来来去去的人们演奏着古韵古乐。

写于 2007 年

陕籍马氏建构的江南名园

时下，造访江南古镇、名园已成为国人旅游怡情、访古问旧的热点之一。在产生了明初富可敌国的巨商沈万三的周庄、现代文豪茅盾先生之故乡乌镇名播四海、游人如织的时候，去年江南草长莺飞的四月，在上海市档案馆深谙怀古问旧三昧的老朋友的指点下，我寻访了位于上海市青浦区的又一江南水乡古镇——朱家角。朱家角镇被太湖水系的淀山湖、大淀湖、漕巷河环抱。这里阡陌平阔、水网纵横、明清古建保留甚多，恬静安详，古风悠悠，完全不同于周庄、乌镇的拥挤喧闹。置身其间，顿觉气畅心平，怀古之情勃然兴发。

知我来自西安古城，青浦区档案馆的陈馆长特别用心地引导我参观了坐落在朱家角镇中心西井街的课植园。课植园是一座以中西建筑合璧为特色的江南大型庄园式私家花园。始建于1912年，占地约百亩，历经15年营造于1927年落成。园内有迎贵厅、宴会厅、正厅、耕九余三堂、书城楼、望月楼、戏楼、藕香亭、倒狮亭、司教亭、碑廊等各类建筑200余间，还有假山、九曲桥、课植桥、荷花池、稻香村等园林景观多处。这座巨大的园林解放后长期作为朱家角镇中学的校舍，因此才得以完整地保存至今（现开放其中三分之一，其余正在整修）。

流连在这清晰地传达着20世纪初期人文情怀、时代气息的精雅优美的古园中，给人感发最多的是关于传统和现在的绵长的悠思和遐想。若不是亲临其间，谁能想到在日益现代化的大都会——上海——的脚下，竟然活生生地存在着这样一座诉说着沧桑的古建筑实物档案遗存呢？就在我忘情地欣赏间，陈馆长将我带到了迎贵厅，嘱我认真读一读园史简介。原来这座古园还是我们陕籍人氏营建的。感叹间，对陈馆长恤我乡情之意感铭于心。

课植园建造者马维祺，字文卿，清末民国初年曾为朱家角镇首富，其祖上原属陕西省扶风县旺族马氏分支，系汉代伏波将军马援之后裔。据史志载，马氏于唐宋元明清历代为官宦者甚多，明朝更以朱元璋之妻马氏皇后，出自马氏门楣，而声名显赫。后屡遭官变此马氏一门南迁，先居昆山朝阳门，清末作为该支马氏的长房长孙，马文卿又举家迁往朱家角镇西井街落户。

马文卿生于1853年，卒于1928年，自幼受祖训"读书明理、不以仕途为官"的影响，青年时便从父经商，以汞、铜、盐、丝绸贸易为主，生意遍及国内与海外。至中老年时，受维新思想影响，子女多送至西洋留学，后倾银三十万两，始建多见西洋风格的课植园。

　　江泽民同志 2002 年 3 月 2 日莅临朱家角镇视察，在课植园参观后欣然写下了"江南古镇朱家角"七个大字。

　　读着这追根溯源、见人见物的园史介绍，作为陕西人内心不由得产生了几许豪迈。尔后，用心倾听了讲解员对正厅楹联"课经书学千悟万，植稻麦耕九余三"；秀楼匾额"抚琴听风"；院内立石上镌印的马文卿亲笔书写的家训"永怀刻鹄"以及马文卿当年建造书城楼时，之所以以竹节造型为楼梯扶手的逐一讲解，我豁然走进了马氏这位令人感佩的陕籍老人当年的内心。马文卿当年极为重视子女教育，要求子女读课之余不忘耕植，永远向品德高尚的人学习，女儿家要倾心琴、棋、书、画，读书要做空心的竹子，虚心向学，力戒浮华。由此联想到朱家角镇目前尚存的冠以"渭水园"名号的马家当年的商铺，看来，尽管当年马文卿身处华洋杂陈的大上海，关陇故乡"耕读传家""敦厚做人"的乡情遗韵，他还是未曾忘怀的。

　　在整个课植园中，尤其令人瞩目的，是在园林阳廊的尽头，目前还保存得极为完整的一段长约 20 米的碑廊，被列为镇园之宝、青浦区历史保护文物。碑廊里镶嵌着 15 块碑刻，内容均为明清两代著名书画家书画真迹的模刻本，其中最为珍贵的当属明代江南四大才子的书迹。以次分别为文征明的《游西山寺》诗十二首、祝枝山的《梅花》诗、唐伯虎的信札、周天球的诗二首。

　　眼下，又是江南杏花烟雨时，欲作江南游的朋友，又何妨不前往课植园这座折射着百年历史变迁的名园一游，去寻觅陕籍人士在东海之滨遗留下的这一深深的时空印痕呢？

写于 2007 年

广 仁 渠

泾河源自宁夏泾源县六盘山东麓的马尾巴梁东南老龙潭，穿越甘肃东北部平凉、泾川两地，于我省长武县马寨乡入陕。

泾河流入我省约 30 公里，即右折南下，成为我省长武、彬县两县的界河。长武坐西，彬县于东。就在这右折南下处，长武一侧有一呈半月形的名叫胡家河的河滩，滩宽地平，可耕地在 3 000 亩（1 亩＝666.67平方米）上下。可是，千百年来，因为没有水利灌溉设施，眼看着泾河日夜奔流，庄稼人却长期饱受干旱之苦。

转机出现在民国初年，乡贤胡蕴章在新思潮的启发下，带领亲友勘察胡家河的水源水利，谋划修渠引水，灌溉农田。经过一番勘察，胡蕴章等人发现胡家河有两处水源：一便是眼前的泾河，二是自相公塬鸦儿沟流出的经河滩汇入泾河的溪流。碍于当时的条件，胡蕴章决定先在鸦儿沟溪流的上游贺峪筑坝凿渠，引水浇灌滩地。民国七年（1918年）他拿出家中积蓄200银元，率儿子、儿媳、女婿、外甥及若干雇工进驻贺峪，筑坝凿渠。两年间财力耗尽，又因山权屡兴讼事，地方政府态度漠然，遂于民国九年（1920年）暂时辍工。然而胡蕴章心劲未退，谋划着赴省求援。民国十一年（1922年）七月，他央人具写申请书，徒步赶赴西安。途中干粮吃完，盘缠用尽，困于咸阳。胡蕴章遂于渭河渡口干起了苦力，白天背送旅客上下船，夜晚则露宿屋檐台阶。积攒到几串铜钱后，挣扎着到了西安，几经周折终于见到著名爱国人士、水利专家李仪祉的同学郭希仁先生。胡蕴章励志兴修水利的恒心，感动了郭希仁。在郭希仁先生的推动下，省政府给胡拨款1 000银元，并加委胡蕴章为省水利委员、鸦儿沟水利协会会长。长武县政府和地方贤达闻讯亦起而赞襄，县政府划出600银元，胡家河乡民捐资500串。得此支助，胡即带领亲族家人和雇请的工匠，日夜突击施工，终于翌年六月使渠、坝工程基本竣工，八月试水。眼望着20华里（1华里＝0.5千米）的渠水，灌入近400亩滩地，嘉禾发旺，十里八乡的民众千人会集，演戏庆贺。为了感念郭希仁先生的恩德，此渠遂被命名为广仁渠。

　　经过两年的运行，胡蕴章与乡亲们见水源丰裕，又将渠道延伸2里，扩灌180亩，并于渠岸植杨柳2万余株。从此，胡家河滩以水浇田，盛产粮食和线麻、芦苇，闻名秦陇数县。民国十三年（1924年），省政府授予胡蕴章二等金色单犀河务奖章。郭希仁先生还以个人照片赠胡，以示推崇。

　　广仁渠修建成功，胡蕴章雄心未已，常年烟雨一蓑，芒鞋竹杖，旱烟系身，奔波于长武的川塬沟坡，先后又督工监修成马沟忠惠渠、柳家河孝惠渠、亭南田家沟渠，泽惠了更多百姓，被誉为长武的"荆公"。

如今八九十年过去了，长武、彬县一带的泾河川道早已是栏河滚水坝和小水电站的天下、旱涝保收的米粮川了。但当进一步发展泾河流域水利事业的时候，人们还情不自禁地想起于秦西陇东水利事业有筚路蓝缕、开启山林之功之效的胡蕴章、郭希仁和广仁渠。

写于 2010 年

188

七十年前西安书画名家作品的润例

近日，笔者在查阅 20 世纪 30 年代西安市发行的旧报刊时，偶尔看到了 1936 年 7 月 15 日《秦风周报》刊登的一份《西京书画家润例一览表》，甚是感慨。这件 70 年前的资料显示的书画家均系当年西安地区乃至全国一流名家。"一览表"详细地说明了各位名家书例、画例、刻印的具体价格（据考证单价系银元）、出售方式、联系办法，甚至连应约作画写字需要多少时间也讲得明明白白。这就使人自然联想到了当前书画市场上一些不尽如人意的情况，觉得有必要将这则史料刊布于众，或许会给我们很多启发。

眼下，随着物质生活的日益丰足，人们对精神生活的需求已不可遏制。就笔者接触的范围来看，有不少人持币欲求购名家的书画作品，以欣赏收藏，但困难颇多。一是书画作品市场上充斥着大量赝品，使人望而却步；二是大多数名家均无与求购者直接沟通的渠道，求购者往往需要通过业内人士引见、介绍，才能和名家取得联系，周折繁复；三是名家作品的价格天上地下，普通求购者依从无定。这样，就大大限制了名家作品的流通，其作品也就很难落入寻常求购者之手，发挥其应有的社会作用，名家亦少了许多用武之地。

由此笔者便想到，当今活跃在书坛画坛上，为群众所敬重的各位名家，可否也能像 70 年前这几位书画家一样，在媒体上推出自己作品的"润例表"，以方便普通求购者。当然，要这样做，名家们也有难处，在计划经济向市场经济过渡的时期，艺术品完全作为流通的商品，艺术家亦有一个思想转型的问题。其实，细细想来，与其让商家在那里炒来倒去，书画名家倒不如勇敢地直接面对求购者。这样对于落实"二为"方针，繁荣文化产业，丰富大众文化生活，乃至使各位名家有更多用武之地，均大有益处。如果一定要讲"名节"，70 年前的先贤尚能有范于前，那么，70 年后，知识产权受到社会普遍尊重的今天，大家还有什么抹不开情面的呢？

据《陕西省志·人物志》载，"一览表"所列第一位，张寒杉先生，陕西咸阳人氏，早年入日本著名的早稻田大学主修法政，后入孙中山先生领导的中国同盟会，宣传反清革命，历任上海公学、大夏大学教授，抗日战争爆发后，协助杨虎城将军主持陕政。在《秦风周报》公布自己作品润例时，他已是名播全国的著名爱国人士。"一览表"所列第二位人物，寇遐先生，陕西蒲城人氏，陕西东部早期中国同盟会领导人，辛亥革命成功后任中华民国众议院议员、国民政府农商部总长、陕西省临时议会副议长、陕西省政府委员。在《秦风周报》公布自己的作品润例时，任陕西省政府顾问。

写于 2006 年

一代才女文俶画作收藏小记

2006年10月，有机会赴台北市"国家"图书馆参观访问，该馆负责人在送别时将该馆印制的明末著名女画家文俶（chù）的绘画作品册页送给我们留作纪念。当时只觉得册页上的画作风格别具，古意悠悠，煞是招人喜爱，但囿于访问日程紧促，不便向该馆人士询问其详。回到大陆后，经查阅有关资料，方知文俶画作的珍贵。

文俶（1595—1634年），字端容，长洲（今江苏省苏州市）人，系明代画家文从简之女、文征明的玄孙女。在家庭的熏陶下，文俶自幼便涉足丹青，精于花草虫蝶及人物画创作。画家以女性之细腻情感和对花鸟特有的挚爱，对生活细致的体察，短短一生，绘有《寒山草木昆虫状》《金石昆虫木状》等上千幅图画，展示了这位古代女画家深厚的艺术学养和才情及其对生活的热爱。明末著名学者钱谦益评价文俶的画作，谓："点染写生，自出新意，画家以为本朝独绝。"清代张庚生在《国朝画征续录》中给予了文俶更高的赞誉："吴中闺秀工丹青者，三百年来推文俶为独绝耳。"

了解了文俶的生平事迹，以及这些册页系依照珍藏于台北故宫博物院文俶绘画真迹影印制作的，尽管是印制品，我亦认识到了它的历史文化价值，将其视为个人藏品中的上品，除邀几位好友赏析之外，平日藏于暗盒，是不肯轻易示人的。今逢我市大唐西市文化产业兴业，笔者将这难得一见的一代才女的作品推介于下，以表庆贺，并与大家共欣赏，以取美其美不可独美之意耳！

写于 2011 年

做好"灞上送别折柳相赠"这篇文章

"送君灞陵亭，灞水流浩浩。上有无花之古树，下有伤心之春草。我向秦人问歧路，云是王粲南登之古道。古道连绵走西京，紫阙落日浮云生。正当今夕断肠处，骊歌愁绝不忍听。"（李白《灞陵行送别》）

"杨柳含烟灞岸春，年年攀折为行人。好风凭借低枝便，莫遣青丝扫路尘"。（杨巨源《赋得灞岸柳留别郑员外》）

"灞上送别，折柳相赠。"这一极富中华古代人文意味和鲜明地域及民族特色的送别方式，时至唐代就已经发展得颇为流行和感人了。爱亲群友，离愁别绪，这是人类进入文明时代之后便有的共通的思想感情。世界各国各民族都有自己的送别方式。然而，就笔者所知，用折柳相赠以寄予惜别之情的这种方式，恐怕仅为我们民族所独有吧。众所周知，愈是独特别致，愈是引人注目，撩人兴趣。而2011年世界园艺博览会在我市浐灞生态区举办，并以"天人长安，创意自然"为主题，那么，我们何不就地取材，巧用典古，在这届世园会将要构建的中国园林区，充分展示我国古人折柳送别的生动场景呢？假若我们做好了这篇文章，想必一定会引起人们尤其是外国游客的浓厚兴趣，而成为这届世园会的一个亮点。在东南亚长期流传着这样一个美好的传说，说的是，古时候有位国王要为女儿选择一位智慧过人的夫婿，指定一座空无一物的宫殿，表示谁能以最便捷的办法将宫殿充实满，就将公主嫁给谁。不少人试图用棉花、稻草甚至用木材填充宫殿，都为国王所不齿。而有位英俊少年捧来了一盏点燃的灯，光芒充盈了整座宫殿，训雅奇妙，最终赢得了国王的赏识，也获得了民众的喝彩。以柳枝寄予留意别情之雅之妙，应当说丝毫也不亚于那位少年的明灯。

为此，我对折柳送别这个选题的魅力怀有充分的信心，具体设想是，以历史记载为依据，在这届世园会中国园林区，最好是在灞河岸边，按照唐代风格构建一座规模适当的"灞柳情景园区"，以"送客添新恨，听莺忆旧游""十年此路花时节，立马沾襟酒一卮"为情感基调。首先，将歌咏"灞上送别折柳相赠"的历代佳作，用颜、柳、欧、褚几大家的书体（用在帖中找字的方法）刊布张表于园里园外（我市原本就是中国书法的故乡，仅此一点就极有展示价值），并附以英、日、韩等语种的译文，方便外国游客阅读欣赏；其次，利用表现灞柳送别的历代著名画作、历史图片，及届时根据空间装饰的需要而创作的新画作，直观地展示"灞上送别折柳相赠"的历史情景；第三，运用高效能的声光电设施，遴选聪慧、民族气质突出的讲解员着唐代服饰为游人导游、播放、讲解折柳相送的历史故事、掌故，如"柳谐音留"等，并配以高水准的情景剧演出，亦可邀请游客充当剧中人物，争取互动效果；最后，当然要制作出售相应的旅游纪念品如灞柳枝、叶标本等，让游人留下日后回味的物证。

总之，我市在 2011 年世园会上若能推出诸如灞柳送别这样一批高品位的创意之制，那么，我们就会在人文关怀上胜人一筹，从而彰显我市作为世界历史文化名城的不同凡响和人性温暖。

写于 2010 年

追记习仲勋同志
亲切接见团代会代表时的情景

省老青年工作者协会的领导同志，又一次不辞辛劳地组织大家撰写在共青团岗位上工作时的回忆文章，要把那点点滴滴的思念和感怀汇成一笔历史财富，激励自己，启迪后人。其用心良苦，诚挚感人。

再次接到征稿通知恰是杂树生花、莺飞草长的四月天。春天的气息总会让人不由自主地回忆起年轻时那些亲切的记忆和那些深刻难忘的教训与收益。因此，在我们党大力倡导密切联系群众，坚持群众立场和群众观点的今天，我自然地联想起了习仲勋同志在共青团十一大、十二大时两次亲切接见陕西代表团的情景。忆及习仲勋同志作为伟大的无产阶级革命家那平易近人、热爱青年，在爽朗的笑声里对祖国的未来寄予无限殷切期望的高迈而又宽阔的情怀，不禁使人感慨系之，沉思良多。

中国共产主义青年团第十一次全国代表大会，是 1982 年 12 月在北京召开的。陕西代表团被大会安排在国谊宾馆住宿。当时我作为代表团的工作人员（给大会编写简报稿，反映我省代表团的讨论情况）参加了代表团的部分活动。在代表团讨论大会工作报告的一天下午，时任中共中央政治局委员、书记处书记的习仲勋同志来到代表团讨论会会场，亲切接见看望陕西代表团的全体代表。

这是我平生第一次近距离地见到党中央领导同志，心情既紧张又激动。没想到的是，习仲勋同志是那样的亲切和蔼，平易近人。一进会议室，他就是满面的笑容，笑呵呵地与每一位代表一一握手，一边握手一边就亲切地询问起代表，你是哪个县的人，叫啥名字。当与大会代表、时任富平县团县委书记张兴邦同志握手时，张兴邦激动地将一封县委、县政府委托他带给习老的问候信送到了习老的手上。习老看了看信封，高兴地说，这就好，就是要下情上达，上情下传，保持联系，并嘱咐张兴邦回去后代他问候富平的乡亲们好。和每一位代表握了手，落座后，第一句话习老就说，"啥时候看到青年同志我就高兴，毛主席说，青年是早晨八九点钟的太阳，希望寄托在你们身上嘛！大家不要紧张，有什么想法都可以说，我也想请大家把我对陕西工作的想法带回哩！"听了习老的这番质朴亲切的开场白，代表团团长、团省委书记黄莺同志请求习老先作指示。习老遂问起了陕西土地承包责任制落实的情况，陕北的群众还饿不饿肚子。得到了满意的回答后，习老指出，陕西的改革开放要大力发扬艰苦奋斗、自力更生的延安精神，不能"等、靠、要"。陕北有丰富的煤炭、石油、天然气资源，秦川八百里自古就是大粮仓。据说现在陕西居民在银行存款就有八十多亿元。有物质资源，加上陕西人民历来具有光荣的革命传统，只要坚决贯彻好三中全会精神，陕西的面貌一定会改变，大家要有这个信心，你们青年人更要有这个信心。青年人就是要有为革命和建设建功立业的雄心壮志。

讲完这番话后，习老把话锋一转，说，这次团代会开得很好，提出的"好儿女志在四方"的口号就很好嘛！青年人就是要志存高远，在祖国的四面八方干出一番成绩和事业来。因此，你们要把大会的精神带回去，传达贯彻好，带领全省青年积极参加改革开放，改变家乡的面貌，让人民群众尽快过上好日子。

就在习老侃侃而谈的时候，秘书提醒习老预定的时间到了。习老哈哈大笑，说，现在大家都很忙，他也只能服从工作的安排。习老起身向代表团道别。我随同团省委几位领导同志一起将习老送到国谊宾馆的院子里。这才看到习老乘坐的是一辆半旧的黑色小轿车，一位司机，一名秘书，没有警卫，没有警车开道。习老上车后，车子便悄然汇入了华灯初上的夜色里。

中国共产主义青年团第十二次全国代表大会，是 1988 年 5 月在北京召开的。陕西代表团这次被大会安排在京西宾馆住宿。那是京西宾馆满园春色的一个上午，时任全国人大常委会副委员长的习仲勋同志又一次来到宾馆看望陕西代表团。距离团十一大，六年过去了，习老显老了，但精神依然健旺。在春光耀目、温暖馨香的会议室里与代表们愉快地畅谈了约一个小时后，代表们纷纷提出要与习老合影留念。习老高兴地和全体代表在京西宾馆大礼堂前照了全家福集体照。见习老既精神又高兴，不少代表还想与习老单独合影。这次代表大会我担任代表团的秘书长，有些代表就把这个想法告诉我，要我和代表团的领导同志把他们的心愿转告习老。实际上，这些环节都是多余的。集体合影结束后，来自高校的代表已三五组合很亲切自然地和习老合起影来，或站或坐习老不拘一格与代表们谈笑风生。见高校代表这样做了，其他代表的胆子也就放开了，都要求分别与习老合影。习老始终春风满面，一一满足了大家的请求。一时间，京西宾馆大礼堂前，欢声四起，幸福洋溢，连宾馆铁栏杆围墙外街道上行走的行人都惊奇地驻足观看。这就是我们国家的领导人和青年的情谊，这就是我们国家的领导人对青年人的关爱。大会期间，习老与陕西代表团无拘无束拍照留念的故事，一时间成为了大会的美谈。

这就使我想起了长期流传在我省渭北一带，关于习仲勋同志在革命战争年代亲民、爱民，人民群众爱戴习仲勋同志的许多故事。20世纪二三十年代，受党组织的指派，习仲勋同志较长一段时间秘密地在陕甘两省地方军队中开展兵运工作。为适应地下斗争的需要，习仲勋同志以他的善良诚朴在贫苦群众中认了不少干亲，以应对不测。"两当兵变"失败后，就是这些干亲收留掩护了习仲勋同志。其中以长武县亭口镇开车马店的王掌柜最为典型。"两当兵变"后，习仲勋同志负伤后经凤县、陇县、甘肃省灵台县来到亭口镇，王掌柜舍命相救，为其疗伤，以亲戚的名义竭力掩护。习仲勋同志伤愈后也即刻帮着王掌柜锄草、喂马。后来，王掌柜安全地护送习仲勋同志渡过泾河赶赴陕甘边区，从此两人便结下了终生不渝的阶级情谊。十年内乱结束拨乱反正后，习仲勋同志出任广东省主要领导职务，王掌柜带着在文化大革命中遭受的冤屈和一身的病痛到广东找到习仲勋同志。习仲勋同志极其热忱地接待了王掌柜，为其看病，讲解党的历史和三中全会精神，鼓励王掌柜向前看。几个月下来，王掌柜的病好了，精神状态也大为好转，临回长武老家时特地感谢习仲勋同志的周到款待。习仲勋同志动情地说："说到谢，共产党要感谢你这样的人，革命战争年代我不知道吃了你家多少面条，用了你的多少银钱，共产党永远报不完老百姓的恩情。"

由此可见，对人民群众的感情，乃至对青年的热爱，在习仲勋同志这一辈无产阶级革命家中，早在参加革命之初就深植于心，几十年风雨磨砺，愈磨愈深，历久弥新。正因为老一辈无产阶级革命家从思想感情上彻底地解决了与人民群众的关系问题，他们才能领导全国人民取得革命、建设和改革开放的一个又一个胜利，打通中华民族走向伟大复兴的坦途。

为此，今天我们追记习仲勋同志亲切接见共青团十一大、十二大时陕西代表团的幸福情景、感人画面，不仅仅在于纪实，更重要的是要学习习仲勋同志等老一辈无产阶级革命家亲民、爱民的伟大情怀、高尚品德，以及善于联系群众，任何时候都能和人民群众打成一片的本领。按照胡锦涛同志的要求，永远向人民群众学习，为人民群众服务，做人民群众的忠实公仆，推进中国特色社会主义建设事业阔步向前。

写于 2012 年夏

201

三秦大地的怀念

　　作为老领导、好朋友，虽然冯军书记离开我们大家已经好多年了，但是，每当我们的工作取得了成绩，或者生活遇到了波折的时候，我们都会情不自禁地想起冯军书记，想起他那宽厚的微笑、睿智的目光以及他对党的事业矢志不移的奋斗精神。于是，我们便不敢为成绩而骄傲，为曲折而气馁。冯军书记所留下的风范、人格、精粹的思想，永远是高山仰止、江河浩荡的精神财富，激励着我们像他那样为党的事业、为中华的崛起负重前行。

　　冯军同志在任团中央书记处书记期间，曾经数次到陕西检查指导工作。或是主持全国性的会议，或是陪同外宾，或是深入基层调查研究，与陕西省团的干部结下了深厚的同志加兄弟的情谊。因此，当他为协助胡锦涛同志的工作而英奋献身雪域高原时，陕西的广大团干部，不少人都流下了痛惜的热泪。

今天，我们在这里要着重记述的是，二十年前，即1986年9月至11月两个多月当中，冯军书记带领团中央"下基层、抓落实"工作团在陕西农村工作期间发生的故事。

要补上学会做农村工作这一课

这一次团中央"下基层、抓落实"工作团来陕工作，是在全党开展整党工作，以整顿党的基层组织带动团的基层组织建设的大背景下进行的。来陕工作的团中央十几位同志，绝大多数是刚刚从大学毕业直接分配到团中央机关工作的大学生、研究生。这些同志中的大多数又是从小在大中城市生活成长的。考虑到这些同志的实际情况，为了适当照顾他们的生活，团省委起初准备安排这些同志到工矿企业和大专院校开展工作。但作为团长的冯军书记却具有另外一番战略眼光。他给大家讲自己开始工作时在东北的县乡工作的亲身体会。他说，中国是个农业大国，不懂得农村，不会做农村群众工作，和农民群众没有感情，就不能成为一个合格的党群干部。作为全团最高领导机关团中央的干部尤其要熟悉农村，了解国情。否则，我们在北京作决策、办事情，就不可能切合农村的实际，就得不到中国大多数青年的赞成和拥护。据此，他要求，把团中央工作团的十四名成员中的十三名同志安排在农村开展工作，并要求直接进驻到村，住到农村青年的家里，与农村青年同吃、同住、同劳动，要补上学会做农村工作这一课，只安排一名同志到城市搞调查研究。两个多月下来，到农村工作的同志的思想感情都发生了很大变化。北京大学法律系毕业的研究生张谦同志在宝鸡县西部大山深处的上王乡工作了两个月后，深有感触地说，他父母都在铁路部门工作，他从小生活在城市。这两个月的农村工作和生活，他将铭记终生。从这里他很具体地懂得了国情，懂得了农民群众最迫切的需要，懂得了党的改革开放政策为什么得到了人民群众的衷心拥护。在冯军书记的指导和团中央同志的带动下，团省委的同志也纷纷下乡进村开展工作，思想感情也发生了新的变化。不少同志看到山区部分群众生活仍然很贫困，心灵受到强烈震撼，流下了痛苦的泪水。他们说，在基层这样艰苦的条件下、环境中，他们的许多观念转变了，对于生活的要求不知不觉地降低了，工作的责任感、使命感一下子上升了。团省委常委王源湘、刘明华同志在秦岭山区工作时，大雨塌方路断，一个星期与外界失去联系，他们就和当地群众一起劳动，排除塌方，疏通道路，受到了群众的赞扬。

204

语重心长论团结教方法

1986 年，团中央"下基层、抓落实"工作团，在基层扎扎实实地开展了整整两个多月的艰苦工作，在我省上上下下引起了广泛的影响，中共陕西省委也给予高度关注。时任中共陕西省委书记的白纪年同志，省委副书记周雅光同志还专门安排时间在省委常委会议室与赴陕工作团的全体成员进行了座谈。给我们留下印象最深刻的是，省委主要领导同志在高度评价团中央机关深入基层的好作风，要求陕西省团的干部向团中央机关干部学习的讲话之后，话锋一转，严肃地对我省一些团干部中存在的不团结问题，以及不能正确对待自己的问题提出了尖锐的批评。在欢迎团中央同志的座谈会上，省委主要领导同志对我们的工作提出批评，这是我们始料未及的。一时间大家感到压力很大。冯军书记看出了我们的心思。在他的讲话中，他主动站出来，替我们承担责任。他说，发生在基层团干部身上的问题，团中央也负有教育帮助不够的责任。这次团中央工作团一定会按照省委的要求，帮助这些团干部提高认识，改进工作。并表示相信在省委和团中央的共同教育和促进下，这些同志一定会改正缺点，在今后的工作锻炼中逐步成熟起来。听了冯军书记一番入情入理的讲话后，省委领导同志脸上也露出了笑容，表示省委对年轻干部关心教育得也不够，今后省委也要按照中央的规定，加强对团的工作的领导，进一步关心、爱护团的干部，培养好党的后备军。此时，座谈会的气氛更加融洽了，热烈了。傍晚时分，座谈结束了，省委领导同志热情地将冯军书记和工作团的同志送到了面包车前，一一握手道别。抬头望着满天灿烂的晚霞，我们的心情是那样的欢畅而又踏实，从内心里感激冯军书记对我们的理解和体贴。此后，冯军书记把省委领导同志提出的问题记在了心里，在随后的工作中，或是在会议上，或是在个别交谈中，他多次语重心长地告诫我们，一定要对省委领导的批评引起高度重视。同时帮助我们作分析，要我们看到，省委主要领导同志也是团干部出身，他之所以对团干部要求格外严，其实严厉中有爱护，严厉中充满着期望，是期望我们团的干部都能在工作的过程中，发扬共青团的优良传统，尽快地成长起来，今后能担负起更重的担子。冯军书记要求我们变压力为动力，用工作的实绩回答省委领导提出的批评和期望，并给我们交代，只要我们把工作做好了，团省委不便向省委提出的问题，团中央今后会适时地与省委交换意见，要为陕西共青团工作的开展创造一个更加良好的条件。冯军书记这些指示、嘱咐和叮咛，既有作为领导应把握的原则，又有作为兄长的亲切忠告和勉励。二十年后的今天回想起来，仍如甘如饴，如沐春风。冯军书记不愧是我们党优秀的高级领导干部，做思想政治工作的行家里手。

他不像个大干部

团中央"下基层、抓落实"工作团来陕时时值秋季。古语道："长安自古西风雨。"秋天的陕西由于季风的作用和影响，时常是秋雨连绵，八六年这年九、十两月的秋雨好像又格外得多。这就给驻在乡村开展工作的团中央工作团的同志们带来了更多的困难和不便。冯军书记也深知这一点。大雨天，他指示我们领上他逐个看望在乡下工作的每一位团中央工作团的同志，惦念着同志们的衣食冷暖。不通汽车的地方，他就一把雨伞，一双胶鞋，和我们一起翻山岭，走泥地，吃住在工作团同志所在的乡上、村上。他作风深入，为人谦和，衣着俭朴，一身半新旧的卡蓝中山装，尤喜食农家饭，与当地的县乡干部似乎别无异样。当我们向当地的干部、乡亲们介绍他时，为了让大家听得明白，说他的职务相当于省长时，乡亲们都说，他不像个大干部，倒像教书的先生。记得有一次，冯军书记要到宝鸡市岐山县检查工作，团县委把情况报告了县委，县委领导同志非常高兴，准备要隆重予以接待。当我们告诉了县委领导同志冯军书记一贯的作风后，请县委为冯军书记在县招待所准备一顿岐山小吃臊子面时，县委领导同志一脸的疑惑和不解。在几个团支部检查了工作后，冯军书记来到县招待所，听说午饭是当地农家特产臊子面时，很是高兴。他与县上领导一起步入餐厅，没有喝县上备的酒，却一口气连吃了十几碗（每碗约三分之一两面条），并连声夸奖说，这是我吃过的最好吃的面条了，率真之情溢于言表。此时，县上的领导才放下心来。事后不住地向我们赞叹说，团中央领导同志的作风就是不一般，不一般。在这年秋天的两个多月里，冯军书记就是这样风里来雨里去，同基层团干部、同团员青年工作在一起，生活在一起，给我们做榜样，讲思路，教方法；给我们出主意，帮我们想办法，与陕西省的团干部、与陕西的团员青年结下了深厚的情谊。此后，冯军书记回京工作了，我们团省、市委的同志凡是到京办事，总是忘不了要去看望冯军书记。冯军书记也总是一如既往地热情地接待我们，时刻关心着陕西共青团事业的进步与发展。

　　如今二十年已经过去了，然而，二十年前冯军书记在陕西这块热土上留下的音容笑貌，历久弥新，仍时时装在陕西省团干部和广大团员青年的心目中。

　　哲人已逝，风范永存。

　　冯军书记，三秦大地深切地怀念着您！

写于 2006 年

沉痛悼念李若冰叔叔

　　若冰叔叔、抒玉阿姨与我的岳父母是陕甘宁边区时期的老同学、老战友，新中国成立后又共同战斗在党的文艺、新闻战线上。尽管相识相知甚早，但在过去几十年的风雨岁月中，他们却"君子之交淡如水"，往来并不多，只是心之向往之，时常相互关心着彼此的工作、家庭、健康……

　　2001年应该说是老人们往来较多的一年、欣喜的一年。是年，正在上高三的我的女儿出版了她的随笔散文集《也是一段青春岁月》（8万字），岳父母为了使孩子再有长进，便让我送孩子的书给若冰叔叔和抒玉阿姨，请给予指教。此时，若冰叔叔已是七十五岁的高龄了。他有精力和耐心看一个高中生的作品吗？我怀着忐忑不安的心情，将书送到了若冰叔叔和抒玉阿姨的手上。哪里想得到，两位长者是那样的热情、慈祥，满怀祖辈之爱怜，急切地翻阅着孩子的书，连声夸奖孩子有出息，说："要好好看鸿科、彩如（我的岳父母）的孙儿的书哩！"

一个多月过去了，岳父母高兴地让我再一次去若冰叔叔的家，说若冰叔叔专意为孩子的书写了一篇书评，着我送报刊发表。喜出望外的我又一次叩开了若冰叔叔的家门，在其简朴的客厅里，若冰叔叔和抒玉阿姨满面笑容，一再叮嘱我，这孩子是棵好苗子，一定要精心培养，争取日后成大器。抒玉阿姨还愉快地回忆起她在《延河》编辑部工作时的情景。她说，那时候他们发现了文学新苗就高兴得很，尤其是对陕西的新人新苗，那真是打心里爱啊！言谈间，若冰叔叔笑吟吟地拿出了他为孩子写的书评。老人家是用蓝黑墨水手书的，标题是《最美丽莫过青春岁月》。看着这充满诗意的标题，尤其是老人家那端端正正的手迹，温暖和责任溢满了我的胸间。这是老一辈对我们下一代下两代极为厚重的嘱托和期望呀！

若冰叔叔在书评中这样写到："我饶有兴致地读着田思阳同学的随笔集《也是一段青春岁月》，仿佛走进了绿的可爱的芳草地，是那么葱茏多情，那么飘洒自如而又那么敢爱敢恨，我不由得怦然心动，喜上眉头。显然，这是一位情感丰满的具有天然灵性的女孩，她坦率而又无所顾忌地倾诉着她的心曲，尽管有些娇嫩，然而却极其真情，让人感动。"

若冰叔叔还勉励孩子："思阳今年十八岁了，正是花季最茂盛的时期。从她已发表的50多篇随笔看，可以称作少年作家了。人生，最可爱最美丽莫过青春岁月。我相信，思阳会珍视自己的青春，会努力向前冲刺的，会由小树而成为伸向辽阔湛蓝天空的大树！思阳，你不会辜负自己，也不会辜负你的亲人和老师们的厚爱吧!"

滴水可映七彩虹。谁能说,若冰叔叔对一个孩子的这番深情鼓励,不是他老人家殷切盼望祖国的明天更美好的博大胸怀的生动写照呢?

安息吧! 若冰叔叔,您的教导将会激励后辈们像您一样,为中华之崛起而全力奋斗的!

写于 2005 年春

210

追忆崔鹏程伯伯

今年刚开春，县上的有识之士筹划着为崔鹏程伯伯编写出版纪念文集，命我也写篇纪念文章。接到此讯的一瞬间，我想起了鲁迅先生那首仅存的谈及疼爱孩子的诗句："无情未必真豪杰，怜子如何不丈夫。知否兴风狂啸者，回眸时看小於菟。"（《七绝·答客诮》）同时，我也想起了鹏程伯伯于我少小时节对我的关怀和爱护……

鹏程伯伯是我父母亲的老领导、老熟人、同辈人。这样我在少年时便和他的几位子女同时在长武中学就读，与其长女崔凌还是同班同学。

那是1969年至1971年"文革"大风暴过后一段相对沉滞的日子。由于都喜爱阅读文学书籍，校内、校外我和崔凌接触就多了一些，崔凌还时不时地邀我到她家里去看鹏程伯伯的藏书。今天，我还极清晰地记得崔伯伯第一次见到我时的情景。"噢，这就是冰莹的儿子。"鹏程伯伯语调平和地说完这句话，再无言语，只是用他那独有的深邃的目光温和地把我周身上下打量了一番，满眼的鼓励和爱怜。于是，崔凌就高兴地带着我看书去了。

这在当时之于我可是一份久违的很难得的叩击人心的温暖啊！

鹏程伯伯是中共长灵（陕西长武、甘肃灵台等地）工委早年的领导人之一，新中国成立前在党的地下工作中就多有建树。新中国成立后又先后在省人民广播电台、省计划委员会等重要部门任职，"三年困难"时期才举家回故乡出任县上的主要领导职务。应当说，他老人家既是老革命又是县上深孚众望的知识分子型的老领导。尽管"文革"初期也受到了冲击，但由于他坚实的"红色底色"，却并未伤及其基本的尊严和清望。而我的父母的境况就截然不同了。其时我的父亲正以"历史反革命分子"的罪名被关在"牛棚"里接受审查；我的母亲也因上中学时参加过"三青团"，并在她不知情的情况下在花名册上被填上了"区队副"，便以所谓的"严重历史问题"在单位接受监督改造。覆巢之下岂有完卵。在当时一般人看来，父母的政治生命岌岌可危，其子女的前途又何谈之有。于是，大家望我们这些"可教育子女"如虎，避之犹恐不及，哪里还敢让自己的子女与我们有些许往来呢？

回家后，我高兴地把去鹏程伯伯家中看书的事情告诉了母亲。母亲先是惶恐，随后舒了口气才对我说："你鹏程伯伯是位经见过大世面的人，他能同意你去他家里看书，那你看书可要

212

用心呀!"现在猜想起来,母亲当时之所以没有再给我讲更多的道理,是因为她觉得当年我才十六七岁,又能懂得多少人情冷暖以及长辈们之间在危难之际传递情谊的方式呢。其实,在受尽了白眼的那些年里,我反而成长得很快,所以才会将鹏程伯伯当年一番"幼吾幼以及人之幼"的体恤之心,以及对我父母亲的恻隐之情记忆到四十年后的今天。

后来,到鹏程伯伯家中去得多了,我这才发现,尽管鹏程伯伯也被迫枯坐家中,失去了工作的权力,然而,他的心依然是热的。他在自家的院子里种满了花草,并栽植了多棵苹果树。夏日满院姹紫嫣红,秋至硕果累累,煞是惹人喜爱。他每天生活极有规律,出门去塬上散步,在他那孔狭小但却收拾得极其整洁的窑洞书房里读书看报,还每每将他认为重要有价值的文章用红笔圈出来,命孩子们阅读。我还看到,他总是鼓励经常前来看望他的几个青年人钻研农业科技知识。现在回想起他老人家那时的音容笑貌、言谈行止,我猜想,他老人家当年心中常吟诵的不会是白居易的《问刘十九》:"绿蚁新醅酒,红泥小火炉,晚来天欲雪,能饮一杯无?"而应是韦应物的《寄李儋元锡》:"身多疾病思田里,邑有流亡愧俸钱。闻道欲来相问讯,西楼望月几回圆。"是辛弃疾的《鹧鸪天》:"壮岁旌旗拥万夫,锦襜突骑渡江初。燕兵夜娖银胡觮,汉箭朝飞金仆姑。追往事,叹今吾,春风不染白髭须。却将万字平戎策,换得东家种树书。"是李白的《行路难》:"行路难,行路难,多歧路,今安在。长风破浪会有时,直挂云帆济沧海。"这是因为,我听崔凌不止一次地说过,鹏程伯伯经常叹息他长年被"困"在家中,是吃国家的"冤枉"。还因为,有一次我曾认真地翻阅了鹏程伯伯20世纪50年代在中央党校学习时的读书笔记。那是八九本用暗红色布面精装的笔记本，鹏程伯伯用他那特有的略显倾斜的钢笔行草记满了阅读《苏联社会主义政治经济学教科书》的心得体会。粗略算来，总共也有七八万字。当时我虽然还看不懂笔记的内容，却依约能看出鹏程伯伯火热的事业心。至此，我对鹏程伯伯更有了高山仰止的感觉。而鹏程伯伯对于我这个在"乱世"中还能读进书的少年也多了几分偏爱。他甚至把收藏多年极珍爱的报纸和画报合订本拿出来让我和崔凌阅读学习。如果说，我今天还有一些文史修养，能将这近四十年前的故事晓畅地记述下来，鹏程伯伯当年对我的扶植之功德当是没齿都要铭记的泉源了。

忆及鹏程伯伯，有件事是避不开的，亦是我几十年来每每都伤感、负疚的一件事。当然，现在再谈这一段往事，似乎有对老人家不恭之嫌。然而，写出来却有反映鹏程伯伯另一重精神高度的作用和功效。因此，我在这里就斗胆妄言了。那就是我与崔凌少年时节纯真的恋情。到了上高三的日子里，我们之间萌生了恋情。在街道上，在学校里尤其是在周围无人的情况下，遇到她时我在一刹那间便觉得心跳脸红，而崔凌则落落大方，好像并不隐讳她对我的好感。此时，我敬佩她学习上出类拔萃的才华，她喜爱我踏实忠厚。由于崔凌的家庭背景，在我们还觉得没有什么的时候，这件事竟成了一条长武新闻。这样双方的家长就不能不予与闻。记得有一天，鹏程伯伯托人给我的母亲捎来一张便条，大意是双方家长都应正确地引导孩子。母亲接到便条后习惯性地先是惶恐，当问明了我讲的情况后，出乎我意料的是，她脸上竟出现了久违的笑容。在把我教训了一番之后，母亲给鹏程伯伯写了一张措辞委婉的条子，请一位能和鹏程伯伯交流的叔叔呈送之。这正应了鲁迅先生的诗句

——"回眸时看小於菟"。有了家长的理解和怜惜，我们无知而又无畏地把我们的恋情就给公开化了。这样我到鹏程伯伯家里去就不光是看书了，在崔凌的支使下担水，背柴草，翻地，心里甜丝丝的。鹏程伯伯的脸上也充满了赞许的容光。最是令我难忘的是那年大学放暑假，崔凌比我早从西安回长武了几天，我一回到长武就急匆匆地赶到鹏程伯伯家里探望。一进门，问候了鹏程伯伯几句话后，鹏程伯伯好像懂得我的心思似的，笑着催我到崔凌的外婆家去，崔凌此时正在那里。真真的是父爱如山哪！

在我上大学的几年里，鹏程伯伯见到我时总要叮咛我学好马克思主义哲学。他说哲学是管一切学问的东西，并推荐我先读艾思奇的《辩证唯物主义和历史唯物主义》。我照着鹏程伯伯的教导做了，确实使我在这半辈子的工作和学习中都受了益。

对不起鹏程伯伯的是，在大学毕业后我和崔凌分手了。至今我也不知道我和崔凌分手后鹏程伯伯的态度和心情。但在后来的那些年月里，我从母亲的口中尽管听到过大家对我的许多微词，但却未听到鹏程伯伯对我的指责。我甚至在夜深人静之时向母亲诉说我和崔凌分手后心中的悲凉，内心里不安地询问鹏程伯伯是不是真的没有指责过我。母亲总是用那句老话安慰我，你鹏程伯伯是经见过大世面的人，他不会指责你的，你就放心地睡吧。

一提起这件伤感的事，我就想起了唐人张若虚《春江花月夜》中的句子："江天一色无纤尘，皎皎空中孤月轮。江畔何人初见月？江月何年初照人？人生代代无穷已，江月年年只相似。不知江月待何人，但见长江送流水。"在这里我想说的是，崔伯伯您就安息吧！放心吧！尽管我和您的爱女最终没有走到一起，

215

或许是命运安排、上苍错位，落花有意，流水无情。但如今我和崔凌的两个小家庭都生活得很好，我们都像您生前教导的那样认真做人。把我们这桩恋情放在历史的长河中去看，早已是应当忘却的个人伤痛。我们且看您生前始终祈盼的我们可爱的祖国更加繁荣昌盛吧。当然，您的云水胸怀，您对晚辈的一片仁爱、期望、鼓励之心之情，我是永远也不会忘记的！

且要将您于我少小时节给予我的关怀、爱护和原谅，以及您在逆境中淡泊明志、宁静致远的风范，为人父者的舐犊深情，作为一笔精湛的人生财富予以学习和继承，使自己的人生境界也能超迈一些。

2009 年盛夏谨记

罗马尼亚印象回望

历经了东欧剧变，东欧人民重新选择了自己的发展道路，然而这些年来时常在新闻报道中看到那里的人民新的生活道路并不平坦。那么剧变前那里的实际情况到底如何呢？本文要讲述的是21年前关于罗马尼亚社会主义共和国青年生活的见闻，当然不可能全面地回答这个问题，但尽管属管中窥豹还是可见其一斑的。

1987年6月，作为中国青年代表团的成员，我（当时担任共青团陕西省委常委、组织部部长）和全团60多名成员在团长、团中央书记处书记、全国青年联合会副主席冯军同志的带领下赴罗访问。作为青年代表团，我们访问的内容主要在青年组织和青年生活方面。而今尽管罗马尼亚首都布加勒斯特市的宽敞、安静，作为欧洲旅游胜地的喀尔巴千山山脉的茂密森林，如画景色回忆起来还是那样令人神往，但当年罗马尼亚青年朋友热情友好的笑脸却更加使人记忆犹新，难以释怀，甚至在内心里还存有再次探望他们的期望。

一、以服务青年为宗旨的开放式的青年组织

访问期间，通过和罗马尼亚青年工作者的接触，我们了解到，当时在罗马尼亚，共产主义青年团团员人数占罗全国青年总数的 70％。全国所有大学生自进入大学第一天起便自动成为罗马尼亚共青团团员。和中国所不同的是，大学生在校期间并不称之为共青团员，而是称为和共青团员具有同样性质的大学生联合会会员，共青团组织在大学的校园内就是大学生联合会。罗马尼亚团中央的同志介绍说，这样的组织设置是由于全体大学生均为共青团员的实际状况所决定的。当然，大学生一旦毕业，社会上的团组织也就自然地承认其共青团员资格。那么，这样一来，能不能说罗马尼亚的团组织的先进性不够呢？当我们把这一个问题提出时，罗马尼亚共青团中央的同志的回答是否定的。他们说，共青团组织在罗全国有着十分崇高的地位。凡是 35 周年以下的青年要想申请加入罗马尼亚共产党，那就必须曾经加入过共青团组织。否则只有等到 35 周岁以后，才有资格申请加入党组织。在后来的访问中，我们还了解到，在当时的罗马尼亚，从团中央到县市团委（在当时罗马尼亚的行政区划上县市都相当于中国的省），其第一书记均为党中央委员会的执行委员（相当于中国共产党中央政治局委员）和县市党委的执行委员（相当于中国省一级党委常委）。于此看来，罗共青团中央同志所说的团组织在罗具有"崇高"地位的话，确实不假。

在访问过程中，我们还惊讶地发现，罗马尼亚团的专职干部之少，远远超出了我们想象。拥有 15 000 多名职工的全罗最大的拖拉机制造厂（该厂当时的拖拉机产品大量出口我国）——布拉索夫拖拉机制造厂——仅厂团委书记一人是团的专职干部。比该厂还要多出 300 名职工的当时闻名世界的康斯坦萨造船厂的情形也是这样。当我们向康斯坦萨造船厂唯一的团的专职干部——厂团委书记——提出专职干部这样少，团的活动能否有效地组织起来的疑问时，这位书记的回答使我们半信半疑。他说：我们国家早已实行每星期五天半工作制，团的活动全部在工休日，团员完全能够自己管理自己。当时我们国内如此规模的大型企业的团的专职干部一般有近百人之多（专职团干部配备有关文件规定要占到青年人数总数的 1‰～1.5‰），团的支部生活还经常流于形式甚至连形式都没有。然而，这个疑团在随后的几天里就完全解开了。在我们来到黑海海滨和喀尔巴千山两处由罗共青团组织管理的度假营地度过了三天愉快的度假生活后，我们由衷地赞叹罗马尼亚团组织的活力。

219

在这两处度假地访问的过程中，罗共青团中央的同志先后向我们做了这样的介绍：团的专职干部尽管在绝对数量上少，可是为青年文化娱乐、学习实践等各项活动提供服务的专职人员，在全罗却有 5 万多人，而这 5 万多名各具专长的人员全是由罗马尼亚各级共青团组织招聘的。罗马尼亚国土面积 20 万平方公里，当时人口为 2 300 万。在罗马尼亚境内凡是能用来度假旅游的地方，当时都有共青团组织独立经营管理的青年旅游站、青年度假村。罗马尼亚的大中学校历来实行一年三学期三个假期的教学制度。同时法律规定，凡是假期，青少年在国内旅游只需付 40％的费用。这样每逢假期遍布全罗境内的共青团旅游站、度假村就成为团组织吸引、团结、教育青少年的"圣地"。

在黑海之滨的科斯蒂内什蒂青年旅游站，时值假期我们就看到，在美丽广阔的海岸线上错落有致地遍布着青年旅舍、体育场、图书馆、剧场、迪斯科舞厅。大约有上千名男女青年在其中愉快地过着他们的休假生活。为我们代表分团导游的是一位受聘于团组织的年轻的女音乐教师，不知她平时给学生上课时的情形如何，在给我们这些外国客人导游讲解时态度十分的认真严谨，甚至几次直截了当地"批评"中国朋友行走得太散漫。由此我们对罗马尼亚青年干部的素养便有了几分钦佩。

二、文明守礼而又热烈奔放的青年及其生活

6月17日上午，我们来到布拉索夫大学参观访问，图书馆、教学楼休息大厅、校园中，所到之处见到的男学生一律西装革履，女学生个个打扮得典雅秀丽，不少人胸前还佩戴着一朵红色的石竹花。今天是什么节日吧？一打听，才明白，此时时值该校考试阶段。罗马尼亚大学的传统是，整个考试期间，全体学生都必须穿着规范整洁，以示对教师教育劳动的尊敬。在这所大学的图书馆里，馆长还特意为我们拿出了13世纪用罗文翻译的《论语》。馆长翻着这本用珍贵的羊皮纸印刷的和《新华字典》差不多大小的书（其中有很多插图和注释）说，13世纪罗马尼亚的学者就用《论语》中的思想教育学生，介绍中国文化。于是我在想，这所大学学生的文明守礼，尊重师长，抑或与孔子学派的教育思想有关吧。"仲尼不可毁也，仲尼日月也，吾得而逾焉"。

一天晚饭后，科斯蒂内什蒂青年旅游站的罗马尼亚同志邀请代表团出席迪斯科舞会。步入舞厅，但见五彩灯光闪烁迷离，音响震耳欲聋。几百名罗马尼亚男女青年狂歌劲舞了无禁忌。我们找到空座位坐了下来，定神一看，桌面上散乱地放着钱包、列依

（罗钞票）、硬币,便感到有点惶恐。然一曲终了,罗马尼亚青年回到桌前却并不怎么关心他们的钱包、钞票,倒是热情大方地用手势向我们表示下一曲邀请我们和他(她)们一起跳舞。

更令人感慨的是,罗马尼亚共青团中央为代表团安排的盛大的文艺演出。参加演出的演员多达 500 人。据随团的新华社驻罗记者介绍,观赏了这台演出,也就领略了罗马尼亚民族歌舞的主要精华。看着这气派宏大,节目内容丰富多彩,调度严谨、一气呵成的表演,我们在议论,这样规模的演出,在我们国内需要费多大的周折,罗方为这次演出一定也花费了巨大的精力。后来才了解到,罗马尼亚共青团的文体活动平时就有着完善的组织领导和活动机制,这台 500 人的大型演出由罗共青团中央从全罗各地抽调青年文艺工作者仅排练了一个星期,便获得圆满成功。

世界著名的多瑙河发源于欧洲大陆腹地,最后流经罗马尼亚汇入黑海。为了提高多瑙河的运载能力,罗马尼亚人民早在 20 世纪 70 年代起就着手修建多瑙河—黑海运河的巨大工程。6 月 13 日上午,罗马尼亚朋友安排我们参观这项伟大的工程。游览船在运河上缓缓行驶,两岸碧绿的沃野一望无际。突然,一座 50 米高低的典型抽象派风格的擎火炬者手臂造型的雕塑耸立在人们的眼前。罗方同志介绍说,这是青年运河工程纪念碑。当年修建运河工程时,罗马尼亚共青团承包了其中 20 公里工程,占整个工程量的五分之一。罗马尼亚共青团中央分期分批从全国各地抽调青年参加施工劳动,团组织掌握经费预算,自己解决青年运河建设大军的食宿等实际问题,既为国家做出了贡献,又使青年在劳动施工中得到了锻炼。为了昭示青年的劳动功勋,罗共中央修建了这座巨型"青年运河建设者纪念牌"。

当年罗马尼亚有这样的规定和传统，每个青年每年都必须安排一个月时间，参加共青团组织的建设国家的劳动。大学生大学毕业后的第一年必须到军队服役。服役期间除了接受军事训练、值勤以外，主要是参加国家劳动建设。在布加勒斯特、康斯坦萨等城市访问时，我们就看到共青团组织的青年突击队在修路、拆除旧建筑，那些光着上身干活的男青年和穿着工作服的女青年，还不时地张着笑脸向我们招手致意。

我们这次访问毕竟是在东欧剧变的前夜进行的，整个访问期间，我们既学习了罗马尼亚共青团组织独特而富于活力的工作经验，更亲身领略了罗马尼亚青年朝气蓬勃的精神风采，当然在我国改革开放已进行了将近十年的这个时候，我们在访问中也看到了罗马尼亚社会主义僵化的一些弊端，比如对齐奥赛斯库夫妇的个人崇拜，国家对新闻舆论的控制，等等。当时罗马尼亚城乡还存在着高音喇叭广播，播放的内容主要是齐奥赛斯库的讲话；全国每天只播出两个小时的电视节目，其中主要也是齐奥赛斯库个人的国务活动声像。罗马尼亚毗邻奥地利、德国，为了获得旅游外汇收入，其边境对西方国家的游客是开放的。现在看来，这一切都为两年后罗马尼亚发生的激烈而又惨痛的剧变准备了条件。

今天，回望二十一年前对罗马尼亚的这次访问，在记述这段富有历史感的经历的时候，我们的感情是复杂的。庆幸我们党在三十年前就为我国人民开辟了中国特色社会主义道路，使我们民族避免了历史灾难。同时，我们也衷心地祈望具有伟大的爱国主义传统的罗马尼亚人民在自己选择的道路上走好，走好，让一代又一代青年的舞步永远欢快，笑容永远灿烂、幸福。

写于 2008 年

《彭德怀自述》教育我三十年

屈指算来，1981 年由人民出版社出版发行的这本以"文革"中为接受"专案审查"所写的检查材料而成书的《彭德怀自述》，在我的书柜中存放到今天已整整 30 年了。当年以 0.98 元购得这部大书的时候，我几乎是一口气读完的。读完后，最令我感动且潸然泪下的，是彭总用沉郁而饱含辛酸的笔触所述自己童、少年时期遭遇的苦难，以及青年时期接受新民主主义思想，立志"不腐化，不忘记贫苦人民的生活"的言和行。

此后及至今天再读这部大书，总觉得，从青少年时起就立志不忘本，要为劳苦大众求解放，谋幸福，当是彭总从一个苦孩子，终究成为深受我国人民爱戴的老一辈无产阶级革命家、国内和国际著名的军事家和政治家的重要原因之一。

彭总在自述中写到：

我六岁读私塾，读过《三字经》《论语》《大学》《幼学琼林》《孟子》。八岁时母死、父病，家贫如洗，即废学。伯祖父八十开外，祖母年过七十，三个弟弟无人照管，四弟半岁，母死后不到一月即饿死。家中无以为生，先卖山林树木，后典押荒土，最后留下不到三分地。家中一切用具，床板门户，一概卖光。几间茅草房亦作抵押，留下两间栖身，晴天可遮太阳，下雨时室内外一样。铁锅漏水，用棉絮扎紧，才能烧水。衣着破烂不堪，严冬时节人着棉衣鞋袜，我们兄弟还是赤足草鞋，身披蓑衣，和原始人同。

我满十岁时，一切生计全断。正月初一，邻近富豪家喜炮连天，我家无粒米下锅，带着二弟，第一次去当叫花子。

正月初一日算过去了，初二日又怎样办呢！祖母说，我们四个人都出去讨米。我立在门限上，我不愿去，讨米受人欺侮。祖母说，不去怎样办！昨天我要去，你又不同意，今天你又不去，一家人就活活饿死吗？寒风凛冽，雪花横飘，她，年过七十的老太婆，白发苍苍，一双小脚，带着两个孙孙（我三弟还不到四岁）。拄着棒子，一步一扭地走出去。我看了，真如利刀刺心那样难过。

他们走远了，我拿着柴刀上山去砍柴，卖了十文钱，兑了一小包盐。砍柴时发现枯树兜上一大堆寒菌，捡回来煮了一锅，我和父亲、伯祖父先吃了一些。祖母他们黄昏才回来，讨了一袋饭，还有三升米。祖母把饭倒在菌汤内，叫伯祖、父亲和我吃。我不肯吃，祖母哭了，说：讨回来的饭，你又不吃，有吃大家活，没有吃的就死在一起吧！

彭总写到："每一回忆至此，我就流泪，就伤心。""童、少年时期这段贫困生活，对我是有锻炼的。在以后的日子里，我常常回忆到幼年的遭遇，鞭策自己不要腐化，不要忘记贫苦人民的生活。"

在阅读彭总的自述中，我们可以看到，他不仅是这样说的，也是这样做的。

1916年，彭总不满18岁入湘军当兵，在此后的两年时间中他交了约二十个知识分子和贫苦农民出身的士兵做朋友，大家主要是相互勉励，以救国爱民为宗旨，不做坏事，不贪污腐化（包括不刮地皮，不讨小老婆），不扰民。

时至1921年，彭总担任了代理连长，便一改旧积习，在连队中实行经济公开。连中有公积金，就用于士兵公益事业，同时废除肉刑，即不答责、罚跪等。对犯了军纪的士兵代之以劝告、记过、罚站，深得士兵拥护。

尔后，为了寻找新的出路，有一日能摆脱军阀的控制，彭总和后来的红军将领黄公略、李灿等人在湘军中又秘密组织起救贫会，订立章程四条：①灭财主，实行耕者有其田；②灭洋人（侵略者），废除不平等条约，收回海关、租界，取消领事裁判权；③发展实业，救济贫民；④实行士兵自治，反对答责、体罚和克扣军饷，实行财政公开。

在此期间，反动军官鲁广厚有意拉拢彭总，彭总发现鲁仅为营长月薪不过百二三十元，然其夫人穿戴甚讲究，像个贵夫人，每日来宾约会，晨夕不绝，满口江湖话，开销甚大，即疑其与反动商团或外国人有勾结，遂敬而远之。

1927年，彭总在湘军中由代理团长任团长，毅然将其就职费1 200元存入该团公积金，用于改善士兵生活。有人怀疑他是共产党，他向好友表示，将来就是要走共产党这条路！

　　由于彭总在青少年时就树立了不腐化、救国爱民的志向，1928 年 2 月，在湖南白色恐怖最严重的时候，他终于通过我党地下组织加入了中国共产党，并于 1928 年 7 月发动了著名的平江起义，创建了工农红军五军，从此，便将一生交给了中国人民革命和建设的正义事业。此后几十年，作为杰出的中国共产党人，彭总身上所展现的革命精神和崇高品德，遂成为我们民族的光荣和骄傲！

　　在庆祝我们党成立 90 周年之际，再读《彭德怀自述》这本在非常时期写就的个性鲜明的非常之作，除了深切缅怀彭总等老一辈无产阶级革命家的丰功伟绩、伟大情怀之外，我想，我们更应当忠实践行"立党为公，执政为民""以人为本""全心全意为人民服务""不腐化"的政治要求和理想信念。同时要引导青少年阅读诸如《彭德怀自述》《可爱的中国》这样的红色经典，教育他们了解并懂得百年来中国人民的奋斗史、九十年来中国共产党的奋斗史，引导他们从小就树立群众观念和立志振兴中华的远大志向，使我们党的红色事业万代相传。这样才不负老一辈流血牺牲、艰苦奋斗的初衷及其对我们这些后来人的期望！

写于 2011 年

阅读二题

党的十七届四中全会通过的《中共中央关于加强和改进新形势下党的建设若干重大问题的决定》，要求建设学习型政党，要求每个党员都要改进自己的学习。作为档案部门的党员，学习《决定》的精神，我觉得我们不仅要学好马克思主义中国化、时代化、大众化的最新成果，还要根据存史育人的行业特点，从历史中寻找营养，结合自身思想实际和现实斗争需要，不断提高个人的认识水平和业务技能，这样才能把学习搞好。《阅读二题》就是在这样的思想认识的基础上撰写的。

题　　一

《新华文摘》今年第 21 期刊载的李慎明同志撰写的《王震

晚年关心新疆往事》的回忆文章，细致入微地记述了王震将军从 1980 年到 1993 年去世，十多年间关心新疆民族团结、经济建设、社会稳定、边防巩固的感人事迹。读后不禁使人对将军肃然起敬，同时想到在今天的形势下，我们应该如何向将军学习，做维护民族团结的模范，做真正的爱国者。

该文中有多处感人至深的记述。1980 年王震将军做完膀胱癌手术才四个月，身体十分虚弱，见新疆民族团结出现问题，局势不稳，便主动向中央请求赴新疆慰问各族干部群众，调查研究。他在向中央的报告中写到，这是"出于对新疆山山水水的情谊，出于爱国者、革命者和共产主义战士的赤诚之心"。就这样，此后他便 8 次扶杖亲临新疆。在其中的一次为期 17 天的考察中，年逾古稀的王震将军先后与几百人直接座谈，与近万人会见、合影，并做了多次讲话，每天工作往往长达十一二个小时。在一次与上海支边青年代表座谈时，他动情地说："我们中华民族是一个有志气、有理想、有抱负、有能力的民族。过去，我们推翻了三座大山，赶走了帝国主义；今天，我们同样能建设一个繁荣富强的社会主义国家。我是老了，有生之年不多，把希望寄托给你们年轻人。中华好儿女志在四方，你们要爱社会主义，爱自己的祖国；要有雄心壮志，有远大抱负，建设好新疆，为四个现代化多作贡献！""总之，上海青年要为上海人、为中国人争气，要为上海支边青年留下一篇光荣的历史。"王震感人肺腑的讲话引起了强烈反响，不少人表示：青春无悔安心边疆，艰苦奋斗奉献终身。对不安心边疆的老同志，王震批评得很严厉。一位当年随王震一道长征后又一起进疆的老同志，在王震在新疆视察期间，前来看望王震，当王震知道他已调回老家湖南工作时，便批评说："你雪山草地都走过了，

228

现在却当了逃兵，没出息！你就一定要那么封建，一定要死在家乡呀？战争年代，谁想过自己的骨头一定要扔哪里哟！哪里不能埋忠骨。""西汉的张骞到过新疆，东汉的班超、班超的儿子班勇，清朝的林则徐以及左宗棠，都曾来到新疆。即使这些封建社会的爱国志士，还不畏艰险和路途遥远，西出阳关来到边塞，为开发、繁荣和保卫边疆尽心尽力，我们有的老战士、老党员却开起了小差儿！"这位老同志被批评得满面通红，连声说："我错了，我错了，我作自我批评！我还有三个孩子在新疆，我向您老保证，我一定教育他们安心新疆、扎根新疆！"1981年5月18日，王震率中央巡视团在新疆工作，当他得知年产30万吨合成氨、52万吨尿素的新疆大化肥工程于上年11月列入停缓建项目时，十分着急，第二天就到施工现场。当他看到已花费2.3亿人民币从日本、荷兰购进的成套设备在露天或简易仓库堆放，从四川等地调集的2 000余名专业施工人员无所事事时，心里更是"上火"。王震用手杖敲着地面说："我要骂人哩！我也知道，骂人不文明。这样停缓建，长此以往，两个多亿的设备就会变成一堆废铁！国民经济要调整，但绝不能一刀切。"他即令项目立即开工建设，并向中央有关部门写报告申述建设的理由。在王震将军的密切关注下，该项目终于于1986年建成投产，且节省投资2 000余万元。闻此喜讯，王震特致电祝贺。

229

　　王震将军对祖国、对新疆、对新疆各族人民的拳拳之心、殷殷之情，是老一辈无产阶级革命家留给我们的又一笔宝贵精神财富。读完这篇文章，我在想，今天我们向王震将军学习，就是要像胡锦涛同志指出的那样，必须坚持中国特色社会主义道路不动摇，必须坚持党和国家的民族政策不动摇，必须坚持共同团结奋斗、共同繁荣发展的民族工作主题不动摇，必须坚持维护祖国统一不动摇。就是要像王震将军那样努力做好本职工作，推进国家现代化建设，为国家的改革、发展、稳定，为维护国家的核心利益尽一份应尽的义务和责任。在事关祖国统一、民族团结的大是大非面前，热爱我们中华民族赖以生存和发展的祖国的每一寸疆土，做一个坚定的爱国者！

题　　二

说到唐代，人们往往着眼于"贞观之治""开元盛世"，实际上，在我国古代史学家的笔下，大唐盛世是极为丰满的。就连以怕老婆而出名的高宗李治，也为唐代开放进取、兼容并蓄、布德施惠的政治及社会环境的形成与发展做出了一些积极贡献。

司马光在《资治通鉴》中不仅谓"永徽之政，百姓阜安，有贞观之遗风"，还生动地记述了高宗理政的不少佳言懿行，使人能从其中读出大唐盛世的精神，以及对今天政治文明建设能有某些有益思考。

永徽元年（650年）李治继位，继位的当月即召朝集使，谓曰："朕初即位，事有不便于百姓者悉宜陈。"讲此话的当日又"引刺史十人入阁，问从百姓疾苦，及其政治"，显示了广开言路、关心民瘼的政治家品格。永徽五年冬，十月，朝廷雇雍州四万多人建长安外郭，完工后雍州参军薛景宣上疏，言："汉惠帝城长安，寻晏驾；今复城之，必有大咎。"大臣于志宁等以为薛"言涉不顺，请诛之"。高宗言："景宣虽狂妄，若因上封事得罪，恐绝言路。"遂赦之。显庆元年（656年）夏，四月，高宗对侍臣曰："朕思养人之道，未得其要，公等为朕陈之。"有大臣对曰："昔齐桓公出游，见老而饥寒者，命赐之食，老人曰，'愿赐一国之饥者'。赐之衣，曰'愿赐一国之寒者'。公曰，'寡人之廪府安足以周一国之饥寒！'老人曰，'君不夺农时，则国人皆有馀食矣；不夺蚕要，则国人皆有馀衣矣！'故人君之养人，在省其征役而已。今山东役丁，岁别数万，役之则人大劳，取庸则人大费。臣愿陛下量公家所需外，馀悉免之。"高宗从之。乾封二年（667年），高宗屡责侍臣不进贤，众莫敢对，司列少常伯李安期对曰："天下未尝无贤，亦非群臣敢蔽贤也，比来公卿有所荐引，为谗者已指为朋党，滞淹者未获伸而在位者先获罪矣，是以各务杜口耳。陛下果推至诚以待之，其谁不愿举所知！此在陛下，非在群臣也。"高宗深以为然。同年夏，时造蓬莱、上阳、合璧等宫，频征伐四夷，厩马万匹，仓库渐虚，张文瓘谏言："隋鉴不远，愿勿使百姓生怨。"高宗纳其言，减厩马数千匹。总章二年（669年）秋，八月，高宗宣诏十月幸凉州。然此时陇右虚耗，大臣多以为未宜游幸。高宗乃召五品以上大臣谓曰："自古帝王，莫不巡守，故朕欲巡视远俗，若果为不可，何不面陈，而退有后言，何也？"自宰相以下莫敢对，详刑大夫来公敏独进曰："巡守虽帝王常事，然今高丽新平，馀寇尚多，西边经略，亦未息兵。陇右户口凋敝，銮舆所至，供亿百端，诚办未易。外间实有窃议，但明制已行，故群臣不敢陈耳。"高宗善其言，为之罢西巡，且提升公敏为黄门侍郎。仪凤元年（676年）九月，将军权善才、范怀义二人误斫昭陵柏，罪当除名，而高宗却特命杀之。大理丞狄仁杰奏："二人罪不当死。"高宗怒曰："善才等斫陵柏，我不杀则为不孝。"狄仁杰对曰："犯颜直谏，自古以为难。臣以为遇桀、纣则难，遇尧、舜则易。今法不至死而陛下特杀之，是法不信于人也，人何所措其手足！""今以一株柏杀二将军，后代谓陛下为何如矣！臣不敢奉诏者，恐陷陛下于不道。"高宗怒稍解，遂改易二人除名，流岭南。后数日，擢仁杰为侍御史。永淳元年（682年），高宗遣宦者缘江徙异竹，欲植苑中。宦者科舟载竹，所从纵暴。过荆州，荆州长史苏良嗣囚之，上疏切谏，以为："致远方异物，烦挠道路，恐非圣人爱人之意，又小人窃弄威福，亏损皇明。"高宗对天后（武则天）曰："吾约束不严，果为良嗣所怪。"于是手诏慰谕良嗣，令弃竹江中。

高宗纳谏理政如斯，对个人的操守亦有节制。

永徽三年（652年）二月的一天，高宗于安福门楼观百戏，翌日即对侍臣曰："昨登楼，欲以观人情及风俗奢俭，非为声乐。朕闻胡人善为击鞠之戏，尝一观。昨初升楼，即有群胡击鞠，意谓朕笃好之也。帝王所为，岂宜容易。朕已焚此鞠，冀杜胡人窥望之情，亦因以自诫。"显庆二年（657年）秋，被太宗皇帝曾遣返过的天竺方士又到长安售长生术，高宗再次将其遣返。有大臣以为可惜，高宗对侍臣言："自古安有神仙！秦始皇、汉武帝求之，疲弊生民，卒无所成。果有不死之人，今皆安在！"大臣李勣对曰："诚如至言。此婆罗门今兹再来，容发衰白，已改于前，何能长生，陛下遣之，内外皆喜。"乾封二年（667年）春，正月，高宗耕籍田，有司进耒耜，加以雕饰。高宗曰："耒耜农夫所执，岂宜如此之丽！"命易之。总章元年（668年）夏，四月，丙辰（初二）彗（彗星）见于五车。高宗避正殿，减常膳，彻乐。许敬宗等奏请复常，曰："彗见东北，高丽将灭之兆也。"高宗不许奏请，曰："朕之不德，谪见于天，岂可归咎小夷，且高丽百姓，亦朕之百姓也。"

写于 2010 年

从仰望到攀登

当读到中国档案杂志社为纪念创刊 60 周年特举办"量子伟业杯"征文启事的时候，十多年来自己与《中国档案》的情缘一下子集上心头，本文的标题也蓦然间涌现在了脑海的波峰浪谷。

我是学中文出身，平常就偏好文史方面的阅读和写作。11 年前调入档案部门工作后，便将《中国档案》作为引我入档案事业和档案学门径的良师益友，时常将其置于案头枕前。起初，我经常阅读的是各地工作动态、经验交流和业务研究方面的文章，这使我足不出户便知全国各地档案业务建设的速捷以及专业研究的前沿。过了几年，当我对档案业务有所领悟与把握之后，遂习惯性地爱上了刊物中介绍珍贵档案史料和档案文化的篇目。经年累月读得多了，也就动了学着写这方面习作的心思。

那是 2004 年的秋天，依据学术界、新闻界提出的保护城市记忆的概念，我以保护西安的城市记忆为例，用心撰写了扩展档案征集和保护领域的研究论文，兴奋地第一次向《中国档案》投稿。编辑同志给予了热情鼓励，但认为仅论及西安一域，不宜在该刊发表。后来，这篇近 7 000 字的文章在《陕西档案》上发表了，没想到竟引起了不小的反响。北京市思想政治工作研究会丹柯网、《西安日报》《西安晚报》先后予以全文或摘要转载。这就给我了一个教训抑或是偏见：《中国档案》是研究关注全国性问题的，我等囿于"小地方"再不可过多奢望了。于是，此后的几年，对于《中国档案》这座大山只好做虔诚地仰望，将写就的稿件向当地报刊和兄弟省市档案局（馆）主办的期刊投递。然而，内心深处还保存着对《中国档案》的热爱及让自己的文章终见诸该刊的热望。

柳暗花明发生在 2008 年。我注意到，这一年《中国档案》开辟了"文化"专栏，着意刊发解密、记忆、人物、随笔等方面的稿件，多是一事一议、以小见大之作，史料性、知识性、故事性以及时事性都很强，很耐看。我感到机缘来了。我反复琢磨专栏中刊载的文章，沿着专栏提示的思路，开展研究，终有所得。在一个月时间里，我仔细考释了我馆珍藏的唯一一份清代（1877 年）陕南紫阳县正堂贡茶档案（关于当年紫阳县应收缴多少品质的贡茶的信票），并查阅了《紫阳县志》《陕西通史》中关于唐代以降陕南大巴山区一带产茶的史料，再结合陕南茶叶现时生产、行销及宣传的现状，写就了《档案佐证陕南紫阳茶的贡茶身份》一文，一方面追溯陕南茶区及其紫阳茶的历史源流；另一方面呼吁我省有关部门和陕南茶叶经营管理者，利用历史档案宣传陕南茶叶产销的历史和文化底蕴，进一步开拓陕南茶叶的市场，兴茶富民。没想到的是，稿件发往"文化"专栏不几天，便接到了责任编辑的电话，在核对了有关史料后，即表示该文将在当年第6期刊发。接完电话，我真是既感动又钦佩，《中国档案》的工作效率真高！编辑同志与作者交流语气亲切和蔼，绝无有些报刊编辑那种颐指气使的样子。该文如期发表后，又获一喜，省委一位领导同志看到了，即指示我局（馆）妥善保管好这份贡茶档案，适时与陕南茶区政府共同筹划新的陕南茶业宣传活动，还要求将《中国档案》每期都送他一份。一篇小文，登上了《中国档案》的大雅之堂，获此效应，作为书生，不便明言，内心的满足却是回味了好一段时日的。

时间来到了2010年，《中国档案》又一次改版，在"风采"栏目中设置了"文苑"园地，用主持人的话说，就是要为全国的档案工作者提供一个展示文艺才华的平台。这就使我动心又动情了，思索着用自己的笔把大西北壮丽风光、幸福家园、淳厚民风、特有物种介绍给终年与案卷为伴的全国档案工作者，一来宣传我们的大西北，二来让读者在我的文章里能读出若干诗情画意来，以调神养眼，焕发审美的性灵。为此，我先后创作了《朱鹮，在这里过得很好》《河西存大美》两篇游记，配以相关照片7幅，发表于2010年《中国档案》第3期和第11期。一个用点，一个用面，引领读者走进大西北、欣赏大西北、热爱大西北。这两篇总约6 000多字的散文及其配图发表后，在我们局（馆）反响热烈不言而喻，就连甘肃的同志也来信感谢我对其家乡的讴歌和宣传。

面对大家的赞誉，夜深人静时，颇有成就感地翻看被编排得十分精美的这两篇文章的版面，我就想起了栏目责任编辑同志给予我的那满腔热忱的关心及尊重。写朱鹮的那篇文章中，我将中秋节的"中"字误写成了"仲"，责任编辑同志打来电话询问中秋节的"中"是否也可以写成"仲"，是否含有他意？写河西的那篇游记原来为四节，而细心的责任编辑看出了其中两节尽管地点、情节不同，但写的都是草原，在选材上重复了，便征求我的意见，应删去哪一节，以保证文章的质量，且强调写到马场，就一定要把反映马群的照片配上，以增强现场感。更令人感动的是，为了使大家更加关注西部，这两篇作品的标题都被编辑部做成了当期杂志的封面标题。和我一起拍朱鹮、游历河西走廊的知名材料学专家、西北工业大学童小燕教授看到杂志的这种安排，感慨地说："《中国档案》毕竟是国家级刊物，人家落实中央开发西部的精神的自觉性就是比别人高！"

回想这些年来自己对《中国档案》从仰望到攀登的过程，感触最深的，是在这"以人为本"的好年好月里，刊物和我们大家一起与时代共进步、同成长。而刊物"文化""风采"诸栏目的设置则更具意义。它在告诉人们，在技术理性时代，遏止人性在物欲中的病变，使灵魂寻得一方诗意的栖所，从而达成人和人、人类和自然之间的和谐共处，必须建构现代人文精神。而发现文学艺术之美、结识其美、欣赏其美，为这里的美动情，便是建构现代人文精神的重要途径。换言之，我们档案工作者在做好本职工作的同时，也应善于发现时代的诗意，表现时代的诗意，使自己的精神境界更超迈一些。为之，今后我将按照《中国档案》明示的方向走下去，以更好的作品，回应我们伟大的时代，做一个心中有诗意的中国档案人。为此，我建议以《中国档案》为依托，成立中国档案工作者文学艺术爱好者协会，在中国文坛、艺坛唱亮档案人的歌。

歌咏言，诗言志。在纪念创刊 60 周年之际，我要借屈子的《橘颂》，为《中国档案》献上最衷心的祝福。

后皇嘉树，可师长兮。后皇嘉树，祝尔常青兮！

写于 2011 年

237

习读后而当佳酿藏

《新华文摘》杂志社，举办此次"我与《新华文摘》"征文活动，让读者发表读刊的心得体会。读完启事，掩卷沉思，十多年来读刊的感受集上心头。深感此举真不失为编者替读者着想的又一贴心之举。

那就从今年春节期间的一件事说起刊物给予我的教益和快乐吧。

去年《新华文摘》"科技点滴"栏目转载了美、日等国开展半导体光源开发研究的报道，介绍了半导体光源与非半导体光源相比，所具有的节能、使用寿命长的巨大优越性。国家电力紧张，自个儿家中耗电亦是一个不可小视的负担。读了这则报道，我心里就盼望着这种一个人一生只需几支灯管，且节电

90％的新型产品，也能在我们国家研制生产，并早早进入寻常百姓家。巧的是，今年春节期间，夫人的同事、西北工业大学的一位专家到家中造访，言谈中，谈及他正在为西安市最高的建筑——西港国际大厦——设计照明工程的事情。专家表示，要通过这次设计，第一个将半导体光源引入西安的照明市场。只是苦于大厦的所有者——西北民航公司——的同志，目前对半导体光源的优越性还不怎么认可，设计一时还难以展开。听了专家的这番讲解，我便谈起了《新华文摘》上的报道，为专家提供支持。专家听罢，甚是高兴。要我即刻拿出那期刊物，展读后说："这下好了！"他要拿上这份权威资讯说服西北民航公司的同志。此后，根据《新华文摘》上的报道，这位专家在网上又查找下载了国内外半导体照明的最新技术和工程动态。正月初六七，他便开车带上正在清华大学读建筑学博士的我的外甥，在大厦工地和西安市及其周边地区考察。他考察大厦所需的半导体照明设备材料、光源强度，我的外甥谋划照明的艺术效果和经济效益。师生俩人几天跑下来，提出了颇为新颖的设计构想：要使这座高 208 米的西安以至西北地区最高建筑的照明工程的技术、艺术效果，也能成为西安以至西北之最。北向，一出距大厦 20 公里的西安国际机场就可见其芳容；南向，一出距西安城 30 公里的秦岭就能使其夺人眼目，以适应塑造企业形象及城市观光旅游的需要。由于具有技术、经济优势，又有建筑照明美学上的特点，老总们终于被打动了，事后不久便欣然采用了专家的设计方案。

今年春节期间，《新华文摘》提供的资讯，不仅帮了专家的忙，也使我们家的节日过得充实而富有意义。通过这件事，如今这位专家和我的外甥也成了《新华文摘》的热心读者。专家是请助手按期购买，我的外甥则是自己跑书刊亭了。

今年 6 月份，中央电视台报道：国家已投资 1 亿元，带动其他资金 10 亿元，正在着力打造我国的半导体光源产业。收看了这条消息，联想到上述故事，我又一次从内心里佩服《新华文摘》的敏锐眼力。

我是一个档案工作者，档案工作经年累月与历史信息打交道，待久了，常生些与现实生活隔膜脱节的惶恐。为了避免出现不知有汉，遑论魏晋的尴尬，十多年来我坚持订阅《新华文摘》。一期刊物在手，心胸洞开，思想为之鲜活。这些年，《新华文摘》确实给予了我很大的帮助。

去年，在研究弘扬和培育民族精神，保护古都西安的城市记忆的课题时，我借鉴 2000 年第一期《新华文摘》转载的贾平凹的长篇纪实散文《老西安》的思路，系统地梳理了秦汉以来西安及其周边地区的城市记忆：地形地貌、森林水利、河流山脉、居住形态、建设遗址、公共场所、人文遗产、民族情感等；写出了六千言的研究论文，呼吁保护在中华文明中居于源头和根基地位的西安及其周边地区的城市记忆，以弘扬和培育民族精神。论文在《陕西档案》杂志发表后，获得好评，还被北京市思想政治工作研究会主办的丹柯网转载。

这些年自己受了教益，我便伺机将《新华文摘》推荐给同事、朋友及家人。怕他们嫌订阅麻烦，就劝他们说，街道四处的书报亭都有售，10 元一册，方便得很哩！经我诚心荐介，亦是看我读刊读出了点名堂，写了文章，言谈中也多了新语话，我发现近两年《新华文摘》已悄然摆上了不少同事的案头。夫人是搞科研工作的，工作忙，但涉猎面窄，常有阅读别样文章，以转换脑筋的诉求。这些年，我也把《新华文摘》介绍给她。

她倒是迷恋上了"人物与回忆"栏目，期期必读。夜里，常常捧读得如醉如痴，尔后安然入睡。长期读下来，我们夫妇餐桌上的话题自然丰富了许多，其乐也就更融了。

有了这多年的阅读收获，我和夫人及女儿已多次约定，我们家要将《新华文摘》作为家庭档案一期不落地保存起来，当成文化遗产，传于后人，传之久远。

写于 2005 年

学好用好党报党刊

　　党的十七届四中全会提出了建设学习型政党的重大战略任务。要完成好这一任务，我觉得每一个党员干部在学习的过程中，学好用好党报、党刊是必须抓好的一个重要环节。

　　这些年来，随着党和国家各项事业的蓬勃发展，党的宣传理论工作同样取得了令人瞩目的巨大成就。各级党报、党刊越办越好，不仅在新闻传播方面不断占领制高点，其理论性、知识性、可读性也日见增强和丰富，已成为我们须臾不可离开的精神家园和精神食粮。

　　譬如，《人民日报》今年1月11日《今日谈》栏目刊发的《童言无忌　父女情深》的短评就写得情理并茂，动人心扉，使人不由得便会感同身受，叩问自己灵魂的自觉。短评写到："被誉为农民兄弟贴心人的凤阳小岗村书记沈浩，办公桌上常年放着一张女儿的照片，背面是女儿稚嫩的一行字——爸爸我爱你，你别做贪官。这是六年前沈浩离开省城到小岗村时，10岁的女儿写给他的临别赠言。大白话一句，令人回味。""一张照片、一句话，放在案头，像一盏明灯，像一面亮镜，陪伴沈浩在小岗村整整六个年头，给他带来温暖和快乐，也带来力量和警示。""时代需要先进典型，而每一个先进典型背后又凝结着一个家庭的默默奉献。学习沈浩，既要学习他的先进事迹和崇高精神，也要学习全力支持他的家人，学习那个坦荡真诚的可爱女儿。"谁无家庭，谁无儿女，谁能否认自己对于社会对于事业的责任。然而，和沈浩及其家人相比较，我们有没有差距，差在哪里，又当如何弥补这些差距？我想读到这篇短评的同志，都会进行这样的思考的。因为我们毕竟是党员，是党的干部，情之所至，责任在肩啊！

2009年9月24日，《光明日报》刊载了贺龙元帅的女儿贺捷生为纪念新中国成立60周年所写的文章——《仰望国旗》。文中吐露出的一段史实，读后真是令人触目惊心！"20世纪60年代，记得父亲和我谈起我们家庭在战争年代牺牲的宗室亲朋时曾说，从北伐战争到全国解放，我们贺氏家族连同沾亲带故的亲戚，可能有一两千人。将来有一天，应该给这些烈士编一本名册，好让后人记住他们。五年前，我和我的女儿贺来毅决心完成父亲的这一心愿。女儿走遍了湘西，又访问了全国许多地方，终于整理了一部题为《永远的祭奠》的贺氏宗亲英烈名单。我们发现，从大革命到新中国成立前夕，贺氏家族及其沾亲带故的亲戚们，英勇献身的烈士多达2 500人。这还是一个至今看来仍有遗漏的字数！"在这段文字里我们能读出的不仅是惊讶，更有对于新中国开国之不易的深沉思考。看来对于刚刚过去的历史我们仍然有深度挖掘的必要。对于这段改变中国命运的历史的学习和把握，既是我们的责任，更是我们努力建设中国特色社会主义的动力之源，而是否学习、研究、不忘记这段历史则是党性强不强的表现。

我们过去总以为汉唐是我国古代社会发展的盛世高峰。而《新华文摘》2009 年第 24 期摘编的《两宋历史地位的重新审视》一文则告诉我们："宋代手工业也非常发达，最典型的例子是，一位外国学者统计宋代的铁的产量之多超过了英、法两国工业革命时期产量的总和。"宋代"商业的繁荣更是唐代难以望其项背的。货币的流通量飞速增加，宋神宗时每年铸造 500 多万贯，而唐代每年才生产几万贯，最多时玄宗一年才 32.7 万贯，宋神宗时两年的铸币量超过唐代三百年的总量。""蒙古国是当时打遍天下无敌手的超级强国，它灭亡一国，往往只需要几年甚至几个月时间。唯独南宗却与之抗争了几十年。"读到这些确凿史料，我们对两宋历史地位岂能不作重新审视，对中国古代史岂能不产生新的认知。

还是《新华文摘》，今年第一期刊载的范曾先生的文章指出："据考古学之发现，中国在山顶洞人生活的年代，已经开始了十进位值记数之法，距今竟是三万年之遥。中国人对全人类最伟大的贡献，不仅是火药、指南针、印刷术等。"该文还指出，这石破天惊之高论，出自大数学家吴文俊先生的著作。

总之，就我本人这些年来学习党报党刊的经验收获而言，它们确实给了我许多新知识、新观念、新教益，促使我思考问题，学有长进，头脑充实，工作带劲。但遗憾的是，就我目之所及，我们某些同志至今还是读书只读（书）皮，看报只看

（标）题，没有把学习党报党刊真的当回事。这样的结果是，面对宝山不识宝，还白白地浪费了资源（订报刊是要花钱的）。在我们党做出建设学习型政党的重大决定的今天，是改变这种不良状况的时候了。置于案头手边的党报党刊不看不学，更何谈学习原著经典呢。要把学习真正抓起来，还是从认真学习党报党刊开始吧。说到这里，箴言"一室不扫，何以扫天下"所蕴含的道理，值得我们警觉。

写于 2010 年初春

走在时代前列的人

在新中国成立 60 周年之际，长武的党组织以及曾经在长武工作生活过的干部群众，与崔鹏程先辈曾经在长武以外的地方共同战斗、工作过的同志，撰文组稿编辑出版了《崔鹏程纪念文集》，对公众进行革命传统教育。这一极富远见卓识之举，必将产生十分长远的影响。

《崔鹏程纪念文集》（以下简称《文集》）作为进行革命传统教育的好读物、好教材，其中以大量篇章真实鲜活地反映了崔鹏程先辈为争取新民主主义革命胜利所做出的卓越业绩。社会主义建设时期，在"左"倾思潮的重压之下，崔鹏程先辈坚持党的宗旨，鼎力发展农业生产，奠基长武现代化民生基本设施建设，倾心科教文卫专业干部队伍的组建，致力县域社会事业的早日起步。他对党的事业和桑梓的大忠、大义、大爱、大情，尽现我们民族传统文化的若干美德，尽现他作为中国共产党人始终走在时代前列的优秀品格。崔鹏程先辈作为已故的有影响的历史人物，永远值得我们尊敬和怀念。

胡锦涛同志在党的十七大报告中有这样一段发人深省的论断："我们要永远铭记，改革开放伟大事业，是在毛泽东同志为核心的党的第一代中央领导集体创立毛泽东思想，带领全党全国各族人民建立新中国、取得社会主义革命和建设伟大成就以及艰辛探索社会主义建设规律取得宝贵经验的基础上进行的。新民主主义革命的胜利，社会主义基本制度的建立，为当代中国一切发展进步奠定了根本政治前提和制度基础。"

众所周知，马克思总是视"生活"为人类的"第一个历史活动"，一贯强调生产方式、生产关系的变化，归根结底表现为生活方式的改变。人是生活方式的主体，人的解放离不开生活方式的变革，这是生产力发展的最终目的。

247

由此，我们便可以清楚地看出，该《文集》的编者和作者用大量篇章记述鹏程先辈在新民主主义革命和社会主义建设时期所做的大量开创性贡献，是具有其高迈的史学眼光的。此一点，当是该《文集》的第一可贵之处。它启发我们这些后来人，要像胡锦涛同志指出的那样，永远铭记鹏程先辈那一代中国共产党人，为"当代中国一切发展进步奠定了根本政治前提和制度基础"的丰功伟绩。而这一切对于中华民族实现百年复兴之梦，实现百年复兴的现实是何其重要，是何等的价值！由此推之，《文集》的这一部分文稿就是在强调，今天我们大家纪念鹏程先辈们的功绩又是何等的必要和重要啊！并告诫我们，缅怀鹏程先辈，就是要认真学习和继承他们那一代人终生持守的坚定的马克思主义世界观、价值观和人生观。这不仅是我们的责任和良知所在，同样是我们走好自己人生道路之必须之必然。泰山之高不让土壤，汪洋恣肆不弃细流。尽管时代条件变了，我们还是应当像鹏程先辈那样为社会的发展进步倾尽绵薄之力，方能实现人生之价值之存在的意义。

　　该《文集》有不少篇章是怀着十分崇敬的心情，追忆鹏程先辈在长达十多年、二十多年的政治逆境中和病痛中依然关心国事、县情、民瘼，"安"于一方院落，几孔窑洞，看书读报，起居有序，举足轻重，不失方寸，始终保持共产党人和知识分子应有的操守、清望之坚韧志节的。司马迁在其名篇《报任安书》中有论："祸莫惨于欲利，悲莫痛于伤心。"鹏程先辈能在政治重压之下十几年如一日地保持令人感佩的志节，这就使人不能不追溯他特殊的人生经历了。幼年失慈，立志向学，追求真理，投身革命，遂有鹏程九霄之志，而无燕雀鸣啾觅食之趣。在他的心底的波澜里多年来涌动的定是屈原的"亦余心之所善兮，虽九死其犹未悔"；林则徐的"苟利国家生死以，岂因祸福避趋之"；邓拓的"红粉凝霜碧玉丛，淡妆浅笑对东风。此生愿伴春长在，断骨留魂证苦衷"。面对物欲横流、诱惑甚多的历史转型期，鹏程先辈留下的坚守志节的这笔精神财富益见其珍贵，尤其值得我们仰望和学习。

　　《文集》还有几篇文章极为真切生动地记述了鹏程先辈赴林场调查，于小学食堂就餐，在该校教工的宿舍借宿过夜，下乡每每徒步行走、安步当车等，今天看来匪夷所思的平民作风和悲悯情怀。这倒使我想起了关中一个县旧县志中的一段记载："尝闻有明，朗中何升，辞京归里，众讶装重，疑为金银，启而示之，籍典盈箱，杂充纺具，同僚无语，皆称廉吏！至于有清，知县安千，巡乡理事，烟雨一蓑，芒鞋竹杖，旱烟系身，不输板桥之风，何惶民亲敬之。"由此看来，几位作者能将发生在几十年前的这些"细碎琐事"还铭记于心，诉诸笔端，足见其印象之深、震撼之大了。他们今天把这些故事讲给大家听，实在不单单是对鹏程先辈的褒奖，更是对中华优秀传统文化中民本思想的褒扬，对"以人为本"美好理念的深情呼唤。读了这几篇文章，我想，纪念学习鹏程先辈，传承弘扬"天行健，君子以自强不息；地势坤，君子以厚德载物"的古训，还都是我们应当在自己的工作和生活中身体力行的！

该《文集》从酝酿策划、通信联络、组稿撰稿、编辑审校到出版发行，还有一层需要着重指出的意义，这就是该《文集》的面世又一次赓续了长武这块故地热土自古以来就具有的浓厚的文史传统以及近现代以来光荣的革命传统，实属地域先进文化建设的一桩大事盛事。追根溯源，正如有赋云曰："长武县小，秦中古今西之门户；长武地僻，斯邑向来春秋名重。公刘祠里奉蚕神，牛弘墓前祭贤臣。柳毅传书救龙女，丈夫气概；柳州南涧题名句，书生清愁。"今日适逢盛世，通过该《文集》的出版传播，更当使长武历史上就形成的激扬文字，臧否人物，铭史重典，古道热肠，大气磅礴的优良乡风民俗进一步发扬光大，使革命传统教育的硕果激励万千高原儿女奋发有为，力追前贤。

总之，我认为《崔鹏程纪念文集》以其思想取向之积极向上、史料内容之丰富可靠、记述语言之感情充沛、编辑校勘之精良缜密，发行后必然会在长武、咸阳以及省内产生广泛影响，收到应有的效果。我们有理由深深地期待着！

写于 2009 年秋

月是故乡明

接到县委宣传部要我为《东西南北长武人》一书写序言的函件，一瞬间，我便回到了自己的童年和青少年时代。

夏天，在老师的带领下，我们一群小朋友在长武县第二小学校园的树荫下，用粉笔在地面上一笔一画地练习生字；春天，我们七八个意气相投的中学同学一起骑自行车到泾川县窑店镇作跨省旅游；冬天，我们一帮半大小子在积满冰雪的操场上打篮球，全然不觉得寒冷的严酷；秋天，我带着两个妹妹到田野里去拾秋，眼望浑圆苍茫的南原山原形貌，在我年少的心中第一次产生了对于悲秋以及崇高的感悟。

高天碧蓝，黄土深厚，杨柳挺拔，大地宽阔。长武这块温暖的土地是生我养我的地方呀！对于来自家乡的嘱托和倚重，哪里还有什么推脱的理由呢？于是，我在想，世界上哪一个民族不是因有了生活的土地而后才生存、发展的，世界上哪一个人不是在自己的故乡出生、成长的。实际上，不论主观上承认与否，客观上，每一个民族、每一个人都在地缘上有着自己的根啊。那么，作为一个民族，作为一个人，作为一片绿叶，不管什么时候又怎能失去对根的记忆和眷恋哩！

近些年，随着华发顿生以及长期以来对于喧嚣的都市人居生态的体验，每每回乡探亲，一有空，我便一个人骑上自行车沿着长武去往灵台、正宁的公路漫游，去亲近家乡的山川大地。在苹果园里与老人谈天，站在张代河公路大桥上看着哗哗流淌着的黑河水沉思，坐在芋园乡中学大门旁小卖部大嫂赐给的凳子上聆听孩子们一声高过一声的琅琅读书声，在马寨乡"庆丰收谢党恩"的庙会戏台下看来自旬邑县剧团的秦腔演唱。有一年"五一"节长假，我还特意将在西安上大学的我的女儿带到了丁家乡的原畔上，以那孤孤寂寂挺立在原畔上的香椿树以及静默苍郁的南原为背景，为她拍照。这组照片放大后放置在我在西安家中的客厅里，不少长武同乡来家里做客时看到后都爱不释手，猜想这照片上的背景是亭口，是巨家，是相公？言语之中流露着多少对于家乡的深情。

月是故乡明，亲是家乡土。接到县委宣传部嘱我写序的函，不论是儿时家乡对于我的教养，还是多年来家乡给予我精神的慰藉，一下子都涌上了我的心头。古人说得好："谁言寸草心，报得三春晖。"此时，怎能不扪心自问，这些年来自己又为家乡的发展做了些什么呢？

由于工作的便利，我查阅过现存于省档案馆的清代、民国期间所编纂的陕西地方志。这些典籍对长武都多有褒奖。古代长武就是长安通往西域的丝绸之路上的一个重要驿站，其中以"南涧驿"在典籍的记述中出现最多。而时至近代，长武就更成为了陕甘大道上重要的交通站口，陇东盛产的小麦、宁夏出产的皮毛大多是经过长武运至关中参与中原贸易而换取京广百货的。由于有交通区位优势，相比相邻的州县，长武古来就文明开化，引领秦西陇东之风气。而今随着彬长煤田等重大项目的开发兴建，长武必将成为秦岭南北广大地区重要的热能动力和化工基地，经济社会面貌必将发生历史性的巨变。值此新的腾飞机遇期，应当说，长武比历史上任何时候都更加需要有力的援手。

在这个时候，县上领导决定编辑《东西南北长武人》一书的用心、睿智，是令人钦佩的。相信书中介绍的各位乡谊乡友看到这本书的时候心中一定会掀起乡愁的波澜，记忆起自己在家乡黄土地上蹒蹒跚跚所走过的路，所汲取到的营养。那么，反哺之情怎能不油然而生呢？

《东西南北长武人》作为一座沟通交流的桥梁，一个不断闪烁着的信息源，我们衷心地祝愿它出版发行成功。与此同时，我们也由衷地祝愿家乡父老幸福安康！

2007 年 6 月于省档案馆

我患癌症

2005 年 12 月在例行体检时，B 超显示我的左肾有明显积水。但那段时间我并没有感到身体有任何不适，就没有遵从医嘱做进一步的检查。半年后在家人的一再催促下，我不甚情愿地走进了西安交大一附院泌尿外科著名专家南勋义教授的诊室。一番检查后，南教授在肯定我的"镇定"的同时，批评了我的大意，随即要求我住院检查并要我在很大程度上做好接受手术的心理准备。

在开始住院检查的七天中，我读完了贾平凹当年刚出版的长篇新作《秦腔》。南教授见我思想上放得开，在问病行诊的过程中好像喜欢上了我这位病人，眼神里充满了鼓励和嘉许。由此我对南教授也多了信赖和亲切感。住院的第九天，南教授亲自主刀为我做手术。上了手术台，南教授安排护士和他的助手将我的身体挪动到适合手术的角度。听到南教授的话，我便主动地把身体挪动好。南教授见我并无恐惧，好像为我加油似地说："老田这人还'争'得很。"此后我便在麻醉剂的作用下睡了过去。当我醒过来时（手术进行了 6 个小时），从南教授和其他大夫的言谈中，我知道我的左肾已被切除了。我小声地问靠近我头部的麻醉师怎么把我的肾切除了呢，麻醉师也小声地回答说："回病房问大夫吧。"

我被运回到了重症监护室，在麻药的控制下，此时并不感到怎么疼，我笑着向南教授致谢，并要妻子安排一直在医院陪护我做手术的机关的同志们吃饭。南教授说这些我就不用管了，放心休息，他每天都会来看我的。当天夜里睡醒了一觉后，我向陪护在病床前的妻子询问我的病情。妻子告诉我，打开腹腔后发现像樱桃般大小的一颗肿瘤长在了我的左肾连接膀胱的输尿管内，因此造成尿路不畅，形成积水，肾盂已扩大。大夫不仅切除了我的左肾，还切除了左肾与膀胱之间的输尿管及膀胱的一小部分。听了妻子的叙述，我的眼泪顺着眼角流了下来，我说我病倒了倒不足惜，只是阳阳（我的独生女）还小啊！

手术后第三天的上午南教授来到了病房，口气很轻松地说："老田，你的病不用做化疗，住上十天半月就可以出院了。"南教授的这几句话给了我很大的安慰，不用化疗说明我的病不很重。心放下来了，饮食也就正常了。术后的第七天我便一个人能到住院部大楼周围的小花园里走动，并能为每天下课后来医院看望我的女儿准备饭菜。在这样的情况下，身体恢复得很快。见我恢复得好，手术后的第十二天伤口还未完全愈合，南教授就让我回家休息，说给伤口换药时到医院来换一下就行了。见南教授和善亲切，胸有成竹，我请求再住院三天，南教授笑着同意了。

回到家后只到医院前后换了两次药，伤口就完全愈合了。此时我感到自己体能、精力、思维与手术前好像没有什么两样，就开始干起了家务，安排了读书计划。三个月后经南教授检查，一切正常，我便请教南教授往后应该怎样安排生活和工作。南教授说，该干啥就干啥，只要坚持定期复查就行。

听了南教授的话，第二天我就到单位销假上班了。大家见到我后都说，从气色和精神上看去我和病前还是一个样，只是略微胖了一点。于是我和同志们就一起愉快地工作起来了。

就这样，手术后的三年来我坚持定期复查，正常上班、生活、锻炼（打乒乓球）、度假，常常就把病给忘记了。所不同的是，我也考虑到了万一，便把多年的爱好——写作——重新拾了起来。我想万一生命的摆钟停摆在不应止歇的时候，自己除了平静接受外，能给世界上留下一本我写的书，也是对生命的补偿啊。到现在两三年下来我先后写了四五十篇文章，有理论研究、散文创作，还有摄影作品，总共有十几万字了。绝大多数篇章已发表，还获了两次奖。

患了癌症的这几年，我的心情更加平和，心气也更高了，十几万字一个字一个字写下来，我觉得自己的生命在迈向又一重高度。

2008 年 6 月 28 日星期六写于书房

255

沈浩：时代造就的英雄

　　我是怀着十分崇敬的心情，从电视中收看收听了在北京举行的沈浩同志先进事迹报告会的。因为我也曾在农村蹲点工作过，所以每一位报告人的报告不但深深感动和教育着我，还使我不时地回想起当年蹲点时乡亲们给予我的关心和爱护。沈浩同志一心为群众的英雄模范事迹，点点滴滴，感人至深，催人奋进；而小岗村群众对沈浩的逐步认识及至爱戴、拥护、百般挽留同样发人深省。也可以这样说，是小岗村群众的质朴和智慧成就了沈浩。

　　还是李源潮同志在报告会结束时发表的重要讲话总结得好：沈浩同志之所以成为全国基层干部的榜样，党的好干部，群众离不开的人，也是有其客观原因的。安徽省委抽调万名干部下农村任职，为他提供了施展才华的平台；省财政厅领导和同事们的全力支持、关心和爱护给予了他工作的不竭动力；我们党绘制的建设社会主义新农村的蓝图，为他指明了奋斗的方向；小岗村乡亲们对他的爱戴和信赖给予了他巨大的精神激励；家庭的理解扶持尤其是老母亲的深明大义为他解除了后顾之忧并增添了别样的力量。李源潮同志的这番讲话，道出了马克思主义唯物史观的一个基本原理：时势造英雄。李源潮同志的这番讲话，既揭示了沈浩同志成为英雄模范人物的最根本最直接的根源，也揭示了先进模范人物成长的一般规律，说明了我们今天这个伟大时代英雄辈出的基本原因。李源潮同志的讲话，既是对沈浩现象的深度解析，又是向全体共产党员发出的动员和号召。在举国奋力建设中国特色社会主义的这一伟大而奋进的时代，有志者到基层去，到农村去，广阔天地，大有作为！

把李源潮同志这一重要讲话的精神和沈浩同志的英雄模范事迹联系起来思考，首先我们要认真向沈浩同志学习，用沈浩同志崇高的精神境界，比照我们的灵魂，争当合格的共产党员、人民信赖的好干部。其次我们更应当清醒地认识我们所处的时代，这是我们民族历史上一个史无前例的伟大时代，是一个解放思想、张扬个性、鼓励创新、激励进取、于民谋利、和平崛起、和谐万邦、育化人才、有志者为国为民建功立业大有用武之地的盛世福年。只要我们大家都能像沈浩同志一样热爱我们的时代，追寻时代前进的步伐，牢记党的宗旨，倾听人民的期愿和呼声，扑下身子践行科学发展观，我们同样能够成就像沈浩同志那样的业绩，成为和沈浩同志一样的时代英雄。最后我们还应当看到，在我们这个伟大时代，我们党能够培养出一批又一批沈浩及沈浩式的时代先锋，这既是我们党的光荣，更是我们党的事业顺应时代要求、合乎民心民意的标志。为此，通过学习沈浩同志的英雄模范事迹，我们更要倍加热爱我们的党，热爱我们的时代，义无反顾地投身到党的事业中去，投身到时代的洪流中去，在建功立业的过程中，实现个人的人生价值，争做沈浩式的好党员、好干部，使自己的人生更精彩，更完美。

清乾隆年间著名历史学家、诗人赵翼有句名言："江山代有才人出，各领风骚数百年。"说的是，每个时代都会产生自己的风云人物，大丈夫处世当自雄。那么，今天我们每个党员干部在向沈浩同志学习的时候，就是要有雄心壮志，就是要像沈浩同志那样珍惜党和国家为我们创造的大好历史条件，像沈浩同志那样到中流击水，做出一番无愧于我们伟大时代的业绩来！

写于 2009 年初冬

节日里一道最亮丽的朝霞

　　每逢佳节倍思亲。在沈浩同志去世三个月后，在虎年春节即将来临之际，沈浩同志的女儿沈王一想念父亲，写了给父亲的一封信——《爸爸，我想对您说……》（见2月6日《光明日报》）。信写得言真意切，读来不禁使人潸然泪下，浮想联翩。

　　这位还不满16岁的孩子，在信中倾诉了对父亲的万般思念，追忆了和父亲在一起的快乐时光。更让人心酸也令人感奋的，是孩子在信中还告慰父亲：几个月来自己"突然长大了"，"变得爱学习了，变坚强了"，"甚至可以做妈妈的心理支柱了"。她告诉爸爸她在宽慰妈妈的信中这样写道："爸爸虽然走了，但他的小岗村还在，和他吃过饭的人还在，说过话的人还在，树在、山在、大地在、岁月在，我也在，还要怎样更好的世界？"

她告诉爸爸："我会好起来的，等我以后长大了，也要为农村做点事。"

映日荷花别样红。这就是我们的英雄的女儿！面对这位江淮大地上的好女儿的省事和志气，感慨之余，再看看我们身边的有些孩子，怎不令人心焦？饭来张口、衣来伸手，大把花钱，痴迷游戏，沉溺时尚，连起码的文明礼貌都不懂或不屑一顾。老子天下第一，老虎屁股摸不得。我们真的是到了让这些孩子及其家长学习学习沈浩同志的先进事迹，读一读沈王一写给父亲的这封信的时候了。少年不努力，老大徒伤悲。这是农耕时代的醒世箴言。而今少年不努力，就不再是老大徒伤悲了，恐怕是当下酿祸端了。这种事情常常见诸报端、屏幕就是明证。

读一读沈王一写给爸爸的这封信，再回顾回顾沈浩同志的先进模范事迹，我们就不难看出，毛病虽在某些孩子身上，病根却来自那些不"懂事"的大人。为父母者日日搓麻，夜夜笙歌，拉关系，言左道，孩子岂能有好？

260

我们中华民族自古以来就是一个注重家风家教养成的民族。新时期以来，这种优良传统在社会主义核心价值观的引导下更是日益发扬光大，不断创新内涵，在和谐社会建设中发挥了应有的作用。沈浩同志一家人，上至白发老母，下至沈浩及其女儿，一脉正气，三代赓续，就是新时期良好家风家教的典型代表。

读一读沈王一写给爸爸的这封信，我们大家都应该再一次地警觉，想一想家风家教的问题。为家长者要向沈浩同志学习，成为孩子心中的楷模；青少年要向沈王一同学看齐，树立自强自立、勇敢面对生活的勇气和志气。

沈王一同学写给爸爸的这封信，无疑是虎年春节里使人眼前和心头都为之一亮的朝霞。我们要感谢你呀，好孩子——沈王一！

写于 2010 年初春

"为什么我的眼睛总含着泪水"

清晨，打开 12 月 14 日《三秦都市报》，题为《老夫妇拥抱"神五"热泪涌》的报道一下子抓住了我的心。报道中说，在海尔航天展上，78 岁的王树汉老人和老伴激动地拥抱着"神五"试验舱，热泪满面。王老说："'神五'发射成功，是我们所有中国人的骄傲，中国真的强大了！中国人真正扬眉吐气了！"读到这里，我也不由得动了容。

波兰大音乐家肖邦被迫流亡国外时，身边带了一瓶祖国的泥土，临终时要求将他的心脏送回去，埋在祖国的土地中；巴勒斯坦领导人阿拉法特流亡国外 20 多年后踏上国土的第一步，便跪倒在地亲吻父母之邦；几百年前，我国蒙古族厄尔呼特人不堪沙俄的欺压奴役，几十万男女老少迎着枪林弹雨，冒着全族覆灭的危险，历尽劫难，毅然集体返回祖国；出洋已多少代人的万千华人，至今仍存留着一颗中国心，祖国有难，一呼百应，倾囊相助。温家宝总理访美谈到祖国统一的问题时对华人华侨说得好："为什么我的眼睛总含着泪水，因为我对这片土地爱得深沉。"此一语道出了人类共同拥有的热爱祖国、热爱乡土的崇高感情，在全球引发了巨大的情感波澜。美国国歌的词作者，诗人弗朗西斯·斯科特·基，被敌人囚禁在城堡中，无法参加保卫祖国的战斗，便通宵达旦地守望在铁窗前，看到战斗结束后，星条旗仍在飘扬，他不禁大喜过望，满怀激情地写下了《星条旗永不落》的诗句；田汉、聂耳两位先生于东北沦亡、华北危急、中国民族生死存亡的关头，和着血泪写就了《义勇军进行曲》……

爱国主义是一个国家和人民在千百年来的社会实践中形成的一种对自己的祖国极其忠诚和热爱的深厚情感。它是民族凝聚的强大精神力量，是动员和鼓舞人们为自己祖国的生存发展前赴后继、奋斗不息的一面旗帜。在"神五"展上王树汉老人和其老伴的热泪是为自己流的，是为祖国流的，也是替没有到场的全体中华儿女流的。其泪其情其心当值万金！

在我们民族苦苦追求实现伟大复兴的今天，我们需要千千万万个冲锋在前的英雄杨利伟，更需要普天之下的所有华夏儿女，老老少少，都像王树汉和老伴这两位可敬的老人一样，满怀爱国之情、兴邦之志地去看事物，办事业，做工作。当我们大家都拥有着爱国主义这不竭的伟大动力时，那么，还有什么能挡住我们民族前进的脚步呢？

写于 2004 年

牢记校长的批评

随着鲜艳的五星红旗冉冉升起，雄壮的《义勇军进行曲》又一次奏响，孩子们又精神抖擞地开始新一年的学习生活。

当在电视新闻中看到此情此景，作为家长心里是温馨而幸福的。由此，我禁不住又想起上学期期末参加的那次"刻骨铭心"的家长会。会上，快人快语的女校长语重心长地讲到家长应当给孩子做个好样子的问题。

她说，我们有些家长正像电视公益广告片中反映的那样，让孩子做完作业练弹琴，弹完琴再画画，恨不得让孩子把一天24个小时都用在学习上，对孩子逼得太紧了。可自己作为家长、作为大人做得又怎么样呢？做妈妈的，一天到晚描眉画眼跳舞交际；当爸爸的，酗酒打牌搞赌博，昼夜不分，天昏地暗。己不正则何以正人，上梁不正下梁歪。这样的父母有什么资格给孩子提出过分要求呢？

听到校长的这番批评，我的心头好似被重锤敲击了几下。连忙反省自己平日里的作为，又下意识地看了一下周围。偌大的报告厅鸦雀无声，众家长脸色各异，又有谁的心头不为之一震呢？

作为千千万万望子成龙的家长中的一员，我觉得有必要和兄弟姐妹们谈谈心了。说真的，女校长的批评是有事实根据的。就笔者所见所闻，在城乡的有些街巷里，有不少中青年家长大清早、正晌午、黄昏后，全无约束地在那里玩。搓麻、打牌、下棋，嗑着瓜子扯是非。更有甚者，三天两头凑饭局、搞聚会，酒气熏天，歌舞升平。日月经天，江河行地。人的时间、精力总是有限的。像这个样子，且不讲我们作为家长在孩子心目中的形象，就说我们自己就是心有余到底还有多少精力去照料孩子本来就够繁复的功课哩？

265

"家长是孩子最好的老师啊！"还是向我们身边那些言行一致、身体力行、以身作则的人们学习吧。前两年，报刊、电视都先后报道过重庆市一位使人肃然起敬的老妈妈的感人事迹。70多岁的人了，白发苍苍，身单影孤，但却精神强健，意气灼人。为使身有残疾不能到校听课的外孙女也能像正常的孩子一样接受教育，她老人家六年如一日坚持到校坐在课堂里和小学生一起听讲，回家后再将所听到的每一门功课讲给孙儿。老人家就是用这种古今少见的特殊方式，帮助孩子顺利地读完了小学的功课，将孩子送入了中学……这位老妈妈不懂得休闲吗？她深知为长者的责任。这位老妈妈无疑是我们民族进步的"脊梁"，是我们这些黑发父母们学习的好榜样。

再把目光放得远一点吧。人们都津津乐道北欧人的高消费、高福利生活，一位在那里生活过一段时间的同事回国后对我讲，给他留下印象最深的是那里民众的学习精神。人家连坐地铁、乘公交车的时候，都手捧着书本在阅读。阅读是那里的人们休闲的主要方式之一。

"一年一度秋风劲，不似春光，胜似春光。"至今还离不开麻将桌，离不开笙歌场的兄弟姐妹们，对照着重庆市的那位老妈妈，再看看我们身边以及这个星球上那些终生都在学习着、奋斗着的人们，为了我们的孩子，为了我们民族的伟大复兴，让我们在孩子们又开始新的学习生活的时候，再一次听听并牢牢记住那位女校长的批评，也换一个活法，开始新的生活吧！

写于 2002 年 9 月

从对"小米加步枪"的误解说起

　　记得 1988 年暑期，我作为共青团陕西省委的一名干部同我省高校的一批同学一起赴延安学习革命传统。此次学习中的一个细节至今令人难忘。当和同学们一起聆听延安革命历史纪念馆讲解员指着红军、八路军使用过的枪炮，讲述革命前辈所走过的艰难历程时，出人意料，一位同学贴近我的身边悄声地颇有歉意地对我说："田老师，政治课上老师讲到小米加步枪时，我还以为那时候很困难，红军和八路军没有子弹，是把小米装到步枪中打敌人的。现在我才明白，原来小米是指红军、八路军吃的粮食呀！"

　　1989 年深秋，那场政治风波平息后不久，我被安排参加省委、省政府慰问团赴陕北慰问红军和八路军老战士。在这次慰问活动中，深深震撼我的，是在延安子长县（即当年的瓦窑堡）慰问的那几位身留残疾的陕北红军老战士。这几位老红军是1937年红军东征时在山西战场上受的重伤。受伤后便于同年退伍复原。此后的几十年来一直在陕北农村过着同当地农民一样的生活。当慰问团与老人们见面时，老人们一脸安详自适的样子。慰问团领导关切地询问他们的生活状况，有何困难。出乎我的预料，几位老红军一致表示："好着嘞！"有国家的伤残抚恤金，光景比其他群众过得还强，看不出一丁点居功自傲的意思，关心的倒是那场风波是否真正平息。慰问团的领导详细给他们介绍了这方面的情况后，他们都表示中央决心下得对，人民的江山是毛主席带领人民流血牺牲打下来的，一定要保住！并要慰问团将他们的意见带给党中央。

慰问活动结束后不久，在一次安排大学生思想教育工作的高校学生会负责人会议上，我以谈学习心得体会的口吻讲述了这次慰问过程中那几位陕北红军老战士的宽阔胸怀和对国家未来的牵挂，同时以那位对小米加步枪产生过误解的同学为例，分析了同学们中存在的"纸上得来终觉浅"的原因。由于材料鲜活，我的发言在与会的学生"领袖"中产生了与往日明显不同的效果。同学们在我发言的过程中，都安静了下来，或陷入思考，或奋笔记录。会后，纷纷请求团省委在来年的社会实践活动中安排他们学校的同学们也赴延安参观、学习、走访。

2006年是红军长征胜利七十周年，重温长征这部中国革命的百科全书，忆及上述工作经历，我想告诉现在正在从事大学生思想政治工作的同志们，长征精神、延安精神、红岩精神……这些已激励教育了我们一代又一代人的宝贵精神财富和青年的心实际上是相通的。要让新一代青年学子真正成为中国革命传统的继承者，关键是我们的教育方法要适合青年的特点。要运用有效的方式，引导同学们走进革命前辈的心灵，让隔代人之间心灵与心灵对话、交流，这样，我们的青年朋友们是必然会做出自己正确的选择的。

写于 2006 年

269

想起了大海的那一边

在中央电视台一套、八套节目中连着看了两遍电视连续剧《郭秀明》，我被这些年来不多见的这部"报告文学"式的美学意义上的崇高悲剧深深地感动了。为英雄郭秀明所引领，我又一次拜读了穆青、冯健、周原、徐迟、魏巍诸前辈当年精心采写的走进了亿万中国人心中的锦绣文章——《县委书记的榜样——焦裕禄》《哥德巴赫猜想》《谁是最可爱的人》。

志愿军战士、焦裕禄、陈景润、孔繁森、郭秀明，这英雄的群体，是以怎样巨大的精神感召力鼓舞着中国人民在不同的历史时期进行着不屈不挠的斗争？焦裕禄成为几代党员领导干部学习的楷模；陈景润激励亿万青少年为中华之复兴而发愤读书；郭秀明为今日中国乡村奔小康，又树立起了新的群众领袖的好样板。从一定意义上讲，新中国就是在这些一代又一代英杰的感召下前行的。这一代又一代英雄俊杰在直接推进社会进步的过程中，所展现的党性、民心、正义、人格典范的价值是极其厚重久远的。国庆节前后两次收看《郭秀明》全剧，重温魏巍、穆青、徐迟等先辈先贤的名篇，在心中升腾起来的是崇高，是做人的一面又一面镜子。由此，笔者不禁想起了大海的那一边，那些为英雄立传，为时代和民族精神而歌唱的新闻、艺术工作者。他们同样是"最可爱的人"。他们用自己的笔为英雄而歌，推动人民大众的事业进步，并为中华文化留下了华章典藏，教育当前，存之久远，启迪未来，其功劳人民也是会记住的。魏巍、穆青、徐迟诸先生，都是记入中国新闻史、文化史的人物，为后世所景仰。

在党中央要求各行各业都应本着"立党为公，执政为民"的总要求，努力做好自己的本职工作的时候，笔者一看再看《郭秀明》，想起大海的那一边，在这里要想强调的是，我们一切从事新闻、文化、社会宣传教育工作的同志，尤其是青年朋友们，都应当像《郭秀明》的创作者，像穆青等老一辈一样，深入到人民群众的劳动创造当中去，全面把握认识我们这个发展中的时代，更加自觉地为人民、为英雄立传，为时代的进步擂鼓。让我们一起重读穆青老前辈多年前的一段讲课的内容而共勉吧：

多少年来，我们深深地体会到，这种和英雄人物思想感情上的息息相通，水乳交融，有时是掺和着血和泪的。它往往产生一种无论如何都抑止不住的冲动和激情，似乎不把英雄人物的精神面貌和透过这些精神面貌所宣示的真理，真挚地、如实地深刻地写出来，就是对自己的工作和人民的事业犯罪，就对不起党，对不起我们伟大的时代！这种激情，这种强烈的责任感，鞭策着我们去克服一切困难，尽自己最大的努力去把它写好。

写于 2005 年

下基层不妨带上部相机

近日，通过学习党的十七届六中全会精神，以及个人以往工作实践中的体会，我觉得在数码拍摄器材很普遍的今天，干部下基层带上部相机，或者说把笔记、心记的方式扩展到用镜头记录，工作效果会更好。

上个月初，我到我省汉中市搞调研，了解到近年来，该市大力发展汉水文化旅游产业，推行"文化兴市"战略，在该市市民休闲度假的汉江江滨，构筑滚水坝，蓄成人工湖，建成大型音乐喷泉游览区，使其成为该市又一处亮丽的文化景观，受到广大市民和游客的喜爱和欢迎。我便将该音乐喷泉的美妙夜景拍摄了下来，以《汉水起舞，七彩流韵》为题，先后在《汉中日报》和新华网发表。当地同志看到后，接连打来电话对我宣传汉中表示赞赏和感谢。这就使我想到，下基层带上部相机，会有这样几个好处和必要。

第一，基层干部群众每天都有许多新创造新建树，我们用镜头将其记录下来，一可作为资料保留，二发表出来也是对时代发展和进步的讴歌。更重要的是，在促进社会主义文化大发展大繁荣，建设文化强国的当下，这样做，在一定程度上会增强我们各级干部的文化自觉和为文化建设多做工作的思想意识。

第二，用镜头做记录，会使我们的调研成果更直观，向上级组织及他人汇报、介绍基层情况多了这一方面佐证，也就多了一分说服力。特别是汇报反映基层存在的困难时，更能引起领导同志、上级机关的重视，以利于问题的解决。这样我们手中的相机就不仅仅是台机器了，更是我们为群众解难题谋福祉的利器。

第三，掌握用镜头记事，我们就多了一样本领，我们的综合素质就会更全面，就能把工作做得更好，群众就会更欢迎我们。

第四，从广义上讲，我们各级干部都应是文化的创造者，用相机在祖国大地创作摄影作品，为社会主义文化建设添砖加瓦，既是我们的本分，亦是培养艺术爱好、陶冶情操的需要。当然，进行这方面的创作，都应以做好本职工作为前提。

写于 2011 年 11 月

建立"台湾是中国的一部分"专题展览馆

"海上生明月，天涯共此时。"又是一年飞镜圆，怎不忆台湾。去年十月，本人作为中国档案学会的代表，赴台交流访问。不论是参观庄严、典雅、大气的国父孙中山纪念馆，还是仔细地品味台北市图书馆赠送的"典藏记忆"纪念品——我国明代大书画家文征明的玄孙女文俶花鸟画影印册页；不论是在行进的大巴上与台湾同行谈论南海以及钓鱼岛的主权归属开发，还是在餐桌上倾听一位市议员谈他如何从台北飞金门，而后坐船四十分钟到厦门，一日内即可到达全国任意一个大城市的自主"三通"故事；不论是在玉山、在鹅銮鼻、在阿里山的旅游品出售点上用人民币向店家愉快地购买纪念品，还是在乡间饭店（农家乐）的宴席上，听闻台湾"国家档案局"的公务员满怀期待地谈他们日后也可前往祖国大陆观光的谈话。一路交流访问下来，给人留下最深刻印象的是台湾各界民众浓得化不开的中国情结，以及他们对祖国大陆经济文化日见腾飞的喜悦。访问结束，回到单位静下心来研读台湾同行赠送的档案编研材料，看到了不少岛内学者撰写的研究中国人在宝岛几百年来垦殖开发、开市、建祠、修志的文章，读之又一次真切地感受到了中华历史编纂学一脉相承的学术传统和学术范式。由此本人感到，无论从尊重台湾人民的民族感情来讲，还是从祖国统一的实际需要来看，以及从丰富爱国主义教育的内容，2008 年奥运期间及之后世界范围内必然兴起的中国热来考虑，都亟须在我国首都北京重要的位置上，建立一个"台湾是中国的一部分"专题展览馆。该馆当特别突出展出台湾民众一切有关国家、民族认同的典型资料，展出台湾民众一切有关国家、民族自豪感、光荣感的典型资料。台湾是中国的一部分，那么，在祖国的首都就应有一处集中展现台湾地域文化的场所，使之成为台湾人民的又一处精神家园，使之成为全体中华儿女眷顾台湾的又一处精神场所，使之成为全世界人民了解台湾、认识台湾的一个窗口。相信，此举如成现实，必将收到应有的效果。

中秋佳节将至，让澄澈的月光寄托我们美好的情思吧，祈愿台湾父老安康，祝愿台湾同行幸福，祝愿祖国早日统一、团圆！

写于 2007 年仲秋时节

276

拐婴案判决所折射的几缕暖人阳光

2010 年 6 月 8 日，雁塔区法院判决曾引起全国关注的西安交大一附院女婴被拐案被告人葛倩茹有期徒刑一年。读完《西安晚报》于 9 日的三则相关报道，作为已为祖父的我，心里好像一下子洒进了几缕阳光，感到很温暖。

一缕是法院根据葛作案的动机，没有对女婴造成伤害的事实及认罪态度好，从轻予以量刑，给予年轻的葛倩茹重新过上阳光生活的机会，彰显了重在教育改造的社会主义法治的精神实质。诚如葛倩茹所说："有这样的结果，我很欣慰，感谢法官给了我改过自新的机会。"

二缕是葛倩茹经过法律的教育惩戒认识到自己确实有罪以

及对当事人家庭和社会秩序造成的危害。"在看守所里我就想过了，不管判多长时间都应该，我都不会上诉，因为我心里有愧。给小孩的家庭造成那么大的伤害，我真的很后悔。"

三缕是受害人严小红的善良和通情达理的开阔胸襟。"她（葛倩茹）毕竟年龄还小，以后美好的时光还很多，希望她现在好好改造。""她对我的女儿没有造成伤害还特别呵护，她和我女儿还是很有缘分的。如果她愿意看望看望孩子，我和家人不介意。"

四缕是《西安晚报》不只是报道了此案的判决结果，可贵的是还及时报道了葛倩茹、严小红在案件判决后充满人性光辉的心声。

此四缕阳光照射到我的心里，之所以使我感到格外温暖，是因为其善大矣！法律以启发、引导当事人的良知，系上善也；葛倩茹的忏悔是真诚向善的；而严小红的一番表示，尤其是不介意葛倩茹今后前去看望孩子的大度，更是我们民族几千年来化恶为善，以己度人，将心比心的悲悯情怀的又一次绚丽展现，甚是感人。此三善者，既见民族传统教化的渊源，又见社会主义法制精神的精粹，岂不感人。此外，《西安晚报》将这则社会新闻中的上述三善同时报道给读者，真的是做了城市阳光的使者，读者心里怎能不充满阳光。

总之，细细想来，此案的终结及其此案终结的报道是阳光的。它对城市的和谐建设颇有裨益。它对日后城市法治和资讯建设的良好影响将会是很悠长的。

写于 2010 年 6 月

278

追星惨剧发生后的思考

　　刘德华的"粉丝"杨丽娟，疯狂追星 13 年，以致父母倾家荡产，68 岁的老父被逼跳海自杀。这一惨剧，在教育界、文化界、新闻界，更为重要的，是在千万民众的心中都引起了强烈的反响。人们在思索着惨剧发生的前因后果，笔者亦不例外。作为一名父亲，一个从事过二十多年青年工作的个人，在对杨丽娟，对杨丽娟的父母心存同情的同时，我总觉得这一惨剧非杨家一家之惨剧，而是我们的社会又一起不应该发生的悲剧。整个社会都应为之反思，并寻找疗救的良方，防止类似惨剧再次发生。

　　首先，那些掌握资本和权力投资造星的人群要叩问自己的良心。你们投资造星最本来的目的是为了活跃大众文化生活呢，还是要从追星者身上获取超额回报？如果是前者，那么，在活跃大众文化生活之余，你们享受社会给予你们的劳动所得，那当然应是心安理得的了。如果是后者，那么，当你们享受着追星者及其家人的超额回报，面对着杨丽娟悔恨的泪水和杨父的尸骨时，你们就应当清楚，你们享用的不是一般的物质，而是他人的血、汗和泪呀！古人云："老吾老以及人之老，幼吾幼以及人之幼。"面对杨丽娟事件，我们要奉劝造星资本、权力的拥有者，还是遵循我们民族的古训吧，君子爱财，取之有道。否则，良心何以安宁！

其次，我们的教育界、文化界以及新闻界要反思。这些年来，我们对大众以及青少年文化生活是否给予了足够的引导，我们是否尽到了自己应尽的社会责任。我认为，当前，西方发达国家特别是唯一的超级大国美国，利用它在经济全球化中所占的优势，把它所主导的美国式的西方文明和价值观及大众文化产品，所谓"麦当劳文化""消费文化""流行文化"，当作普遍适用的模式强加于世界，而我们相当多的民众特别是青少年缺乏鉴别和自觉抵制的意识，我们的上述各界并没有完全尽到自己应尽的责任，缺少必要的批评和引导，甚至在某些时候，某些空间还有为与社会主义核心价值观相悖的东西推波助澜之嫌。诸如，毛泽东同志当年所强调的，世界上没有无缘无故的爱，也没有无缘无故的恨。鲁迅先生当年所讲的，煤油大王哪知道北京捡煤渣老太太所受的辛酸；灾区的饥民大约不会去种兰花吧，像阔府里的老太爷一样；贾府中的焦大，也不爱林妹妹。这些充满了历史唯物主义和人生哲理的道理。这些年来，我们讲的太少了。面对杨丽娟事件，大家都赶紧来做亡羊补牢的工作吧。

最后，我们每一个家庭都应将杨丽娟事件引为明鉴。在 21 世纪这个信息时代，我们当然再也不能也不可能按照孔老夫子的伦理哲学齐家治国平天下了。然而，否定君君臣臣父父子子的封建伦理道德，并不意味着在我们现代人的家庭中，特别是独生子女家庭中，要以孩子为主导。杨家父女悲剧的一个最直接最痛心的教训，就是父母不仅太过分而且已是无理智地溺爱和娇纵孩子了。杨丽娟从 16 岁到 28 岁 13 年追星一路走来，支付的不仅是父母的血汗，而且是自己的青春、学业、婚姻。如此昏天黑地的支付，说明这个家庭中的父母不像正常教养儿女的父母，女儿不像正常成长着的孩子，一切都偏离了应有的轨道、秩序和伦理。由此看来，不论哪个家庭都必须理性地处理好家庭成员之间的关系，做到定位正确分明，同时每一个家庭成员都应当承担好自己的义务和责任。杨氏父女无论哪一个能够稍许理智一点，何止于将事情闹到今天这一步。

281

杨丽娟事件是一件很不幸的事，但只要我们全社会由此都有所警觉，有所改进，相信我们大家会生活得更科学、更美好。我们有理由期待着，因为我们的社会毕竟正在坚定地朝着建设社会主义和谐社会的宏伟目标大步迈进。

写于 2007 年 4 月

解放思想　勇于担当

　　读了 8 月 26 日《西安晚报》对于"国学奇才"孙见坤同学终未被复旦大学破格录取的两则报道，笔者感到惊悚，有话想说。

　　孙见坤同学在复旦大学为自主招生而举办的"博雅杯"人文知识大奖赛中，在全国各地有 3 000 多名考生参赛的情况下，以题为《〈山海经〉性质及成书年代考》一文获一等奖。其高考总分只低于一本线 6 分，鉴于孙见坤同学的国学特长，复旦大学 8 名曾面试过孙见坤同学的教授，联名请愿破格录取该生为复旦大学本科生。然而，省招办却以"博雅杯"章程上未写明可以"破格录取"为由，坚决不予投档，遂是好事败北。无独有偶，笔者就亲历了 2008 年的一件事。西北大学一名硕士研究生写出了长达 17 万字，题为《汉乐府女性题材审美论》的毕业论文，考博时由于外语分数未上线，西北大学考虑到该生的研究潜能，亦向省上主管部门申请破格录该生读博，也终未获准。该校校长只能叹息地说："该生太可惜了。"然而 2009 年中国社会科学院出版社将该生的硕士毕业论文悉数出版发行，认为该著述有填补汉乐府诗歌研究空白的意义。

　　将上述两件事联系起来看，在中央、省上一再强调尊重知识、尊重人才，尤其要大力培养青年创新人才的背景下，我省招生主管部门该到了进一步解放思想、勇于担当的时候了。坚持平等、公正、公开，一把尺子量到底的招生原则是完全正确的。但是辩证法告诉我们事物总有特殊性，而特殊性中就存在着需要特别考虑研究的成分。现行的大学以上招生制度本质上是为了选拔优秀人才的，而孙见坤和西北大学的那名硕士研究生谁能说不是优秀人才呢？而且，我们的制度中确实存在着破格一说，那么，像孙见坤同学和西北大学的那名研究生都不允许破格，我们到底要破什么样的格呢？

　　记得邓小平同志当年在天津视察时，了解到颇有新意的蝶形立交桥是一名中专毕业生设计的，遂建议破格为其评定工程师。2010 夏甘肃省舟曲县遭受特大泥石流灾害，甘肃省教育厅决定该县当年参加高考的考生全部进入大中专院校就读。

　　将小平同志当年的魄力和甘肃省对舟曲特事特办，与我省招生主管部门在"破格"问题上的做法相比较，看来我们还缺少为国家培养优秀人才的责任感和紧迫感。如果我们的责任感和紧迫感增强了，以孙见坤同学和西北大学那名研究生的特长为依据，破一次格，我想天下还是太平的。因为时至今日，人民群众的眼界已经大大地开阔了。需要考量的，还在于我们主管部门解放思想、勇于担当的勇气。

写于 2012 年夏

283

2011世园会对我们的期待

随着全球经济一体化和互联网在全世界的普及，文化"软实力"对城市的驱动愈发显现。上海世博会把主题定为"城市让生活更美好"，体现了当下城市与人的关系越来越重要。值得激赏的是，上海充分利用这样一次会展机遇，极大地提升了上海在全球的影响力。而北京奥运会、南非世界杯的成功，也说明借助一次次重大会展，提升城市文化品质并推动城市发展进步，是当代为繁荣城市应选择的重要路径。

如果说上述例证离我们还不够直接的话，那么，看一看昆明市举办的1999年世界园艺博览会的经验与收获，我们广大市民对于办好2011西安世园会就再不能没有紧迫感和责任感了。

据昆明市政府介绍，有媒体形容99世界园艺博览会是昆明城市的"成人礼",从城市发展的角度可以这么说。更重要的,这次国际会展引导和培养了市民对于自己城市的自豪感和精神力量,昆明人对外来客人特有的纯朴和诚恳更加凸显,"讲文明、树新风、迎世园"成为全体市民的"共同语言",城市文明得到大大提升。184 天的会期里,昆明世园会共接待中外游客 940 多万人次、5 位外国国家元首和政府首脑、250 多位中外高级官员、115 个外国使节团和国际组织代表团、2 500多位中外记者云集昆明……

一次会展改变了一座城市,一点也不夸张。99 世园会使东道主昆明一举"多赢":借助世园会在世界的影响,昆明从一座默默无闻的边陲城市一夜成名。今天提起昆明,国内无人不知,无人不晓,昆明的城市影响力空前提升;借助 99 世园会"人与自然,和谐发展"的主题,昆明对文明、环保、和谐生活的追求,深入到这座历史文化名城的血脉和骨髓中,城市文化品质得到空前提升;借助 99 世园会投资机遇,昆明大步推进城市建设,其交通、通信、旅游等现代城市体系的"硬件"设施得到空前提升;借助 99 昆明世园会的东风,2000 年 1 月 1 日,昆明在央视一套黄金时段,首开中国城市形象广告的先河,昆明城市形象空前提升;借助 99 世园会留下完整的场馆——昆明世博园,昆明旅游经济上了新台阶,国内外游客和旅游收入空前增长;借助世园经济拉动,昆明在全国城市的综合竞争力空前提升,2002 年全国省会城市综合实力排序,昆明排名第 16 位,2004 年,中国综合实力百强城市中,昆明排名第 28 位。

面对昆明市的经验和收获,根据市委、市政府的要求,我想我市广大市民目前至少就要思考这样一些问题:办好 2011 世园会,人人有责任,人人可出力,大家都要积极参与到"讲文明、树新风、迎世园"的各项群众性活动中来，从文明举止到爱护我市的一草一木，从纯朴、诚恳、热情对待八方来客到展现古都人特有的高雅气质和精神风范，等等。总之，办好2011世园会关系到我们广大市民每一个人的福祉，因而，从现在起我们就要更加清楚地看到2011世园会对我们的期待，就要有全民动员、人人动手的心理准备和实际行动。我们有理由相信，有12年的建设和积累，有全市人民的齐心协力，以"天人长安，创意自然——城市与自然和谐共生"为主题的2011西安世园会一定会比昆明的世园会办得更精彩，更美好！

写于2010年

十步之内必有芳草

日前，华中师范大学近代史研究所的马敏先生在所发表的城市文化史研究的论文（见《新华文摘》今年第 15 期）中有如下论述："城市之魂往往体现为城市的独特个性魅力，如北京之气派、上海之典雅、广州之生猛、西安之雄浑、苏州之精致、杭州之绮丽、武汉之大气、成都之超逸、重庆之潇洒、大连之豪迈，如此等等，无不融城市之形与城市之魂为一体，修为而成，有着很深的文化底蕴并以人的集体无意识为载体。"

读了这段论述，笔者感到，此论之予西安就西安的历史文化底蕴来说，是恰切的，然而就西安近年来的发展变化而言，又不无眼光老矣之嫌。今天，我们城市的管理者把城管执法这个刚性的课题，在媒体上提出来，交由广大市民讨论评说，倡导"以人为本，文明执法"，就是促进"人文西安、活力西安、和谐西安"建设的精细之举。由此联想到我们的城市近多年来在城市交通、治安、社区建设等方面人性化管理措施的相继出台和实施，应当说，今日之西安，正在雄浑中变得雅致，正在追寻着属于千年首善之区的现代化的新魂魄。

在这种情势下，讨论"热爱西安、关注城管"的话题，我觉得关注的提法似乎又有点雄浑了，诗意化了。对于担负着维护城市正常生命律动节奏，关乎几百万人过好日子、城乡交换、百姓谋生、吃喝水火之大事的城管工作，仅仅给予关注还是很不够的，实事要实办。提高城管执法水平，加强城管工作，当前要做的工作可能很多。但我以为当前首先要做好的工作是大力树立城管工作和城管工作者的正面形象，为其鼓劲加油。古语云：十步之内必有芳草。在我们城市的城管工作中，在广大的城管工作队伍里，多年来一定发生过许多值得称颂的事情，涌现过不少先进模范人物。然而，多年来这些美好的事物却很少出现在城市媒体舆论的视野里，于是在市民集体意识里对城管的灰色记忆就多了点。那么，今后我们的城市就应当像宣传表彰公安干警、消防官兵、环卫工人及其他城市卫护者、管理者一样，每年都通过一定的形式宣传表彰城管工作和城管工作者，例如评选十大杰出城管工作者，命名城管工作模范街道、社区，等等。通过这样的宣传表彰，一方面使全社会进一步认识城管工作的地位和作用，尊重理解城管工作者的劳动；另一方面进一步调动城管工作者的积极性、责任感和光荣感。而调动内在的动力，则是城管工作者做好工作、文明执法的基础所在。

被世界广泛认可的马斯洛需求理论认为，人的需求分为五个层次。第一层是生理需求，其后依次为安全需求、社交需求、尊重需求，最高层次是自我实现需求。由此可见，城管工作尽管琐碎平凡，然而大力表彰优秀城管工作者，宣传、肯定他们为城市建设所做的贡献，乃是在城管工作这支队伍里落实"以人为本"要求的最重要的方式之一了。毛泽东同志当年就曾经倡导，一个人的能力有大小，不管是炊事员，是战士，只要他为人民做过一些有益的事，只要他全心全意为人民服务，我们就应当表彰他，纪念他。为此，在抗日战争那艰难困苦的岁月里，他专门著文旌表战士张思德、医生白求恩，为我们党开展群众思想政治工作树立了典范。而今我们要更好地推进城管工作，就应当自觉地向毛泽东同志学习。首先做好温暖人心、凝聚人气的工作，潜心挖掘广大城管工作队伍中闪光的"金子"，并通过多种方式使其在古城熠熠生辉，在整个城管工作队伍中光华扬发，蔚成气象。

289

写于 2008 年

读《兴教寺记游》所想到的

新年的第一天，不曾想到在《少陵原之风》栏目中，竟然读到了女儿思阳撰写的《兴教寺记游》，这给节日中的我平添了多少快慰和遐思呢？女儿已是读研二的人了，原本期望在她的文章中能读到的微言大义仍然不见踪迹，一颗轻盈盈徜徉在祖先留下的珍贵遗产间天真稚嫩之心倒是跃然纸上。这就使我不由得想起了前些年带她去城南游览观瞻的那些旧事。

这些年孩子们的学习负担重是大家都清楚的。女儿上高中的时候，我曾数次同她骑自行车前往兴教寺、香积寺乃至翠华山远足，一来想让孩子放松放松，二来此时女儿已对唐诗着迷。"韦曲花无赖，家家恼杀人。绿尊虽无日，白发好禁香。石角钩衣破，藤枝眼前新。何日占丛竹，头戴小乌巾。""野寺垂杨里，春畦绿水间。美花多映竹，好鸟不归山。城郭终何事，风尘岂驻颜。谁能共公子，薄暮欲归还。"这些句子她已背得烂熟，热切地要去亲眼看看樊川、少陵原野的景致与诗情。记得那是女儿高一暑假的一天，我们父女俩早晨七点钟就蹬车出城。游历兴教寺，登临香积寺万回塔，尤其是当孩子在樊川河两岸的稻田、莲池、河洲间兴冲冲地捕蝶、采花、戏水之后，天性大开，一下子好像变了个人似的，憨实烂漫之态实实地可掬啊！返城时，一路骑车撒欢，我怎么追也追不上，操心她的安全啊！就这样眼睁睁地看着她消失在了我的视线之内。回到家中，一张脸两只胳膊被太阳晒得通红通红。我心疼地责备她，她却将嘴一噘，念起了孟郊的诗句："昔日龌龊不足夸，今朝放荡思无涯。春风得意马蹄疾，一日看尽长安花。"看着孩子心满意足的样子，任由谁你还能说些什么呢？

2004年国庆长假，为了让女儿专心复习准备考研，我父女俩乘火车去陕南旬阳县城一家极僻静的馆舍整整待了六天。第七天，女儿要求休息一下，再去樊川玩儿玩儿。看到孩子连日来日夜苦读，我便应允了。在火车上，她高兴地给我读起了《诗经》中对于樊川与少陵原的描写。"滮池北流，浸彼稻田。""麀鹿濯濯，白鸟翯翯。"于长安站下车后，我仍惦记着她考研的事，便不许她再去田野里"疯"了。租了辆车，就带她直奔兴教寺，还特意让她与三藏玄奘真身塔合了影。随后，又带她上原到长宁宫瞻仰了柳青先生的故居。我对女儿说，玄奘大师和柳青先生在意志坚定这一点上，心是相通的。两位都是世界级的人物。玄奘大师西行求法十七年，回国后又潜心译经十九年。柳青先生以一位老革命名作家的身份在长安农村与农民朝夕相处十七八年。玄奘大师所译经论75部，1 300多卷，影响了中国人1 000多年的世界观；而柳青先生十多年的泣血力作《创业史》，至今于农村题材文学方面仍系中国的最高峰。今天我仍清晰地记得女儿当时踏进柳青先生生前用来写作的窑洞时，那一刹那间的惊讶神色。一位世界级的文学大师就住在这样简陋的地方吗？

新年的第一天，读着女儿的文章，我在想，孩子，你的文章中怎么就不提在少陵原这钟灵毓秀的土地上那些世界级的大师给予你的教诲与影响呢？孩子，切不要忘记了山水因人物而生动，而精彩。杰出人物是山水之魂，是我们民族之魂灵。想当年伊拉克的汽油比矿泉水还要便宜，然而，孕育了人类最古老的文明的幼发拉底、底格里斯两河流域，如今却沦为了人间地狱。孩子，游兴教寺，访少陵原，或者是赶赴其他名山大川，见物更要见人啊！

写于 2006 年春

当年兴游未能忘

1984年秋天，应时任中共中央总书记胡耀邦同志的邀请，6 000名日本青年来到中国访问，表达中日两国人民世世代代友好的美好感情和期望。

记得当年十月下旬一天的傍晚，赴西安参观访问的日本青年代表团六分团的400多名成员，愉快地出席了陕西省青年联合会暨西安市青年联合会为他们在兴庆宫公园举办的盛大的篝火联欢欢迎晚会。是夜，考虑到古城西安与日本的交往史，兴庆宫公园装饰得火树银花，琼楼玉阁，尽现唐风唐韵，令日本青年朋友惊喜不已。当时我作为省青年联合会的工作人员陪同联欢的是来自日本筑波大学的十几名男女学生。这些学生大多数是学习建筑专业的，对园中的仿唐古建筑南薰阁、花萼相辉楼、五龙坛、沉香亭、长庆轩、勤政务本楼倍感兴趣，请求我引导他们对六座古建筑逐一进行了参观。日本学生不仅一一在这些古建筑前拍照留念，还从专业的角度对每一座古建筑进行了多角度的拍照，表示这些都是极为珍贵的专业资料，对他们的学习很有用。参观完了园内的古建筑，大家的话题自然地转到了中日两国文化的交流史上。有一位日本女学生说，今夜在这座开创了开元盛世的大唐皇帝李隆基的别墅里，她自然联想到了在日中友好交往史上一位十分杰出的人物——阿倍仲麻吕，便向我探问有关历史问题。由于接待前做了相关知识储备，我随即介绍，早在1978年，日本奈良市各界人士就在日本古都奈良建立了阿倍仲麻吕显彰碑，1979年中国古都西安市各界人士也在兴庆宫公园建立了阿倍仲麻吕纪念碑，两国人民都崇敬这位为中日友好做出贡献的历史人物。日本学生听说园内有阿倍仲麻吕的纪念碑，遂要求前去拜谒。在前往拜谒的路上，我向日本学生介绍了阿倍仲麻吕的生平事迹。阿倍仲麻吕19岁时从日本来到中国唐朝首都长安城，入中国太学学习，随后参加中国的科举考试，正式成为唐朝的官员，取中国名字为晁衡，历任左补阙、秘书监等官职，位至正三品，很受唐朝朝野爱戴。阿倍仲麻吕在中国学习，十分热爱中国文化。他在中国整整生活了53年，与当时唐朝皇帝唐玄宗以及许多著名诗人都结下了深厚的情谊。储光羲、王维、李白都为他写过诗，尤以李白的诗富于戏剧性。李白误以为阿倍仲麻吕回日本时在海上遇难了，便带着巨大的悲痛写了一首七言绝句："日本晁衡辞帝都，征帆一片绕蓬壶。明月不归沉碧海，白云愁色满苍梧。"来到阿倍仲麻吕纪念碑前日本学生默哀、鞠躬。一位男学生拿出笔记本，要我将李白写给阿倍仲麻吕的这首诗句给他写在笔记本上。我工工整整地为这位同学抄写了李白的诗句。这位同学鞠躬致谢，说："太感谢中国文化对日本的影响了。"

如今 25 年过去了，回想起当年那个秋夜陪同日本青年朋友兴游兴庆宫公园的情景，仍然记忆犹新，感慨颇多。那就是，更好地做好我市历史文化遗产的开发和保护工作。

写于 2009 年

我与长安

　　要从情感深处联系长安的话，尽管女儿正在那里的大学城读书，大姐在绿园小区购有安逸的住房定居，但触发的情感最浓重的还是我已故去的父亲。43 年前的 1964 年，父亲在长安参加了使他刻骨铭心记忆了半辈子的"社教"运动（全称，社会主义教育运动），他对长安的感情是极其复杂的。于是，多少年来我对长安也多了偏爱。

　　43 年前父亲是咸阳地区长武县县委的财贸政治部部长，"社教"运动开始后，他和全省各地县的 1 万多名干部一起被集中到长安，参加原西北局组织的西北地区规模最大的农村"社教"运动试点。据后来看到的资料，时任中央书记处候补书记的杨尚昆同志也从北京来到长安参加了这次"社教"。

父亲出生成长在以地方病"大骨节病"而闻名关陇的贫羸的麟游山区，新中国成立前夕加入革命队伍后又长期在咸阳地区渭北高原最偏远最艰苦的长武县工作，能吃苦是他与生俱来的本领。然而，进驻长安细柳乡开展"社教"运动后，其时地处西北首府近郊长安县乡亲们的生活之苦之难，是他没有料想到的。据他讲，在乡亲们家中吃了两个月"派饭"后，他的老胃溃疡病发展到了大口大口吐血水的程度。原因是一天两顿的玉米面加酸菜的糊汤，不仅难以果腹，两个月下来，再食之胃里便如刀刮似的烧灼疼痛。乡亲们看不下去了，就把平日里用来待客的红苕拿出来让他换胃口。他说，有一天晌午，就在他坐在乡亲的炕沿上吃红苕的时候，主人家的小女儿倚门眼巴巴地望着他手中的红苕。他便把红苕让给孩子吃，孩子的母亲却大声地训斥孩子嘴馋，连推带搡地把孩子带走了。他说，其实重度的胃溃疡也是见不得红苕的，乡亲们的好心和难场他是体会得到的。后来工作队见他病情日益加剧，只好把他改派到县城的药材公司去当工作组组长。这样一来，伙食虽有所改善，但"斗争"却更加严酷了。在西北地区民主革命不彻底的武断下，药材公司终于揪出了一个"漏网地主"。在多次批斗、百般逼迫下，一天早晨起床后，这个人失踪了。这可把父亲吓坏了。尽管运动中运动对象自尽的消息不时传来，但父亲的恻隐之心重，很担心这个人真的走了绝路，一家老小可怎么办哩？由于当时的"斗争"斗得太过火了，药材公司的绝大多数职工内心里与工作组是对立的，眼下出了这件事，大家都隔岸观火，一天下来，竟无一人提供任何有价值的情况。这一下，父亲再也坐不住了。也许是看出了父亲的良知尚存，那天半夜里，一位老药工敲开了父亲宿舍的门，给父亲真诚地说，不怕，他可能是去高陵他姐家了，躲几天就会回来，他还有四个娃娃哩。父亲说，听了这几句话，他一屁股坐下，瘫在了床上，长出了一口气。父亲说，老药工看清了他的反应便出主意说，先派人四处找找，让他歇口气，过两天我去高陵把他逮回来。父亲说，几天后那位老药工果然从高陵县找回了那个人。一场出人命的风波就在只有他知老药工知的情况下平息了。几十年来一提起这件事，父亲总是无比感念那位老药工的恩德。

10年前，当我搬了新房，把父母亲从老家接来看新房时，我们祖孙三代共度了几天天伦之乐。一天，父亲给我提出要到长安县去看看。我理解父亲对长安的感情，星期天便满足了他的心愿。那天早上父母亲表示想带上我的女儿一同去，但见孩子功课紧，临走时就不再提说了，但我看出了父母亲脸上的惆怅。到了长安，父亲便要车直接开往细柳。到了细柳镇，但见大道通畅，楼房邻毗，田禾茁壮，终南在望，父亲提议到一个茶摊上喝茶。茶是粗茶，父亲却喝得有滋有味，让店家续了几次水。我知道父亲是在回想当年的细柳，他之所以没有提出来到村里去看看，是觉得当年伤了乡亲们的情，不便进去，看到了新细柳他就心满意足了。母亲倒是另一番感受，催我和父亲快些去兴教寺拜佛。母亲在兴教寺拜了佛已是午饭时分，我本想请父母去长安饭店品尝长安风味，但父亲执意去路边店。一斤水饺，一盘长安凉皮，两杯稠酒，倒也使两位老人吃得满心欢喜。是夜，父亲给我谈了这次去长安的感受，还要我给他倒杯白酒喝。是夜，父亲鼾声响亮。

如今十年过去了，每当到学校看望女儿，到绿园小区给大姐送节拜年，我总会想起父亲对长安这片土地的感情。尽管其中有苦涩，但我知道他打心底里还是祈祝长安乡亲们更加幸福哩。他若能再来长安看看长安这十年的巨变，他一定是要喝酒的。酒是有的，父亲却下世了。

把酒酹杜韦，愿尔心安息，儿孙在长安，定当传汝意。

写于 2009 年父亲生日前后

"关中大环线"上的欢乐曲

古语云:"仁者乐山,智者乐水。"我和妻子虽不敢自谓仁者智者,但大半辈子都爱山喜水,醉心田园风光。

前些年,我俩经常是乘西安到蓝田汤峪镇、周至楼观台的公交车亲近秦岭的。方便倒也方便,但站点多、上下车的人多,筐笼家禽也多,甚是挤搡吵闹,常常使游兴为之索然。后来,市上开通了南山旅游大巴专线,以大雁塔广场东北角为起点,遂有东西两条线的选择和捷便。乘客绝大多数为旅游者,大巴车的设施也好,南山观光的惬意随之欣欣尔。此一点好是好,但走的道路大多还是县乡老路,费时多尚可理解,遗憾的是,旅游大巴终有始发、收车的时间限制。我夫妇都爱好摄影,而早晨和黄昏这拍照的黄金时间由于有此限制,就无法保证了。

自从这几年"关中大环线"开通后，情况就迥然不同了。高质量的一级公路全然因地势而起伏而弯曲，恰似秦岭脚下一条银色的飘带，凸现着生态保护的明晰理念。我夫妇俩坐朋友的车跑了几趟，真是车在彩带上飞，人在图画中游。我们拍过大峪稻田里娴雅的白鹭、王莽万亩桃园中的灼灼桃花。与在车亭等车的乡亲们亲切地攀谈，大家都说，有了这么方便的环山路，咱真格成了西安人，一天能打几个来回哩！我在心里想，是啊。有了这通畅明丽的大环线，"采菊东篱下，悠然见南山""太乙近天都，连山到海隅。白云回望合，青霭入看无"的意境，不就可以随时抚慰我们的心灵了吗？

尔后，我和夫人就开始琢磨着自己买车，除了自己随时亲近南山山水之外，双休日带上平日里工作繁忙的女儿和可爱的孙儿，驰骋其间岂不其乐融融啊。夫人本来就有开车的训练和驾照，我遂借表弟的车陪她练习。一个月后，她可以上路了，我们订购的车也到货了。我俩遂又用了一个月的时间把"关中大环线"西安段跑熟了，正好是麦熟杏黄、布谷鸟欢唱的美好时节，我们便兴冲冲地开始了双休日全家自驾游。

第一次奔驰在"关中大环线"上，七八个月大小的孙儿也许感到与楼房中不同，煞是兴奋，要抓握车中的一切可以抓握的东西。然而由于路平车稳，不久他就在我的怀抱中睡去了。女儿就不同了，遇到塬坡就要下车登临漫步，遇到河流就要下车到河边戏水，遇到农家乐就要进去坐坐。我和夫人懂得孩子的心思，这一切与她整天的案牍工作反差何其大矣。她是用这山水田园的色彩和韵致在调适自己的性灵。好在大环线全线都有宽阔的停车带，任由我们走走停停，自由地受用。这天午后，我们被"关中民俗博物馆"对面的一大片杏园给吸引住了。高兴地买了两盒大甜杏后，看园的老者喜爱地抱起了我们的孙儿，在那里疼爱，遂说，都是乡党，让娃（我的女儿）进园随便摘随便吃去。夫人和老人家在凉棚下拉家常，我领女儿进了园，女儿捡大个的杏儿就摘，我却明白老人家作务杏园的不易，劝她体验了亲手摘杏子的乐趣就罢了，要有节制呦。临了，我们父女俩拎着十几颗大杏子出了园，老人家看出了我们的心性，怨我们客气，拿起一颗大杏子轻快地剥了皮，便喂给我的孙儿吃，杏子的蜜汁把孩子的嘴脸都给糊住了，我们客主的欢笑声遂溢满了杏园。

那是中秋节的假期，女儿加班仅有半天假，硬是要用这半天假跑一趟大环线。为了赶时间，夫人便从西康高速驰入，在太乙宫出口下来，速即将车开上了大环线。我们一路向西，一眼望去，这一路上简直就是一个家庭驾车节日大游行。大家的车子开得都不快，车中有白发老者，更多的是衣着鲜亮的欢乐的孩子。这就更引发了我们一家节日欢乐的共振共鸣。我们在草堂寺为孙儿、女儿拍了许多照片后，一看表，才是下午 4 点钟。我们又一路向东驶去，此时秋阳照耀下的大环线变成了一条金色的彩练，终南诸峰愈见苍郁，小孙儿在车中高兴地鸣呀欢叫，我心想，这不就是天堂福路吗？我们高兴地把"户太 8 号"大葡萄买了两箱后，原路折返，赶到已预定了的西安美术学院旁边的"荞麦园"餐厅吃团圆饭时，恰是 6 点整。

看着兴奋的女儿和活泼的孙儿，我心想，孩子，你们赶上了好时代，更好日子还在后头哩！

写于 2011 年春

说说我的心里话

　　我是陕西省长武县的农民，今年 57 岁。1968 年初中毕业回乡务农。当时生产队一个劳动日的工分只值 8 分钱，全家父母兄妹 8 个人终年劳动，春荒两料还时常断粮断顿。更伤人心的是，由于父亲戴着"右派"帽子，当年推荐工农兵上大学的事，我们兄妹连想也不敢想。我们一家人都爱读书。我大哥 1964 年考上了陕西师范大学就是因为父亲的"问题"，接到的是成绩合格但不予录取的通知书。那年月政治上的歧视可是比饥饿还要难受啊！

　　改革开放后，实行责任制，温饱问题一两年内就解决了。我们兄弟姐妹就一心供给孩子们读书，要上大学！父亲平了反，他对孙辈们上学的事比我们还要操心，有点钱全攒起来作为孩子们的学费。真正解决问题的是，在政府的倡导下，我们这里从 1990 年后就发展起了苹果产业，家家户户学技术、建果园。我算了一下，从 1995 年到 2008 年我个人的 4 亩果园，平均每年收入大约都在 2.3 万元左右。这十二三年下来总共就收入了 20 多万元。就在发展苹果的这些年，我们兄弟姐妹 6 人的孩子也正是上中学、上大学需要用钱的时候。天遂人愿，孩子们争气，考上了大学，我们也有钱给他们交学费。十年里，我的子侄外甥有 5 人先后考上了中南大学、西北纺织学院、西安石油大学、西安长安大学、咸阳师范学院。我的二儿子去年还考上了西安交通大学的博士生。这在农村是挑了梢了，亲戚朋友都说，这是你张家老一辈积下的德。我说，不能这么说，还是党的政策好。英雄不论出身，公平竞争。农村发展主导产业，农民才有钱供孩子上学。

去年国庆节前，西安到长武的高速公路通车了，通到了我的果园边上，运输更方便了，销路更畅了，果价也提高了。我和老伴在果园里忙着摘果子，想着孩子在西安城里读博士，心里的劲呀，不知道怎么就那么大，黑明昼夜干，就是不觉得累。

想想大哥当年上大学遭受的打击，再看看二牛（我的二儿子）现在在交大读博士；想想当年一家人在生产队一年分红不到上百元，再看看我们兄弟姐妹 6 人现在全都有楼房、大瓦房、店铺、果园，生活富足，心里真是感慨万千！遗憾的是，父母二老过世得早，没有看到今天的好日子，看到他们的孙儿也能上博士！

2008 年写于故乡长武

（张自凯口述，田晓光整理）

到长安去释放性灵

　　这已是十年前的事儿了。那年春天，我看上高三的女儿日夜苦读，心情忧郁，而室外阳光明媚，春风和煦，便提议周末同她一起骑自行车到长安终南山下一游。高考当前时胜金，我的提议出乎孩子的意料，她犯难了。幸亏夫人适时添了把火，孩子这才同意了。

　　周末那天，天公作美，风和日丽，一大早出了家门，我和女儿便直奔长安。穿韦曲，驰过丰峪口，我们没歇没停一口气就骑到了高冠河出山的峪口。此时，我是真累了，想休整休整，然而女儿却说这是多么难得的春风浴啊！还要往前冲。我既想歇也担心女儿的体力，就借停车细赏景色以劝之，女儿答应了。此时的终南山下菜花金黄，河水清凌，杨柳袅娜，鸟语清脆，春山在阳光的照耀下像爽朗伟岸的少年。女儿陶醉了，倚车眺望、沉思。侧目看去，孩子的脸上泛出了久违的舒心的微笑。我拿出食品，找了块草坪，叫女儿过来打个尖儿。哪里想得到，女儿停好车子，走过来坐下后首先来了个四蹄伸展，仰面朝天，对平素喜食之物根本不予与闻。就这样仰望着蓝天白云躺了十几分钟后，一骨碌爬了起来沿着进山的小路一路小跑，转眼间便脱离了我的视线。我有些急了，打手机，信号清晰，但她就是不接。无奈，我只好沿路去追寻。绕过一个小山头，原来她在那里面对着一片林子在放声歌唱。我坐下身来，悉心聆听。五六首歌唱罢，她回过身来看见了我，喊了声："爸"！雨燕似的飞到了我的身旁，脸儿红扑扑，眼儿亮光光，孩子开心，我亦幸福，牵着手将她引下山来，爷儿俩这才认真休息吃喝起来，尽情享受春光的明丽温暖。临了，考虑到她第二天的功课，我们开始返程。车骑到樊川，但见河的两岸垄亩青青，莲池泛波，河洲间花枝摇曳有千万只彩蝶在飞舞，孩子天性大开，猛地停下车来，一头冲了过去，捕蝶、采花、戏水，活脱脱一只欢乐的小麋鹿。我坐在河边的树荫下醉心地望着、望着。一个多小时过去了，她带着采撷的花草，捕捉的蝴蝶笑盈盈地跑到我身旁要水喝。是回家的时候了，她放飞了藏在衣袖中的蝴蝶，把花草整齐地码放在了车前的框兜里，骑上车，喊了声"爸我先走了"，便飞驰而去。公路上人来车往，我喊她骑慢点、骑慢点，她压根儿就没有听见，或者是听见了也不予理睬。我只好奋力追赶，可是怎么追也追不上，眼睁睁地看着她消失了，真是头初生的牛犊呀！回到家中，我心疼地责备她，她却把嘴一噘，念起了唐人孟郊的诗句："昔日龌龊不足夸，今朝放荡思无涯。春风得意马蹄疾，一日看尽长安花。"看着孩子得意洋洋的样子，任由谁还能说些什么哩！

是夜，孩子睡得香甜，第二天早晨精神焕发地上学去了。我和夫人相对一笑，瞬时无言。

此后，我们家便立了条规矩，每年春秋两季都要去长安踏青赏秋，让长安的山水田园风光一次又一次激发大家的天赋性灵、生命活力。今年我已有了外孙儿，端午节时我们就急不可耐地带刚满五个月的孙儿周游了一趟高冠瀑布。小小生灵，在此间眸子铮亮，牙牙学语，煞是兴奋。这就使我无限感慨了。日见秀丽的长安百里南山田园景区将是我们一代又一代古都人释放性灵的宝地，大家可都要好好地珍爱保护它哟！

写于 2010 年秋

兄弟情长话云书

　　"江河源远，兄弟情长"。这幅字，是青海省政协常委、书法家协会主席王云先生于 1998 年初夏做客西安时，特意为我书写的。这些年来，我将它高挂在客厅里，日夜观赏、诵读，既视为个人的书画珍藏，又作为迎客示人的荣耀。之所以如此，是因为这幅字不仅字好，书法家的寄意也是温暖而又深刻的。

　　记得那年字峻青，号源上人的王云先生莅临西安之前，曾率青海省的几位书法家赴中原数省市以书会友，交流书道，到古城便是先生此次出访的最后一站了。或许是因为一别有日，今日又回到了西部热土，抑或是我们以手足之情相待，触动了王云先生的乡情亲缘。当先生为我写这幅字的时候，他神情凝重，成竹在胸，手持一支长锋狼毫，风驰电掣，龙蛇飞动，弹指间，便有了这幅上乘之作。我和在场的朋友都为之动容。

　　"江河源远，兄弟情长"。这分明是在讲我们西部的兄弟姐妹地缘相近，血脉相通，原本就是黄河、长江母亲的一奶同胞；这分明是在强调我们西部的兄弟姐妹与天地共存，与江河同行，谁也不能忘记谁，谁也离不开谁。再细致地品味先生的笔意，大家就更是为其折服了。八个字点、线、行体，分明是九曲黄河在原野上飘游歌舞，是伟岸的峻岭秀峰在比肩争荣。其总体具象活生生地描绘出了一幅江河源圣地图景，是那样的圣洁寂辽了。

　　中国书艺历来讲究以情入书，以笔抒情，如颜真卿的《祭侄文稿》就是以抒情见特色而被公认为神品的。从王云先生这幅作品的创作缘由和作品的面貌看，先生的这幅作品同样传承了我国书法以情入书的优秀传统，的确不失为一幅见性情的佳作。其寄意和笔意均耐人寻味。因此笔者愿将这件好作品推荐给更多的朋友，大家共赏析。

写于 2004 年

山乡书家张自强

前几天回乡探母，正值县上召开"两会"。县电视台集中报道，每逢新闻播出，母亲总要我陪她一起收看。我懂得母亲的心，除了关心县上大事，主要是要看她的外甥、我的大表兄、县政协常委张自强在主席台就座的场景。

这是一个怎样翻天覆地的巨变呀！看到大表兄端坐在主席台上神色凝重的模样，我的思绪一下子回到了自己的童年，想起了我们弟兄当年的骨肉亲情。

大表兄是我的姨母的长子，长我8岁。从我记事起，他在我的心目中就是一位品学兼优的好学生。尤其是他传承了我们的外祖父、舅祖父那一笔好书法，时常令我的少小之心生起敬畏之情。然而，大表兄的青少年时节是他人生中苦难深重的一段岁月。由于姨父的莫须有的"历史问题"，他以极优异的成绩考上了陕西师范大学中文系，却被残酷地取消了录取资格；由于被列入别类以及贫穷，还被残酷地剥夺了恋爱成婚的权利，近30岁时才与另一位"黑五类"的女儿我的大表嫂结为夫妻。为了这些，姨母和我的母亲不知流过多少泪。至今我还记得母亲当年和大表兄谈及大表兄的婚姻问题时，母亲和大表兄俩人的戚楚之情。"姨，我今辈子再不想这事了，您就不要操心了。"

哲人说，愤怒出诗人，磐石之下长劲草。大表兄正是这样成长的诗人和劲草。苦难之中，凭着对祖国优秀传统文化的感悟、理解以及深沉的热爱，他痛苦地放弃了一切。在那个糠菜半年粮的日子里，寄身心于书法，以20世纪60年代优秀高中毕业生所拥有的教养，以理论为指导，精研唐楷、魏碑以及明清以来诸大家的碑帖，更痴心于"张黑女墓志""张猛龙墓志""郑羲上下碑"。还记得他当年在李家沟小学当民办小学教师时的土窑洞。窑洞里仅一土炕，一半是他的卧床，一半是他的书案。书案上有学生的作业、教具，其余便是他习书的书、帖、笔……那是一个夏日，他领我到学校看他的教室、办公室、学生，看他写的字，临了于乡亲那里讨要了一兜青黄杏要我带回分于弟妹食。多年后我明白了，那一兜青黄杏，便是当年大表兄一颗酸苦的心，能够给予我的一份兄弟情。大表兄当年之苦，是与我们亲爱的祖国的苦难命运联系在一起的。随着理性的逐步复苏，后来大表兄被电影站、县秦剧团收为美工，其后的二十年他如鱼儿得水，便在祖国书艺画艺的海洋里畅游了。国家对他的努力也慷慨地给予鼓励，作品多次获国家、省、市奖，被吸收为陕西省书法家协会会员，还光荣地以文化界代表当上了县政协委员、常委。

看到电视屏幕上大表兄这样一个当年被岐视的少年如今庄重地坐在长武县人民政协会议的主席台上与闻县政，我从内心里感叹我们国家进步了，文明了。我受到的是鞭策，是警示，为人要奋斗，要做事，自己今后的路怎样走，山乡书法家我的大表兄便是楷模，是好样子。

当我将这些想法告诉了八旬老母，母亲欣慰地笑了，笑得那样幸福、欢畅。

写于 2004 年

书法家白德厚印象

尝言，近乡情更怯，月是故乡明。今年秋天回乡探亲，正值苹果开园，大丰收在望，一派丰年祥瑞之时。乡乡唱大戏，庆减负（中央一号文件减免了林特产税，五年内逐步取消农业税）、谢党恩，我也欣喜地随了亲友们赶集市，看大戏，热闹红火了一番。

家乡渭北旱原上的世事确实大变样了。几十里纵深的苹果园，雪白铮亮的农舍小楼，电视、电话、影碟机，来回奔跑的出租汽车，青年妇女脚上的高跟皮鞋，庄稼汉挺挺括括的西服，都告诉人们乡亲们洋气了！然而透过这抢眼的现代气息，更使人心动的，是老传统越发地浓烈了。农家崭新的门斗上老辣端庄的魏书唐楷依旧是"耕读传家""书香久远"。中堂照样是高山流水、四季花卉。条幅还是"一等人忠臣孝子，两件事读书耕田""醉歌田舍酒，笑读古人书"。这不禁使我想起了著名作家贾平凹在散文名篇《通渭人家》中所描写的甘肃父老热衷祖国传统书画艺术的古道热肠，想起了作家笔下赞颂的那些可敬重的山乡书画家。正是他们长期在基层默默耕耘，丰富了山区人民的精神世界。由此我便对为乡亲们书写眼前这些书画作品的家乡的书画家群体肃然起敬了。周耀宗、李冰莹、尚自文、白德厚、尚敦厚、张自强、尚育新、任安民、解仁强……他抑或是老教师，是基层干部、农民，但都是山区民众喜爱的艺术家。

那是又一个唱大戏的艳阳天，我与几位少年时的学友相邀一同去看望以书写章草见长的我们的母校长武县中学原副校长白德厚老师。白老师六十五岁的人了，精神甚是健旺，家中几净窗明，满堂字画，每日习书不辍，儒雅之风可鉴。师生们谈起先生的书艺，先生说："习书要爱，要执著，三天打鱼两天晒网是最要不得的。还要走正确的习书之路，更要紧的是学以致用，热心为乡里乡亲服务。我习书算起来已有五十多年了。上小学时父亲就命我每天晚上写一篇大字，从那时起养成的习惯到现在都未中断。前二十年主要是临唐楷《九成宫》《勤礼碑》、隶书《曹全碑》，后来有机会参加专业培训，从理论上懂得了什么是书法、书法与写字的关系、学书的正确途径。我体会出研究临习前人的优秀书法作品是一个书法家终生的必修课，对取法书道修身都大有益处。"当我们谈起先生积五十多年苦功终得善果，作品多次获国家、省、市大奖时，先生出语清逸高迈：那都是乡党们逼出来的。你们都知道咱这里的乡俗，哪家要字能不给哩？几十年写下来，如果说有点成绩，全靠长武原上爱画爱字的乡俗好啊!

风俗滋华笔,民风润文章。听罢先生这番看似轻淡的议论,我们此时似乎才明白了古人倡导"惠风畅和""民风仁厚"的深层意蕴。谈到融洽处,先生欣然命笔为我们书赠了李白之予孟浩然:

吾爱孟夫子,风流天下闻。红颜弃轩冕,白首卧松云。醉月频中圣,迷花不事君。高山安可仰,徒此揖清芬。

其寄意和笔法均引得我们久久回味。

写于 2005 年秋

访陶艺国画家张维

步入西安美术学院张维教授的"作坊"兼画室，便进入了一个五彩缤纷的艺术世界。一件件陶质的卧牛、奔马、飞燕、跳跃龙门的鲤鱼，一副副写意情致浓郁的国画、寄意鲜明的书法作品，还有那或悬挂或置放的凤翔泥塑、华县皮影、江南刺绣、云南蜡染……会使我们于惊叹中着迷，感受到艺术对心灵的震撼！

张维1959年毕业留校于西安美术学院。几十年来，不论时代风云如何变幻，他始终坚持"传道、授业、解惑"的师道，自觉遵从毛泽东所倡导的中国的文学艺术家要努力创造中国风格、中国气派的文艺思想，默默耕耘，不舍昼夜，艰辛求索，终于成就了一位著名中国陶艺国画艺术家应有的风范。尤其是近二十年来，在各种"热"潮新派面前，张维既有自费赴西欧考察艺术的自觉，又有守望家园的清醒，坚持愈是民族的愈是世界的，愈是地域的愈具有全国意义的理念，将难以数计的陶艺作品在与工人师傅合作中精心烧制出来，把祖国的山川风物在画案上深情地用美术的语言吟诵。他将民间工艺品所传达的民族优美的志趣、情调、气质作为研究汲取的营养，于自己借鉴的同时，满腔热忱地教授给学生，介绍给社会公众，其用心良苦，情之殷切，在业内业外受到广泛尊重与赞誉。评论家指出："张维教授的陶艺作品中，最见特色的是古拙质朴的陶罐和粗瓷挂盘。在广泛汲取民族传统及民间艺术精华的基础上，充分发挥了一位中国艺术专门家的艺术哲思和想象，表达了耐人寻味的意蕴，给人们留下无限玩味的空间。"在张维的陶艺作品中，人们能找到唐代宝相花的影子，看到商周状花纹的弧线、西府民间泥塑的背影以及贵州傩乃至非洲雕刻的神采。特别是张维黑白相间的设色，刀法粗犷的纹饰，毫无烦琐雕琢之感，多具黄土文化的厚重古朴、浑然一体的力度和感染力。一套黑彩白花茶具，其中几件圆乎乎黑亮亮的茶杯，活脱脱似几个关中农村的小男孩，敦厚、实在、欢势，让人忍俊不禁，爱不释手。

更难能可贵的是，作为擅长陶瓷艺术、装潢设计的艺术家张维，并未囿于此一艺。几十年来，他致力于中外陶瓷艺术及传统民族民间艺术研究、教学、创作的同时，在中国国画、书法创作上也煞费苦心，形成自家的面目。他笔下的山水、花卉、鸟兽既见中国文人画写意的风骨和气韵，又显西洋画写生写实的素养，迈进了艺术创作的自由王国。作品多次在国内外展出，并于1998年10月在法国巴黎艺术城成功地举办了个人画展。

　　"古陶生新辉，今朝传承人"。这是笔者在采访张维谈及个人的艺术思想时，他向笔者展示的我国著名黄土派国画大师刘文西先生为他的代表著作《三彩陶艺赏析》一书所作的题词。张维说："刘院长（原西安美院院长）是知我的，他的这副题词确系点睛之笔。说到我的艺术主张，其实很简单，就是毛主席早就讲过的思想，中国的艺术家有责任用自己的作品，调动群众的民族情感，激发我们中国人的民族自尊心，鼓舞我们中国人为自己的美好生活进行愉快的劳动。"

写于 2006 年春

318

母亲留给我的珍藏

"国色朝酣酒，天香蝶飞来"。这是母亲于 1996 年春天为我精心创作的一幅四尺整张中堂"牡丹"。当年母亲已是 73 岁高龄，自觉来日短促，留给我做永久之念。画面左上角的四只蝴蝶，是母亲根据我的小家三口人丁特意设计勾画的。多画了一只，是因为母亲总觉得我们夫妇只有一个孩子，太少了，再添一个才好。

或许是为母亲"化作春泥更护花"的精神所感动，上苍怜悯，这些年来母亲的精神愈见健朗，于今年八十岁生日之前还为我的女儿结婚创作了八条屏。寿宴上，母亲将分别绘以牡丹、樱桃、海棠、水仙、茶花、菊花、柿子、石榴的这组充满了爱意亲情的作品交给了她的孙儿。

　　1923 年，母亲李冰莹出生在陕甘交界的高原小县长武。少年时跟随做私塾先生的祖父和做商会录事的父亲练习工笔花鸟数年，打下了绘画的基础，从此也与祖国传统书画艺术结下了终生不辍的情缘。日后相夫教子，生活窘迫，在奔波公务家务的几十年间，未敢认真拿过画笔，无奈便常为姑嫂描袜底，替亲友剪窗花，春来抚细柳，秋至掠菊香，走笔勾线于内心。"文革"后，生活宽裕了，母亲压抑半生的艺术渴望解放了。二十多年来，她不计功利，虔笔重彩，作画三四百幅，抒怀咏志之余，大多慷慨馈赠乡邻亲友和同道者，在方圆几十里落下了好名声。

　　由于母亲的画传承了明清工笔花鸟的优良传统，加之衰年发愤，数家报刊、出版社为之感动，发表出版了她的几组作品，获得好评。由此，大家竞相收存她的作品，尤其是近年来随着传统文化受到重视，向她索画的人越来越多。也正应了那句老话："彩笔润华年，翰墨增老寿。"在习画运笔中度晚年，母亲不仅身心俱好，而且画艺大进。看着母亲愈来愈恭谨祥和的作品受到欢迎，我也逐渐从艺术和亲情两个方面懂得了她的价值。

写于 2003 年夏

话说自制藏品"祁山玉倾"

今年八月初,利用年休假,我们几个好友,驾车进入垂慕已久但却总无缘谋面的祁连山腹地采风游历,以增广对祖国大好河山的见闻。自东向西我们先后游历了辽阔的山丹军马场(亚洲最大的养马场)、瑰丽的肃南裕固族自治县康乐草原、奇异的临泽县丹霞地貌地质公园,最后到达嘉峪关市以南120公里处的著名景点"七一"冰川。由于海拔较低、离城市近、山势平缓,"七一"冰川是祁连山950多条冰川中目前唯一向游人开放的现代冰川。当我们开车抵达海拔3 900米处的接待站,徒步登上海拔4 700米高度俯视洁白晶莹、硕大得出乎我们想象的玉龙般的冰川时,真是灵魂都出了窍。蓝天、雪山、迅疾飘移的云朵,大自然把她最美丽的真身无私地呈现在了我们面前。蓦然间,我好像觉得自己会随着迅疾飘移的云朵化成一个"飞天",融入这圣洁的天宇。在近似疯狂的一番拍照后,这才感到日晒胸前暖,风吹背后寒,以及缺氧带来的不适,大家都在砾石上坐了下来,喘气、喝水、休息、贪婪地观赏。就要依依不舍地下撤了,我发现身前身后的砾石之中有似玉非玉的石头,霍然间,我便产生了捡几块以为纪念的强烈冲动。于是,在下撤的时候尽管天色骤变,乌云压顶,飞雪横吹,我还是留在了队伍的最后头,寻觅心仪的"祁玉"。我跌跌撞撞地在山间盘桓,完全不在乎会不会有更大的风雪袭来时下不了山。心诚则灵,就在我终于捡到了两块满意的"祁玉"的时候,雪过天晴。仰望冰川蓝天更蓝,雪山更圣洁,脚下的草甸更绿,完成了二次拍照后,我怀揣两块"祁玉"意纵天高地下山了。

　　这趟旅行结束回到西安后,我的心还久久地留在壮美的祁连山中。我跑到书院门找雕刻家欲把从"七一"冰川带回的两块"祁玉"雕刻成作品,但令我失望的是,跑了几处,人家都不愿接揽。末了我抱着最后的希望跑到西安美院师生作品画廊试探,尽管也无人收留,却有一位好心的学生看到我的心焦,接过两块石头仔细观察了一番后告诉我,其石有玉质感,且来历不凡,当藏之。他指教我回家后用砂纸将石头的锋锐处打磨光滑,将污渍磨去,让石头显出本色,不用再加工,便是上好的私家藏品,天然去雕饰嘛。

　　回家后我认真地按照这位好心的同学所教的方法做了,石见本色,配以基座,果然成趣,全家欣然,谓曰"祁山玉倾"。置于电视柜上,每每看去,总使我联想起"七一"冰川以及祁连山那些壮丽的风光。这真是,目睹捡来玉,逸兴壮思飞。藏品不拘格,自制亦奇瑰。

写于 2010 年末

家藏一朵祥云

那是 2008 年的 7 月，寒窗苦读了 19 年的女儿终于研究生毕业，为了兑现多年来对孩子的承诺，以及祈盼她走好人生新的旅程，我们一家三口，遂赴敦煌旅游、朝圣。此时的敦煌本属旅游黄金季节，但由于 5·12 汶川大地震的影响，游人寂寥。然而敦煌毕竟是文化圣城，自有其雍容大度之风范，一切安详若佛。作为西北人，我们既为地震影响敦煌的旅游业而惋惜，又为此时能为敦煌做点"贡献"而欣慰。于是，我们于夕阳下体味古阳关、古董滩的苍凉；朝晖里临月牙泉、登鸣沙山眺望大漠的庄严；灯火辉煌的文化一条街上我们走进种类、规模之全之大，大城市犹有不及的敦煌学图书资料专卖店浏览，为敦煌现象叹服；甚至于农家乐的葡萄架下知道了沙海绿洲一亩棉田里一年有 600 斤棉花的收成，替农民兄弟高兴。

当然，最令我们心仪的还是莫高窟。

尽管此前通过多种渠道间接地接收过关于它的大量信息，然置身这全世界规模最大的佛教造像和壁画群中，其历史之久远奇特，艺术之精妙神秘，气势之宏大沉雄，保护之艰难缜密，管理之科学文明，还是给我们了很大震惊，从内心里为吾中华拥有这样伟大的文化遗产而自豪。我们于洞窟间虔诚地流连瞻仰；在已成为敦煌市市标的莫高窟九层楼下久久凝望；在已干涸了的宕泉河畔遐想；在静谧的宾馆夜晚的灯光下，阅读阐释莫高窟及敦煌在中国佛教史、美术史、中外文化交流史上所具有的独特作用和地位的图书画册。

这一切使我们全家都产生了要从敦煌带回去点什么以资铭记的强烈冲动。为此，我们特地挤出一天时间，走遍全城寻觅最具纪念价值的藏品。一天跑下来，终确认带一幅莫高窟壁画临摹画最有意义。其次，就是个头虽然不大但却甘甜爽口且极富怀古兴味的"李广杏"了。

我们发现，原来敦煌市大约有十多家专门出售莫高窟壁画临摹画的专卖店，或简陋，或雅致。然不论简陋与雅致，其中出售的作品大多数都不失莫高窟壁画原有的风格与水准。打问得多了，方明白，这些作品大多出自接受过高等美术教育的画家之手。其中西安美院毕业生的比例就很高。我们就是在一位西安美院毕业生的推介下，以 1 000 元的价格购得他临摹的莫高窟第 57 窟南壁说法图中的一身菩萨全身图的。

在莫高窟参观时，我们了解到，第 57 窟南壁说法图出自初唐画家的手笔，呈现着与前代相比，人物大量增加，画家更注重对不同人物个性刻画的特点。图中佛、菩萨、弟子等形象达十五六身，中央是佛结跏趺坐于莲花座上，佛两侧绘一老一少二弟子，年老的弟子手持净瓶，年轻的弟子托钵，侍奉于两侧。再往外是两身大菩萨，特别是左侧的胁侍菩萨绘制得最为优美。她头戴化佛冠，上身半裸，肩披长巾，身佩璎珞，一手上举轻扶飘带，一手托供品，体态优美，身体略呈"S"形，目光下视，若有所思，肌肤细腻，体现出雍容高贵的美。从她身上佩戴的璎珞、所穿的华丽衣裙上看，俨然是那个时代一位文雅俏丽的贵妇人的形象，给人以佛教中国化的强烈提示和鲜明的历史感。由于此身菩萨描绘得十分优美，第 57 窟便成为有名的"美人窟"。

画家推介，我们可心购买的正是第 57 窟中这身左侧胁侍菩萨临摹图。此图尺寸为 48 厘米×125 厘米，准确地描摹了原作的全貌和意境。带回西安后，在书院门请房山装裱店的师傅装裱在一栗色木边的镜框中，悬挂于书房，图色更显优雅华滋，常常使人产生菩萨会随时走下画面的美妙幻觉，一下子就把家中原来布置的字画比得失了颜色。这几年，除了我们全家珍爱，上门做客的亲友也是人见人爱，不少亲友还要求我们替他们联系邮购。大家都说，看了这身菩萨使人心静气和，凡心外化。而我和女儿则觉得有此画在室，会使我们时常发思古之幽情，遥想长安与西域一脉贯通的历史文化血脉，以及在"丝绸之路"上跋涉的一代又一代的拓荒者，从而排遣世俗的喧嚣。去年春节时，在清华大学建筑学院读博士后的我的外甥看到了这幅画，沉吟良久后，赞叹地说，这真是一朵祥云啊！

我觉着概括得好，遂将书房更名为"祥云书屋"。

写于 2009 年 5 月

325

长 武 赋

　　长武县小，秦中古今西之门户；长武地僻，斯邑向来春秋名重。初唐大臣，子奢①有颂："豳馆斯开，公刘建都之地。梁山南忱，甘泉东指，面云雕之郁葐，想玉树之青葱。沃野千里，平原超忽，先王之桑梓，西州之都会。于是诏司空、相原隰，四衢如砥，八道傍通。"②于是汉骑唐僧，胡商番使，川流不息，日夜假道。百姓惊喜，柴扉洞开，箪食壶浆，晨昏伺望。丝绸之路，陕甘大道。长武古驿，遐迩闻名。

　　交通要冲，战略重地，千古人物，风云际会。蒙恬扶苏，兵发北郡。戎马倥偬，见鹑翔止于觚；感其灵异，首置鹑觚县

_____

①　子奢，朱子奢。贞观年间守谏议大夫骑都尉。
②　引自长武县昭仁寺寺碑《大唐豳州昭仁寺之碑》碑文。

治。秦王义愤，浅水剿贼；将士用命，仁果①穷途。安百姓于垄亩，保唐祚之京西。然太宗龙床惊梦，浅水原磷火飘忽。故而旧沙场敕碑，昭仁寺建豳："变秽土于宝城，开莲花于火宅"②，昭阵亡将士之伟绩，宣天下仁政之教化，留秦西名刹于斯地，彰忠烈战功于千秋。至于仲淹心忧天下，宗棠遍植杨柳，遗迹存豳③，长武留名。右任元老，龙蛇走笔，县中题名，砥砺后生。"两当兵变"，仲勋遇险。亡奔亭口古镇，有义士匿留，侠肝义胆，古道热肠，中共党史记其名。

武功文治，中华传统，渭北重镇，古韵亦长。公刘祠里奉蚕神，牛弘④墓前祭贤臣。柳毅传书救龙女，丈夫气概；柳州⑤南涧题名句，书生清愁。

追根溯源，长武情深，天不穷我。改革开放，欣逢盛世，鹑觚腾飞。泾水之滨，黑金闪耀，彬长煤田，举足轻重。五十里开矿区逶迤莽苍，三百亿建电厂手笔恢弘。高速公路直抵西安航空港，能源宝库启动三秦新引擎。高原之上，十年扶持种苹果，终成佳熟；华夏内外，果销汁输揽千万，名动九州。深秋时节，全县欢乐，乡乡摆戏，村村庆丰。高亢秦腔颂党恩，谁人不醉，哪叶不红！

长武古县，朝气勃发；百姓鼓舞，力奔小康；故园逢春，

327

---

① 仁果，薛仁果。隋末唐初陇东割据势力首领。

② 引自长武县昭仁寺寺碑《大唐豳州昭仁寺之碑》碑文。

③ 豳，先秦地名，包括今长武、彬县、旬邑一带。今长武县亦可简称豳。

④ 牛弘，隋代右光禄大夫，鹑觚人。长武现存牛弘墓。

⑤ 柳州，柳宗元，唐代文学家，世称柳柳州。公元812年途经长武，留诗《南涧中题》。

欣欣向荣。余为子弟，倍感振奋。月明故乡，情怯旧土。欲报以德，昊天罔极。遂成斯赋，彰扬吾乡，羔羊跪乳，恩报亲娘。

写于 2007 年春

麟　游　赋

　　夫麟游者，渭北旱塬之奇邑也。天赐地造，千山余脉，通贯斯境，森林茂密，草场广袤，雨量丰沛，溪流纵横，走兽奔野，鸟语花香，盛夏清凉，宜居宜养，自古而往，秦中翘楚。周族筑"杜林"，乃耕乃牧，始化农耕文明；隋唐造离宫，避暑问事，肇端消夏议政。史有"麟介豳岐之间，实太王发祥之基，礼明乐备，俗厚民淳，自古称最"之谓，诗存"帝子远辞丹凤阙，天书遥借翠微宫"之咏。

　　秦西宝地，天子垂爱。于是九成宫遗迹留勒石，《醴泉铭碑》，文书双绝，彰大唐风流鼎盛，存千古翰墨遗珍；慈禅寺石窟存造像，上追敦煌，下携龙门，见佛教汉化神粹，展华夏审美精魂。亲临斯地，读碑阅典，"居高思坠，持满戒溢，念兹在兹，永保贞吉"。触目心惊，能讳魏征醒世箴言？"珍台靓穆，阳灵开避暑之宫；清序钧调，景福制追凉之殿。"媲滕王阁序，敢忘王勃雕龙文心？噫吁唏！麟游实乃文物盛地，神州有数之邑。

秦西宝地，历代经略，为史煌煌，蕴育悠长，才俊英杰，世代有传。尝闻有明，郎中何升，辞京归里，众讶装重，疑为金银，启而示之，籍典盈箱、杂充纺具，同僚无语，皆称廉吏！至于有清，知县安千，巡乡理事，烟雨一蓑，芒鞋竹杖，旱烟系身，不输板桥之风，何惶民亲敬之。乃至民国，寿珊将军，持守"三民"，投军靖国，力助我党，坐罪蒋氏，临刑言壮："只知有国，不知有家！"义薄云天，三秦留名。又有建勋先生，凡十五年，薪束无取，月月季季，观日逐云，测风计雨，驰报气象，表告农情，南京嘉许，授之银奖，科学见知，国人传颂。尤见伯经、乐天先辈，秦西建我党，麟山组武装，二十春秋，寒来暑往，腥风血雨，暗斗明争，北上延安见毛公，解放三秦有其功，中共英豪，西府光荣。

追根溯源，风云麟游，改革开放，老树更着新花，旧土乃生春发。卅年扶持，宜农则农，宜牧则牧，宜林则林，粮丰囤满，牛羊弥望，林涛翻滚，终归生态平衡；全免农税，合作医疗，统筹养老，始步社会和谐。资源开发正兴煤电之利，公路建设可期高速通衢。深山之中，孕育绿色工业奇迹；川原之间，掀起城镇化浪潮。古县今腾飞，前程无限靓，民富康而乐，齐颂盛世情。

仲秋时节，归访故里，群山斑斓，杜水碧绿，观之气爽，嗅之神清。更见楼阁邻毗，烟埠繁盛；古迹幽静，新街喧腾；公园秀丽，喷泉百尺；老者运太极，青年健体魄，游客赏名胜，学人研碑铭，亲人陈八味，乡邻予山珍。秋阳之下，国庆之期，吾乡向荣，喜庆吉祥。映日山城红胜火，霜叶艳于二月花。锦绣中华，五彩麟游，余睹此景，倍感振奋。观之不足，赋之赞之；悦之不足，歌之咏之耳！

写于 2007 年深秋

（资料来源：《麟游县志》《资治通鉴》）

寸草春晖

　　前几年病了，回到地处渭北山区的家中休养，便有了在外工作近三十年不曾有过的，与父母亲长时间团聚的几个早春和仲夏。

　　在这些日子里，年届八旬的双亲的舐犊之情，使我于此时才似乎读懂了唐代诗人孟郊。与其说千古传诵的《游子吟》是诗人的艺术概括，毋宁说诗中描写的生活细节，其实就是诗人本人生活的实录。古往今来，普天下的父母都有着一颗可怜的心啊！

　　母亲自幼就喜爱务花、种菜、培植果树。前些年，在菜地花圃里爬爬跪跪的时间过于长了，伤了双膝。此时得宽余，那年惊蛰刚过，我便替母亲整地翻土。凭着少小时父母教养的劳

动习惯，加上多年不再干体力活的新鲜，我愉快地操持起了铁
锨和钉耙。春日融融，以我壮年之力，翻整自家庭院中这七八
十平方土地，我想还是游刃有余的。但母亲并不放心，仍像我
小的时候那样，紧紧陪伴在我的身旁。这儿有牡丹的根植，那
儿菖蒲在萌芽；这边是一畦韭菜，那里想种上豆角、茄子、黄
瓜，还要为暑假回来看望爷爷奶奶的我的女儿再种几垄甜瓜。
在母亲颤颤巍巍的衰躯旁，绵声细语的指点、提示声里，我觉
得自己又回到了童年，一种得意、欢畅而又宁馨的感觉溢满了
胸间，思绪也像天空上的云絮一样，游走飞动。

　　我想起了往年我和女儿不在母亲身边的时候，她总是要把
自家树上将要成熟的杏啊桃啊尽可能地留在树上，盼望着我们
回来，在她眼眉子底下采摘、啜食。然而时月不等人，常常是
树上的杏子、桃子熟得再也不能不采摘了，我们还未归来，母
亲这才在大家的劝说下很不悦意地着人采摘。有一年，我和女
儿回到家里时，树上还有母亲为我们留下的四五颗成熟得晚了
的桃子。母亲欣喜地招来父亲、弟弟、妹妹，一家子人眼看着
由我和女儿将桃子一颗一颗地摘了下来，经她动手洗净了，又
让我们一颗一颗吃了下去。更多的年份里，我们父女不能回家
时，母亲则要设法托人把成熟了的杏儿、桃儿捎给我们。"谁言
寸草心，报得三春晖。"多年间，我渐渐体悟到了母亲的这番心
思，它来自一个悠远的情愫。新中国成立前，外祖父家是没有
自己的土地的城镇贫民。母亲自小就渴望着有属于自己的一方
土地，渴望着在自家的土地上自由地耕作、收获。暮年有了自
己的这方小小庭院，她又怎能不努力地去圆自己多年的梦想，
且将这自己劳作、自己享用的幸福也传递给自己的儿孙呢？此
外，我想在母亲的内心还存有另外一层心思吧。那就是在这亲

333

情爱意的传递间，要自己的儿子、孙儿明白，人在富贵繁华的都市，心却不能忘了乡土，忘了劳动，忘记了食出何处。

就当我们娘儿俩在园圃里忙碌时，父亲自然不会不予与闻。父亲青少年时在以荒蛮著称的陇山山区的家中是吃过大苦的。他投奔解放区时连件像样子的上衣都没有，是换上了堂弟的一件正穿在身上的布衫才离家的。他深谙种田人夏日里汗流三尺的辛苦，寒冬腊月进山砍柴的恓惶。到了晚年也许就如同长年只能以红薯顶饥的人，吃上米面后，见了红薯胃里就泛酸一样，不再稀罕在土地里劳作的福分了。但多年来他对母亲的园艺事业还是理解、欣赏的。总是一只小凳儿，坐在地边上，替母亲打个下手。今天有我在眼前干活，他的心情自然就不同于往常了。仍是坐在他的小凳儿上，却早早预备了茶水，还将我孝敬的他舍不得抽的好烟也摆在了石桌上，一眼眼望着我。见母亲对我支前支后的工夫大了，他便泼烦起来。一会儿说"歇一歇吧"，一会儿讲"院子里的这点地，再怎么拾掇，又能有多少出产？"见母亲并不理会，我也不为所动，他就拿了烟要我抽；看我翻地下狠力，他就粗声喊了："今儿个翻不完，明儿再翻嘛，急个啥哩！"有了父亲的这么一吵嚷，母亲似乎也回过神来。"对（停）了对（停）了，离清明还早着哩，咱明儿再收拾。"话虽是这么说，但她人还是左右顾盼，要我把这儿再翻几锹，把那儿再搂上几耙子。在父亲持续的叫停声里，我们娘儿俩终于停下了手上的活计。父亲便倒了茶，拿了手巾，要我喝要我擦洗。

春日融融。融融春日下，我和母亲歇着，父亲依着庄稼人的老做派，在那里擦拭铁锹上粘的泥土，清理钉耙上缠绕的柴草。庭院里安静极了，高天碧蓝，春风摆动着吐了新绿的柳枝儿的飒飒声悠悠于耳。我们父母子三人，又拉起了家常。

在病休的几个春日夏天里，让父母操心最多的当然还是我的病以及往后的工作。看我的病情、心情一有好转，且显出了乐不思蜀的劲儿了，老两口就对我说："年纪还轻哩，病也不要紧，阳阳（我的女儿）正上学哩，不要操心我俩了，还是工作要紧。"流露着启发我早些返城的意思。有一天，单位上的几位同志乘了长途班车来家中看望我。父母亲命弟妹们预备下丰盛的酒菜款待。吃完了，言谈后，我没有留同志们住下来就让他们于当天返了城。夜里，父亲抱怨说："人家跑那么远的路来看你，应该留人家同志住一夜再走，怎么能让人家赶得这么急。"听着父亲的教训，我没有把自己担心第二天会有雷雨路上不安全的心思说出来，只是点了点头，就进自己的房间休息了。我懂得，这是父亲希望我绵厚待人，日后好与同志们一起好好工作。

但一到了我正着色提起要回城的话题，安顿开了启程的事由时，父母亲就少了言语。到了我将要走的那几天，父母亲就好像又衰弱了一大截，只是默默地准备料理我和女儿喜欢的吃货土产……

那是我返城的一天，早晨，双亲起来得很早，眼看着我吃完早饭，倚门摆手与我告别。我孤身一人坐上了长途汽车。车窗外家乡的天地亲切，我却心事浩茫。两位农民模样的车友在我的座位后议论着自家的婆娘。"今儿个出门，婆娘连烙馍都没给我带。我妈在时，给我带的馍多得几天都吃不完。"听罢此言，我的心头一下子发了酸！

写于 2004 年秋

渭北乡情

　　我的家乡在渭北旱塬的极深处。那里天高云淡，黄土深厚，杨柳挺拔。供给学生念书，历来是被人们看得很重的一件事。久而久之，就成为最具影响力的乡情乡俗之一了。

　　只要娃是块念书的材料，为父母者，黑流汗水，做牛做马也要供给。爷爷奶奶，寄托的心思就更重更殷切了。白发人，爬爬跪跪，翻出压在箱底多年的用帕帕包裹着的儿女平时孝敬的零花钱，还有那些从鸡屁股、田边地角抠回来的收益，都给娃凑了学费。当舅的、当姨的、为伯的、为姑的，也是一脸的正色，交赞助似的争着比着给学生出钱。谁家的娃考上大学了，那事就大了。铁定要摆上几桌席面，一家三代，四邻八家，亲戚友人欢聚一堂，同喜同贺。在这种时候，对亲戚乡邻们来说，吃喝是次要的，要紧的，是在众人面前给"新科状元"送钱送物以表达自己的一番情意，祝愿娃一路顺风，学业有成，前程远大。这乡间的馈赠场面有时还是颇能让人眼热鼻酸的。客人送，主家推，推推让让，喜眉笑脸，热闹非凡。主人家要是推让得太实诚了，往往闹得三嫂五叔变脸色发脾气，甚至拍桌子跺板凳。到了这般天地，主人家也就猛地回过神来，赶紧接承下，这是乡俗，这是亲情，这是众人供给学生哩！推让得手太重了，人家会骂哩。看，娃刚考上学，八字还没见一撇哩，就烧得捏拿不住分寸了。当大家都按照个人的身份，尽了那番心，送了那份情时，这乡间的宴席就像陈年的西凤酒、新沏的陕青茶，烈了酽了。敬了爷爷敬奶奶，贺了大大贺妈妈，互敬互贺，大呼小叫，鸡飞狗跳，快乐幸福也就无边无涯了。

古道热肠。地处渭北旱塬深处的我的父老乡亲，不仅仅是由于而今知识就是力量，科技就是金钱，才不遗余力地供给娃娃读书求学的。这秦陇塬上的百姓，对于后辈儿孙念书成材，自有自己的一番眼光。至于书中的黄金屋、颜如玉，他们倒不怎么敏感。记得20世纪70年代初，我进城当了工人，多少次在履历表"文化程度"一栏填上"高中"字样时，众人便会提出疑问。以我的年龄算来，读高中的适龄时段正值"文革"的"洪期"，哪里还会有高中可读呢？其实，这就是我的故乡的不同凡响了。正因为这方热土的文脉悠长，那场横扫一切的"革命"在这块土地上的作用并不显著。举过了"造反旗"，收拾了"文攻武卫"的刀枪剑戟之后，唯一的县中比外地县的中学早了一到二年就复课了。于是，塬面上、沟底下面呈菜色的父老又把自己的子女送回了学校。我就是在这样的情况下读的高中。那是一个什么样的年月啊！"文革"风暴并没有解决农民亟待解

决的温饱问题。父母亲又为我这个背馍学生的馍口袋里装满了
高粱面馍馍，而其时全家人一天两顿苜蓿菜糊糊时常还难以为
继。几十年过后，回想起亲人们当时为了供给我读书所遭过的
罪，还使人黯然神伤，同时也更深刻地理解了父母亲要儿读书
的那份执著心性。然而，这一切的发生，还有一个更加遥远的
背景。我的年逾八旬的老母，在20世纪二三十年代，就是被身
为自耕农的外祖父放开了小脚，送进文庙巷小学的。母亲至今
还收藏着外祖母当年用粗麻纸为她装订的写字本，偶尔还会给
我们讲起当年外祖父母一家人，为供给她读完初中所受过的
恓惶。

　　磕磕绊绊，跌跌撞撞，勇敢而近乎痴迷地追寻精神文明的
沐浴和照耀，这或许就是我的家乡父老自尊自强、生生不息，
活得有滋有味，以及视供给学生上学为神圣的一个原因吧。

　　而今地处渭北旱塬深处的家乡的世事确实大变了。几十
里几十里纵深的苹果园，雪白铮亮的农舍小楼，电视、电话、
影碟机，来回奔跑的出租车，红火热闹的乡镇超市，农妇脚上
的高跟皮鞋，都在告诉人们乡亲们"洋气"了。然而，透过这
抢眼的现代气息，人们还会发现，代代血脉贯通的文化传统也
更加浓烈了。家户门楼门斗上老辣的魏书唐楷题写的依旧是
"耕读传家""祥和致远"；中堂照样是高山流水，四季花卉；条
幅还是"一等人忠臣孝子，两件事读书耕田""醉歌田舍酒，笑
读古人书"。而作为高台教化的秦腔戏曲，更是地不分南北，时
不分早晚，在那宽展辽远的塬面上放开地高唱（播放）了。今
年国庆黄金周，在我们乡的庆丰收优质苹果评比大赛的会场上，
我还曾看到过这样一副令人不能不发感慨的大红对联：摘硕果
庆丰收抓现金勇奔小康，免农税发课本兴教育难忘党恩。

浸染于这淳厚醉人的乡情乡俗之中，作为这片土地的儿子，这些年尽管我生活在物欲横流的都市里，也未敢忘记了自己的一份义务和责任。每每给进城读书的家乡子弟凑上些许学费，送上三两物件，虽然有人反对甚至辱骂嘲讽，但自个儿觉得为生我养我的土地尽了一点心意，收获的是别样的一种满足和快慰，也就把骂声当成丽音听了。

写于 2007 年冬

339

我 的 母 亲

　　我的母亲今年整整八十岁了。她从十七八岁高中肄业后，便在渭北山区做了一辈子小学教员。在她的身上既有教师特有的智慧，又有农村妇女的善良、淳朴。她对我的言传身教，使我受益终身。

　　在我七八岁的时候，有一次，母亲领着我去彬县看望父亲。我见父亲的一位同事的打火机稀罕，便偷偷拿了去玩。当母亲发现时，我们已返回了距彬县80华里的家。当时姨母也在场，她把我搂在怀里护着，不让母亲责打，说："娃还小哩。"然而，至今回忆起母亲当时那痛心疾首的模样，我还存留着揪心的感觉。母亲当下问清了缘由，即刻托人把打火机捎给了父亲，并要父亲向那位叔叔赔罪。此后，每当我再去看望父亲时，那位叔叔好像对我比以前更亲切了。当时我并不明白其中的道理，长大后才体悟到，发生了这件事，那位叔叔更加了解了我的母亲和父亲。

记得那是夏至前后的一天，由于"文革"停课，无书可读，有一段时间我玩起了弹弓。这天，塬野上农民顶着大太阳在收割麦子，我却提溜着弹弓在公路上转悠，寻找可打的鸟儿。母亲与几位同事下乡劳动归来，正好碰上了我，我不知高低，急忙迎上前去。哪想到母亲顿时沉下脸，厉声训斥，收缴了弹弓，拽着我回家，命我立即去乡下的姨母家和几位表兄弟一起跟随大人收麦子。十几天过后，我晒得黑黑的，回到家里，还带回了姨母奖赏给我的麦仁，心想母亲会夸上我几句，但母亲什么也没有说，却要我第二天就领上两个妹妹到县城郊外的麦茬地里拾麦穗。

我十六岁的那年春节，因为父亲长期被关在"牛棚"里，几年都未回老家看望我的爷爷奶奶了，母亲便让我代她和父亲回老家探望。临行前母亲给爷爷奶奶带上那个年月甚是金贵的白糖、茶叶、花生米。我一人坐汽车到了距老家还有40华里的崔木镇，由于大雪路面结冰，车不能再前行了。下得车来，同车的旅客散去，山野间杳无人迹。然而背负着母亲的重托，我忘记了恐惧，毅然背起行囊，迈开双脚赶路，于天黑前终于见到了爷爷奶奶。作为山乡的老农，爷爷奶奶此时并不怎么清楚父母亲的处境。而读过书的姑母、叔父从我口中得知，在这万家团聚之时，父亲还被关在山中的"牛棚"里，一个人替县"革委会"（全称，革命委员会）看护着一群山羊，而母亲又狠着心让我冒着这么大的风雪回老家行孝，便潸然泪下。多年过后，每当提起那年春节回老家看望爷爷奶奶的事，提到姑母、叔父的伤情，父亲总是百感交集，说："你妈对老家比我操的心还要多！"

至今我还极清晰地记得"文革"中一年冬天的一个傍晚，风雪交加，母亲在学校遭受了批斗，回到家中身心憔悴。我们母子早早关上门，在昏黄的煤油灯下咀嚼苦痛。就在此时，有人叩门。那是一个我曾多次在街道上看到过的被挂牌"游街"的"历史反革命分子"，母亲早年的同学。进得门来，他悄声向母亲诉说，他一家人被扫地出门，眼下在生产队的饲养室里临时度日。由于家口重，土炕上挤不下，他天天在麦秸堆里取暖过夜。今天女儿又发了高烧，求母亲给他借点钱，好给孩子诊病。听罢这一席话，母亲二话没说，拿出了 20 元钱（那时母亲一月的工资仅 42 元），还包上了几个馍馍，让他赶紧去给娃看病。那一夜母亲彻夜未眠，等我一觉醒来，她还在那里泪痕斑驳地做着针线。不知是担心自己第二天还会不会挨批斗，还是在那里担心老同学的女儿的病。

母亲的晚年是幸福的。退休后，适逢改革开放的太平盛世，她便拿起了青少年时就喜爱的画笔。二十多年来，作工笔花鸟画数百幅，大多慷慨赠予亲友乡邻。后来有了名声，还曾为远在铜川、咸阳的求画者作画多幅。但多年来，她却从未收过人们一分钱的酬劳润资，只是让我将她的画作在省城出版、发表了几幅。在她看来，这就是她人生最大的荣耀和快乐了。

写于 2003 年

母亲的绘画生涯

　　外祖父李之锷，一生为人写贺幛写碑文当录事，开明正直，系乡间颇有声望的先生。20世纪二三十年代，在供给两位舅父读书的时候，不畏人言，也把他最疼爱的小女儿——我的母亲，毅然送进了文庙巷小学。见其有天分，还尽已所能倾心扶植她习书学画。有了慈父的耳提面命、悉心指导，到初中毕业时母亲的工笔花鸟画已名扬乡间。从此，艺术的种子就悄悄地扎根到了母亲的心底。从此，这颗神奇的种子就以其顽强的生命力如影随形地牵拽了母亲的一生。

　　刚刚解放时，人民政府安排母亲做小学教员，尽管没有薪水，领的是小米，母亲还是满腔热忱地投入到教改、扫盲、画板报等工作当中去。一有空，她就主动地给大家教授绘画知识。

此时，伴随着新中国成立的巨大喜悦，母亲幸福地憧憬着自己的绘画之路。没承想到，日后随着家务公务日见繁重，尤其是政治运动连绵不断，绘画时有招致政治横祸的危险，母亲只好把对艺术的渴望痛苦地雪藏了起来。为了生计，为了平安，在改革开放前的近二十年里，母亲再未敢拿起心爱的画笔。许多年里，只是为姑嫂描袜底，替乡亲剪窗花，春来抚细柳，秋至掠菊香，走笔勾线于内心，默默地保护着自己对于艺术的敏感。

柳暗花明出现在我结婚的时候。那是 1980 年秋天小阳春的日子里，父母亲从乡间来到西安为我操办婚事。一切准备就绪后的一天，母亲突然命我上街买笔墨颜料，她要给我成亲的画张纪念画。毕竟多年不画了，毕竟已步入衰年，母亲挑灯伏案了几个夜晚，终于完成了爱子之切大于艺术创意的画作。那是一幅清晰地流露着明清趣味的双鹊登枝图，一挂在我的新房里，就引起了不小的轰动。前前后后来看新房、闹新房的同事、亲友都被这张画给吸引住了。或称赞母亲画画得好，或感叹做母亲的一片"苦"喜之心。还有几位亲友当面就向母亲求画，母亲满口应承，清瘦的脸上绽开了久违的被人敬重而惬意的别样笑容。几天后，母亲避开人，小声地对我和父亲说："想不到我还能画画啊！"

现在想来，那张画当时之所以引起了小小的轰动，在很大程度上是因为人们刚刚走出了"文革"阴影，于此图此画里感受到了人文气息和天伦幸福。

到了第二年暑期母亲的精神面貌焕然一新，给了我更大的欣喜。回家探亲时，一走进家门，就看到往日家里用来种菜的院落的空地里，被父母亲移栽和种满了花卉，有牡丹、芍药、月季、刺梅、菖蒲、一串红……堂屋里挂满了母亲的画稿，屋内屋外一片姹紫嫣红。我在家的十多天里，白天母亲总爱支使我为院中的花木培土、浇水，讲给我各种花木的可爱处，她观察花木生长的心得体会，绘画要"道法自然"的道理。一到人息夜静时，母亲总要拉上我一一品评她的画稿的设色运笔，并要我给每张画稿思量题款的文字，还时不时地给我讲述当年她随我的外祖父学习书画的点点滴滴。看着母亲陶醉忘情的神色，我明白了，母亲被压抑了多年的艺术渴望终于得到解放了！

此后的几年间，父母亲先后离退休，时间更宽裕自由了，母亲作画的志趣也更浓更重了。我便从西安陆陆续续给她购回规范的绘画用的笔墨颜料和宣纸及《荣宝斋工笔花鸟画画谱》等，并在家里专门腾出一间房子作为她的画室。母亲见此兴奋地说："好娃哩，这比给我吃好的穿好的还要让我高兴啊！"

再往后的几年里，凡是我回家探亲，总能看到这样的情景：母亲总是把花上几天甚至十几天工夫画成的工笔花鸟画笑呵呵地慷慨赠送给乡邻、亲友。当我稍有可惜抱怨的表示，母亲便教训我："画的画就是叫人看哩，送给大家去看，大家高兴有啥不好？你还是个干部哩，心眼怎么比我这个老太婆还小。你爷（我的外祖父）那些年写字，不管谁来要字，他啥时候都不会推辞，当下就写就送，我这是向你爷学哩！"

看到母亲这番透亮的心，我想起了渭北黄土高原的宽广、厚重，想起了家乡父老的古道热肠、纯朴善良，想起了"厚德载物""上善若水"的古训，我热爱我的母亲以及养育她的家国精魂。

我开始琢磨着怎样补偿母亲。我把母亲的画作带回西安，先后到《老干金秋》杂志社和省新华书店，介绍母亲几十年爱画痴画的情形，请求发表母亲的画作，用母亲的画作出版年画。

两家单位的负责同志都被母亲的画作以及事迹给打动了。1996年《老干金秋》当年第三期杂志的封二以《冰莹女士画作四幅》为题，刊登了母亲所作的牡丹、美人蕉、菊花、梅花四季花卉四条屏，并报道了母亲的事迹。1998年春节前省新华书店印刷并发行了母亲所作《梅花闹春借鹊声》年画。随着影响的扩大，省老年书画协会的同志也注意到了母亲——这位渭北乡间痴爱祖国传统绘画艺术的老人。副会长李峰山先生在素未谋面的情况下，给母亲寄来了他亲笔书写的一副对联："彩笔伴华年，翰墨增老寿。"以此表示敬意。

省城的这一系列承认和鼓励给予了母亲莫大的喜悦和鼓励。母亲激动地说："这真是应了那句老话'盛世兴文'啊！"此后的几年，尽管已年近八旬，母亲作画却更勤，画艺也大有精进。县上也先后推荐母亲的作品入选黄河流域和咸阳市国画展，并在县城为母亲举办了个人画展。尽管得到了她不曾奢望的荣誉，但她奉行"大家喜欢我就高兴"的初衷不改，每天总要在她那小小的画室里耕耘，坚持做她"民间画师"的功课，为亲友乡邻无偿作画。

2008年国庆黄金周的一天，一大早我带着母亲来到我们乡庆丰收优质苹果评比大会的会场，震天的锣鼓声抒发着乡亲们丰收的喜悦，高亢的秦腔（播放）表达着乡亲们对党和政府的热爱。就在这热闹的场合，母亲仍不忘她的本行，她要我带她到将要唱大戏的戏台口去欣赏红底金字的对联："摘硕果庆丰收抓现金勇奔小康，免农税发课本兴教育难忘党恩。"母亲对我说："对联的内容拟得好，字还要练哩。"此时，乡长看到了母亲和我，不容说辩，就把我和母亲拉到了乡政府会议室，一番热情恭敬的招待后，恳请母亲为大会作画助兴。母亲此时也无推辞，在一整张纸上画起了大写意——《盛夏河塘》。广告红绘出了大朵大朵映日荷花，普通墨汁合着广告绿画出了舒展肥硕的墨绿荷叶，几只展翅戏水的水鸭似在那里"嘎嘎"地歌唱。就当母亲凝神作画，我为她递笔抻纸的时候，几十个干部群众一起围拢了上来，敬重赞许的话语和目光，把我惹得眼热鼻酸。

望着母亲的苍苍白发朴朴红颜，此时，我心中好像翻倒了五味瓶。回想母亲的绘画生涯，幼年奠基，盛世成就，终生追寻真善美，堪称又一女乡贤。我为母亲骄傲，我要向母亲学习啊！

写于 2009 年

母亲过年的情趣

　　我是家中的长子，又长年在省城供职。每年过年的时候，母亲自然对我格外关爱。饮食冷暖倒是其次，她对我关爱的重点却在于"三个必须"。她要求我必须按照我的"身份"给她的内外孙儿女无一例外地发放"压岁钱"，必须给姑舅姨母叔婶一一拜年，必须热情地接待每一位来到家中的亲戚友邻。这样我在母亲身边过年的那些天就显得特别忙。这"三个必须"哪一点没做到做好，她都会提醒、批评甚至斥责。这样过年期间，我全然就成了母亲手中的"道具"。

　　大前年春节，大外甥要成婚，母亲早早打来电话，要我在西安为其购买两块绣有"百子图"的大红被面。我跑了不少商场，时尚产品满世界，就是找不到母亲"钦定"的那种被面。

夫人说："路你都跑尽了，买一套大红卧具也就成了。"我懂得母亲的心思，没有在意夫人的劝告，接着又去找。在找的过程中，我时时想象找不着买不到的话，母亲会是一个怎样失望的样子，足力便更健劲了一些。最后在郊区的一家供销社终于买到了。除夕前带回家中铺展在了母亲的眼前，母亲的脸笑成了一朵花。

母亲对我这样支使，夫人自然有抱怨甚或"反抗"。那年大年初五的傍晚，跑了几家亲戚喝了不少酒后，我正在家中沉睡。一位母亲先前的同事（退休教师）到家中来访，母亲"硬逼"着我起身接待。我刚起来，夫人便开了口："妈，您看他累得这个样子，就让他睡吧。"母亲说："他是鱼老师看着长大的，过年哩，哪能不去问候一下？"我怕婆媳再争执，遂奔客厅，倒茶递烟，问候老人家起居、安康，一张笑脸直到老人家告辞将其送到大路口。返回家时，我看见站在我家大门口的母亲脸上又笑开了花。

349

母亲的爷爷、父亲旧时都是上过私塾的人，且父子二人的书画在我们家乡渭北一带都是很有名气的。如今县上的烈士纪念碑上还留有外祖父的书迹。母亲是 20 世纪 30 年代我们县历史上第一批四个女中学生之一。有此背景，多年来过年时我都尽力迎合母亲，坚持做到做好"三个必须"。我清楚，母亲过年时对我的这些要求，颇具亲亲和和的古风，岂可不顺从矣。

今年夏天，87 岁的母亲安然辞世了。接下来的年如何过，年还过不过，一时间我还想不明白。

写于 2009 年腊月

写在思阳十九岁的生日里

阳阳：

　　爸爸在你的生日里给你写信，这是第一次。今天之所以特意写这封信，原因很简单，因为今天你就整整十九岁了。十九岁对于一个少女来讲，是一个怎样骄傲的花季啊！诗情飞扬，歌声回荡，天上人间任你自由地幻想。这份青春的快乐、幸福，爸爸能从你轻盈的脚步、舒心的微笑中充分地感受到。此时此刻，爸爸是怎样的满足和欢欣啊！人生若有几个最美好的境界和时刻的话，看到吾女初长成临风的玉树、高高的白杨，便是其中之一了。为人父母者，此刻的幸福是不可言状的，想象自然也是极其丰富而又恳切的了。

　　记得十九年前的今天早晨，当我还在沉睡的时候，是你三舅舅骑着自行车急匆匆地来到团校将我唤醒。他说,莉莉要生了。这是一个朝霞满天的深秋之晨,流光溢彩。我在愧疚和幸福中赶到西医二院,此时,我确知你已降生了,母子平安。碍于男士莫入的规定,我在产房外急切地徘徊。你奶奶终于走出来了,要我同她一起回电台家里为你妈妈拿吃的东西。一进家门,你奶奶便对你爷爷说:"我这一下成了女儿国了。"你三个舅妈生的均为女孩,你奶奶爷爷多么盼望你是个男孩呀。听着奶奶的话,爷爷把早已准备好的吃食交给了我,示意我赶快送去,然后才宽厚地笑了。你一生下来,你妈妈的奶水就不多,到今天我都不太明白,当时你奶奶和你妈妈是以什么为主喂养你的。然而使我记忆犹新永不能忘怀的,是你奶奶那永不停歇的急切与忙碌,以及你妈妈初为人母的幸福和笨拙。你妈妈满面笑容,左手抱着你,右手握着奶头往你的嘴里送,你闭着眼睛张着嘴巴竖着鼻子在努力地寻找妈妈的奶。"羊羔羔吃奶眼望着妈",这是一幅多么令人动心的母子图啊!一个夏日的中午,家里只有你和爷爷。爷爷在为你们爷孙俩做饭,你在屋子里跑着玩儿。爷爷做好了饭,却怎么也找不着你。爷爷急啊!屋里院外马路上寻了个天翻地覆,最后才发现你竟然靠在柜子的旁边睡着了。事后,爷爷说这件事对他的心脏影响很大。院子外就是人来车往的大马路,人家谁把你抱走了可怎么办?正因为对你的千疼万爱,在你的整个童年、少年的那些年月里,你妈妈总是尽最大可能地陪侍着你,放弃了多少出游甚至是工作的机会,而遭人家的责难。记得是一个后半夜,你哭闹得使我们无法入睡。因为这一段时间,你身体不适,时常在深夜啼哭,爸爸有点耐不住了,拍打了你几下,想要你安静下来。谁知这些让你妈妈看到眼里,记在了心里。事后,她流着泪对我说:

351

"要打就打我吧，千万不能再打她了。"多少年过去了，你妈妈为你求情的这一幕，还是那样清晰地呈现在我的眼前。那时她为你求情的口吻之殷切，容颜之凄苦，今生将永远铭刻爸爸之心。你若要体会其时你妈妈对你的怜爱之深情，只有等来日你也做了母亲后才可能真正领悟。

阳阳，爸爸在你十九岁生日的今天，回想起你人之初时的这些故事，是作为父亲的天性使然。这就是所谓的舐犊之情吧。这些幸福而略带酸楚的记忆，是爸爸的精神财富，一旦触及就如江河行地似的在爸爸的心中涌流，不可抑制。此外，爸爸知道，由于你年幼，许多事你是不可能有记忆的。爸爸今天把这些故事讲给你听，也是因为爸爸感到，爸爸有责任把爷爷、奶奶、妈妈早年对你的关爱告诉给你，好使你更加懂得你不是无源之水、无本之木，你是你的前两辈人用心血养育成人的啊。尤其是你的妈妈，为了你的健康成长，那真是呕心沥血，青丝变白发呀！从这个意义上讲，在你生日的今天，爸爸在向你祝福的同时，首先要提醒你的是，我们每个人的生日之时，都应当是叶对根的感念之时。除此而外，爸爸更想让你明白的是根对叶的期望。

孩子，从另外一种意义上讲，作为父母对孩子的养育和呵护，这是连动物都能做到的。在你明白了祖父母以及父母对你的养育之恩、血缘之亲之后，我们并不会要求什么报答。我们期望的是，在我们理所应当、力所能及的帮助和爱护之下，你能成才！我们期望的是，在过了这个生日之后，你能更加明白自己应该做什么以及怎样做。十九岁，十九年过去后，意味着你的青春少年的时光不多了，标志着你成人了，越来越走近这个美好而又纷繁的社会了。孩子，要只争朝夕，自强不息啊！

因为时不我待，逝者如斯，来者可追。在你十九岁生日的今天，爸爸妈妈除了在情感上深深地祝福你一生幸福，在理智上总的期望就是期望你从今天起就抱定"行万里路、破万卷书"的决心，并从今天起就切实开始这样的长征。爸爸妈妈的这种期望是科学的，与"望子成龙"无涉。因为，时代进步到今天，比其他任何时代都更加清楚地证明了"知识就是力量"，知识就是尊严，知识就是幸福，知识就是快乐。很早以前，北京大学就传诵着这样一种理念，所谓"自由之思想，人格之尊严"。那时的北京大学就要求青年在掌握知识的前提下，自由思想，尊严人格，这无疑是先时代之先声了，无疑是为青年树立了极为正确的人生坐标。

所谓自由实质上就是人们对客观世界必然性的认识和把握，没有这个认识和把握只能在那里做不切实的空想，而空想是没有多少意义的。对必然性的认识和把握也就是我们所讲的知识。由此可见，要自由之思想就必须获得知识；没有知识，也就没有自由之思想。

再说人格之尊严吧，一个没有知识，一个不大清明的人，在现代社会能很好地卫护和实现自己的人格尊严吗？显然是艰难的。

阳阳，爸爸在你的生日这个快乐的日子里，和你讨论这些似乎玄虚而又枯燥的问题，是有悖于生日本该应有的轻松气氛的，还请你谅解。同时你也要体谅为父母的一片苦心呀。那就是爸爸明白，今天我们是在为一个刚刚踏进大学校门的青年人祝贺生日，而不是为一个老人在做寿。今天，爸爸除了极为甜蜜幸福地回想我们的女儿成长的故事之外，当然想得最多的就是我们的女儿的未来了。因此，我们两代人在这里展开讨论知

识对于社会、对于个人的非凡作用问题，我认为倒恰好提高了
我女儿过生日的品位。我想以我女儿的聪明和固有的抱负，是
完全会懂得爸爸的心的。那么，我们到底应当怎样才能获得知
识呢？归结起来，只有两条路可走，一是向书本学习，一是向
实践学习。也就是古人总结的"行万里路，破万卷书"。你苦读
诗书十多年了，读书的作用和意义我们就不再去说它了，要说
的是"行万里路"。所谓"行万里路"，并不是单指旅行，当然
也包括旅行。它主要讲的是青年人要自觉地经风雨见世面，通
过各种社会实践的历练，把自己打造成一个能在社会上自由思
想、独立行走、尊严生活的人。令人高兴的是，这万里路而今
你已经起步行走了，那就是你已自觉而清醒地进入了大学生活。
需要给你强调的只有一点，就是这个行路进程肯定是"行路难"
啊，有艳阳天也必有风雨如晦时。那就让我们向圣贤看齐吧，
所谓"胜不骄，败不馁"，所谓"贫贱不能移，富贵不能淫，威
武不能屈"，所谓"文王拘而演《周易》，仲尼厄而作《春秋》"。
一切磨难都是对有声有色的人生新的赐予。用你们青年人的话
说，也就是不经历风雨，怎见彩虹。阳阳，这些基本的道理想
来你都是懂得的，问题的关键就是日后怎样持之以恒地做了。
爸爸妈妈相信，在这个生日之后，你一定会在成才的道路上面
目一新的。

　　愿吾女自由之思想，尊严之人格！
　　祝亲爱的女儿生日快乐！

爸爸
2001 年 10 月 26 日

354

那段大学生活

每逢有事回母校，或途经母校，我总是胆怯怯的。和捧着西北大学学士、硕士、博士学位的学弟学妹相比，我的那张工农兵学员文凭常遭人的白眼，所以就英雄气短了。然而几年的青春岁月是在这里度过的，许多受用终生的财富毕竟是在这里获得的。二三十年来的怯生生中，又怎能不对母校心存高山仰止的感念以及那甜蜜的记忆呢？

我们中文系 75 级甲班的四十名同学，刚进校时年纪最大的二十八九岁，最小的十六七岁。有的是做过区乡首长的领导干部，有的是接受了贫下中农再教育的知青，而我则是一个刚刚放下煤铲的锅炉工。玉石俱陈，五光十色。与其说我们是一个学习的集体，倒不如说是一个友爱的家。几位家在西安的同学的自行车便是我们的"班车"。谁要用就骑了去，末了放回宿舍楼下的原处，绝无被偷窃之虞。倒不是大家爱占人家的便宜，实则是当时西安的公交车真可谓半个小时一趟车，趟趟都是不知羞（男女老幼挤在一起无法做最起码的回避）。其次就是大家都囊中羞涩，能省则省了。当然能这样首先应感谢几位家在西安的同学的大度和宽容。晴日里，男同学洗了被褥，女同学会如姐如妹似的替你缝补。遇到心爱的书今儿买了，明儿手头紧，向"富主儿"推销，不用言明，他就懂了你的困窘。接下书，递了钱，还会一再声明，这书我早就想买了，以宽你的心。那时候什么都短缺，从乡下来的同学大多承担着诸如替亲友挂号求医、买紧俏物资的义务。这样，同学间常会有谁的亲戚朋友是什么什么的信息交流，以便随时相互支援。我的大外甥的马蹄形内翻脚矫正手术，就是一位同学让她在第四军医大学第一附属医院管挂号的哥哥偷偷留了号，才住进医院做的。如今每当见到外甥领着俊俏的媳妇喜洋洋地来看望我，我就会想起那位好同窗的恩德。记得那时每逢寒假年关，我们几个家在西府的同学就会自觉地组织起来接力似的到玉祥门汽车站排队买票，熬那漫漫等待的长夜。凌晨，当慵懒的售票员的头脸终于出现在了售票小窗口时，我们就会如同盼到了圣母似的。但倒运时得到的只是极节约的三个字："没票了！"这时我们便明白票又从"后门"走了。绝望后，又在相互鼓励中等候接下来的一个黎明。当年同学间互相馈赠也是经常的，只是不像现在的大学生之间的赠予那么"酷"，大凡是些核桃、红枣、花生米之类。我还曾将大荔的一位老兄送的一包花生米，悄声存了，春节带回家让弟妹分食。也曾把家乡的大曲酒带来温暖过全班男同学，连来自陕南酒乡的女同学也解了一回馋，夸奖它"要得，要

356

得"。还记得有几日我们同寝室的几个饿鬼饿极了，买了挂面，却没锅灶，知道班主任老师的夫人从乡下来探亲，定起了烟火，就半夜三更去敲班主任的门。哪承想少年师母披了衣裳一把拉开蜂窝煤炉子，二话不说就为我们煮了。且将从家乡带来的油泼辣子给我们的碗中调得红红的，辣得我们难以下咽。昔日偌大一个西大仅一容几十人洗浴的澡堂，且是像乡间的大涝池似的一大池黄浑汤。老教授在那儿闭目浸泡，我们几等少年在这儿互搓油垢，皆如获了神仙般的享受。

当然，母校给予我们的，最珍贵作用最持久的还是那些油印乃至手刻版的讲义以及众师长极认真负责的讲授了。聆听了刘建军老师讲授的《文学概论》，我们这才读通了毛主席《在延安文艺座谈会上的讲话》，明白了文艺与社会、与人民大众、与人的生活的关系，自由是对必然能动的把握。而石昭贤、薛迪之先生讲授的西方和俄罗斯文学，让我们第一次接触了什么是人文主义，懂得了托尔斯泰笔下优美的景物描写，其实是作家对自己祖国一片深情挚爱的自然流露。傅庚生先生教授的唐代诗歌，则使我们在一个很高的层次上仰望了唐诗这座世界文化遗产的丰碑。先生用古音古韵吟唱孟郊的"慈母手中线，游子身上衣。临行密密缝，意恐迟迟归。谁言寸草心，报得三春晖"使我们感悟了诗与歌的关联，并于先生闪烁的泪光里，体悟了什么是慈恩和孝道。而满腹经纶以述而不作著称的刘持生先生讲授的中国历代文选课，更使我们眼界大开。先生上课不执片纸，仅粉笔数根，历代文章脱口诵出，只字不差，且一一书于黑板，引我们逐字逐句深入解读。一节课下来，但见先生浑身的粉笔末，又有谁能不为之折服、感动？盛年早逝的蒙万夫老师讲授《红楼梦》研究，才情横溢，诙谐风趣，常常引得哄堂大笑。"老太太年轻时若不风流，怎么会在替贾琏开脱时说出'小孩子们年轻，馋嘴猫儿似的，那里保得住这么着'的话语呢?"蒙老师当年的这番调侃，今天想起来仍令人忍俊不禁，开口失笑。而高扬先生讲授西方哲学时的"就像太阳升起在东方一样，人类最早最优秀的哲学诞生在中华土地上"的宏论，尤启人心扉。更难忘的是，当年老师们带我们赴陕北陕南学农、采访的日子。有了这些日子，我们才真正明白了其时百姓的生活是怎样的困苦、艰辛，为日后拥护改革开放政策，打下了认识的根基。

啊，我的母校，我的古都西安，作为一名当年的工农兵学员，回想起那段大学生活是自卑的，亦是幸福和自豪的呀。

写于 2008 年毕业 30 周年同学集会后

姨　母

　　外祖父李之锷，一生为人书写碑文当录事，属乡间颇有声望的先生，育有四个子女。20世纪二三十年代，在供给我的两位舅父读书的同时，不怕闲话，也把自己最疼爱的小女儿芍药——我的母亲——毅然送进了文庙巷小学。见其有天分，还尽己所能倾心扶持她习书学画。这样，姨母自然就成了体弱多病的外祖母的小帮手了。不得近文墨、受委屈的姨母，顺从父亲的家法，上奉高堂，下事三个洋学生的衣食鞋袜，在幼年的光阴里，就成就了一位乡间大姐姐所具有的教养和禀赋。

　　我的母亲在二十三四岁的青春时节摆脱了封建婚姻后，便孤身一人带着我的两个姐姐艰难度日。此时，外祖母已过世，外祖父脑筋旧不许带着孩子的女儿回娘家。母女三人无家可归，整日以泪洗面。可老天有眼，母亲还有一位好姐姐。心存主见、身高体健的姨母不顾死生断然将娘儿三人接到她家，整整住了三年有余。依然像当年在娘家时那样，竭力呵护自己遭了难的小妹妹。这时候，刚刚解放，母亲是一名领小米的小学教员。姨母为了让母亲体面做人，在家中精心抚育我的两个姐姐，不许她们去学校见人，生怕母亲为难。并尽其所有把母亲的衣着收拾得齐齐整整，日夜操心母亲的再婚事宜。后来母亲和我的父亲成了家，姨母又日夜烧香拜佛祈求母亲再生一个孩子，好使这个新家有了拴心石。1953年的秋上，我终于呱呱出世了。姨母欢天喜地，为我起名"宝宝"。多么宝贵啊！一块石头总算落了地。小时候，我并不明白，为什么姨母每次呼唤我时，总是满面笑容，满目光华，满口的亲切。成人后，我懂得了，这声声呼唤声中寄予着一位乡间大姐姐对自己爱怜的小妹妹的多少深情，一位乡间妇人对这块基石的多大的器重啊！

　　文化大革命来了，我的父母亲也未能免于落难。其时的姨母一如既往又用她那高大健硕的身躯竭力呵护我们全家。为了使母亲解苦愁，她教母亲抽烟；怕父母想不开，她见天往我们家跑，察言观色。寒冬，父母到水保工程上改造去了，留下我们兄妹几人在家烟熏火燎过光景（这时两个姐姐已在外工作）。大妹妹不会烧炕，烧得太过火了，炕烙得连被褥也起了青烟。从此，姨母每到傍晚便赶来给我们烧炕暖被，直至我们入睡，才踩冰踏雪回家照料老小。记得大表兄结婚的那天，席散人去，姨母把早已预备好的饭菜和两盒"宝成"牌香烟，放在了一只小篮子里，领上时年十一二岁的小妹妹就走，要去送给关在"牛棚"里的我的父亲。我说让我跟她去，姨母说："你大了，看人家欺负着了，你受不了！"说完便牵上小妹妹的手，迈起一双小脚（姨母小时候是缠了小脚的），"腾腾腾"地走了。看着一老一小出门，母亲热泪泉涌！

姨母一生不识字，可我的母亲却是一笔好书画，远近闻名。娘母们说笑时，姨母也曾抱怨过外祖父偏心眼，然而，在这抱怨声里人们时常会体味到这位刚强的乡间妇人的豁达。"我也念了书了，谁给你爷你奶你舅你妈做饭做针线哩？"姨母把一生的遗憾都寄托在了她的儿孙的身上，再苦再艰难也一心供给儿孙读书，说是要娃娃传他爷他舅他姨的文脉哩。而今姨母的儿女都光明做人，大表兄更是县上的书画名家，十个孙儿女中就出了五个大学生。乡亲们说，那都是人家老辈、爷爷奶奶积下的功德！

深秋的一个后晌，雨后的夕阳给果实累累的玉米地、苹果园涂上了一层金黄，塬面上显得肃杀凝重。因母亲执意要在身后将她葬于姨母的脚下，我和弟弟在表兄的引领下来到了姨母的坟地，为母亲察看位置。多年在外，这是十年来我第一次亲近我的第二位母亲。眼见得姨母坟头上的萋萋衰草，我想起了姨母与母亲之名有文野之分的名字——谷叶。又似听得姨母在哪儿呼唤儿的乳名："宝宝！""宝宝！"我鼻子发酸，双膝一软，扑倒在了娘的怀里。

写于 2002 年冬

盈盈汉水　巍巍秦巴

东坡词云："老夫聊发少年狂，左牵黄，右擎苍，锦帽貂裘，千骑卷平冈。""五一"长假，我夫妻也平生第一次了无牵挂地出游了。往哪儿去哩？从经济和情感上考虑，我们选择了西安的后花园——安康。

深情的土地

屈指算来，27 年前也是这个草长莺飞的时节，我们同学几人由已故学者、西北大学中文系毛荻春老师带领来到《安康日报》实习。这是生长在渭北旱塬的我，第一次亲近与家乡的苦焦截然不同的令人心仪的青山绿水。毛老师系江浙才女，这类同江南的山川物候，想必也触发了她浓浓的乡情，我们师生便满心欣喜地投身到了实习生活。有毛老师主持，报社领导信任，就将采写全国著名劳动模范、养蚕能手刘家贤先进事迹长篇通讯的任务交给了我们。渡汉江，进巴山，在一个云雾缭绕的早晨，我们来到了刘家贤老人的家。完全出乎我的想象，贤惠清秀的老人家，好像并没有把我们当成是来做工作的，全然当成了前来走亲戚的亲朋。老人家并不怎么在意我们有关采访的诉求，操心的倒是我们的饮食冷暖。一家人拿出了那个年月山里极为金贵的大米、白面、熏肉，还于人不经意时问询了我们师生家乡何处，然后才精心烹调，一个劲儿地要我们不要讲礼（客气），好好吃饱。看我们吃得香甜，刘家贤老人溢满慈爱的目光，至今还极清晰地铭记在我的心头。承受了这山间云锦般的心意，我们奋力工作，逐户走访。又使人诧异的是，每到一户，受到的款待与在刘家贤老人家里，都别无异样。尽管是粗茶，但其水总是滚烫的；尽管是玉米面和了青菜的一碗粥，乡亲们总要眼盯着让我们喝下肚里。经过深入走访，我们这才明白其时巴山父老的生活是怎样的艰辛、苦涩。有的人家供我们喝的茶，茶叶是向邻里借来的；有的人家知道我们要来，换上了平日赶街时才穿的衣裤，就这样仍然是补丁摞着补丁。记得那天是端午节，乡政府领导没有忘记我们师生还在山里工作，专意派人上山喊我们回乡上过节。喝着乡长递过来的柿子酒，听着乡长要我们写好"大功臣"的叮嘱，我们霎时语塞，倍觉使命的重大。抬眼看去，毛老师已是泪眼蒙胧。后来，在毛老师的指导下，由我执笔写出了六千言的通讯稿，初稿草就，我忘乎了一切。那是一个乌云密布极闷热的傍晚，我没有敲门便闯进了毛老师的住处，老师丝毫未介意学生的莽撞，高兴得连夜为我改稿。

363

盈盈汉水，巍巍秦巴，就是这样第一次给予了我义重情深终生难忘的教诲。

赶往岚皋的中巴上

电气列车只用了 4 小时 15 分钟就穿越了苍茫秦岭的重峦叠嶂，于 5 月 2 日下午 5 时将我们夫妇平安地交给了安康。为着多年梦绕魂牵的情愫，我夫妇尽可能朝着《安康日报》社旧址处寻觅住处。然而，今日之安康已非彼日之安康，一座初见现代化的江城赫然呈现在了我们面前。昔日报社门前的荷塘上已矗立着"安康宾馆"大楼，于我留下亲切记忆，我们师生曾经排队打饭的茅草苦顶的报社食堂更是了无踪迹。无奈，夫妇俩尽量在报社旧址最近处打问落脚。一番求助后，还是在市假日办指导下，住进了一所干校的招待所。凭窗望去，此刻江城流光溢彩的节日之夜，盛装重裹，让人觉得仍如在西安一般。于是，我们决定次日即赶往巴山的深处——岚皋。清晨，在街头用过早点，得了店家大嫂的指点，我们轻松地登上了开往岚皋的中巴。承想这 70 公里的路程中这飞奔的中巴上不知会是怎样颠簸、挤搡，谁知眼光老矣。这是一辆七八成新的车，椅净窗明，我们一上车就坐上了座位，车中并无时常见惯了的站立者。车在江岸平滑的柏油公路上稳熟地行进，路边不时有招手欲乘的等车人。但见售票员每每只是轻轻地摆摆手，车总不见停下来。我倒好了奇，发问，何故不让人上车？售票员看我们是外地人，笑了说："市里规定，不准超载，超载一人，罚款二千。你没看岔路口都站了警察。"我"噢"了一声，这才定神环顾。这辆中巴连同司机驾位在内，共 19 座，此时车中司乘旅客为 18

人，尚余1座。我又不解，"还有1座呀？""你看到没，前排的嫂子还抱着一个娃儿呢。""娃娃也要算数？""规定就是这，娃儿也要占座，我们这辆车除了我和师傅，只准拉十七人。"听完售票员的耐心解释，我和夫人都会心地笑了。不是亲闻，哪里能想到这大山里的交通规则已严苛到了这般天地。"以人为本"，安全是有保障的，且放下心赏山阅水吧。尔后，售票了，我和夫人及众车友都欣然买了票，一切相安无事。只是到了售票员要一位少女为她带上车的两袋鸡饲料交运费时，才有了计较。售票员说："两袋料总有百十斤吧，交五块。"少女说："我是在安康上学的学生，回家休假顺便捎的，不了我爸还要专门跑安康哩，就少收一点吧。"听了姑娘的话，售票员再无言辩，就依了姑娘，少收了两元。我想这或许是姑娘的恤父之情，打动了售票员的恻隐之心，抑或许是这车本来对学生就有优惠。凝望着车窗外翡翠般的青山秀水，我心中不禁生了感叹：

365

盈盈汉水，巍巍秦巴呀，您仍像当年一样仁义、慈爱，宽待着代代读书人啊！

在仓房楼酒店用餐

5月4日，看完汉江龙舟比赛，已是午时，几天来见天寻稀罕，总吃小吃，夫人倡议，明天就要返程，今天吃顿正餐吧。我响应之。上了出租车一打听，师傅见我夫妇有几分文气，就直接将我们送至仓房楼酒店门前。下车道了声谢，步入酒店大厅，果然如出租车师傅所言，这里是一派别样的气韵情致。明清陈设，满壁古旧字画，就在我于字画间盘桓之际，门迎与夫人答了话。原来正值饭口，客人爆满，食之，须等一二小时。

见夫人不悦，大堂经理一位儒雅青年趋前，问了由来，遂请我们到大堂侧室歇息，一边介绍字画来历、酒店称谓，一边让人设法尽快让我们用餐。原来这家酒店就建在汉唐时安康郡府官仓旧址上。这时我们注意到大厅一侧地下玻璃地框内，有一组古代粮仓群雕模型，近前观赏，古拙可爱。经理看出我们夫妻也是好古之人，遂建议我们到茶室听听音乐。真诚所至，我们上到二楼茶室，只见又是另一景象。一色的青花瓷器，身着民乐演出服的乐手琴师，在那儿竹笛横吹，竖弹琵琶，古音悠扬，雅风沁人。刚落座，清黄澈亮的茶水已捧到眼前。他乡得礼遇，内心自然欢喜。请示了然否，我举起相机连拍几张，镁光闪烁处，但见乐师无宠无惊，安然歌行，倒叫我窃笑自己俗了。一会儿，素衣姑娘送上雕似龙舟的两大牙西瓜，说是经理让客人解渴的。陶醉在这仓房楼，我夫妻不知有汉，遑论魏晋，便心安理得地吃将起来。三两曲尽，素衣姑娘引我们入座，左拐右旋，曲径通幽，我们被带到了杜鹃厅。这是一间仅置一席八椅的清净曼妙去处，凉风徐来，似有檀香，使你闻不到半点异味，想来刚才服务生必有一番清扫。此情此景，夫人也生了豪气，一口气点了六道冷热素荤，还为我要了啤酒。道道菜上桌，素衣姑娘总是笑吟吟地道出菜名来历，殷勤劝用，使人如坐春风。最奇的是那道汉水豆花，大钵中置拳头大青石一块，乳白的豆汁注入，顷刻便凝如酥膏，把羹送口，豆味浓郁，真格的山乡滋味。请教姑娘，方知钵中青石原系汉江鹅卵石，唯有此石加热到火候才能炙出这般美味，使人又长了对汉江的认识。我夫妇连声赞叹，姑娘笑而无语。六道菜上齐，姑娘又笑吟吟地送上一盘凉拌魔芋粉丝，一钵豆浆，夫人计算精，声言并未点之，上之何如？姑娘笑了，说是酒店送的。夫人释然，我亦道谢。

食竭，夫妇俩人面面相觑，心里盘算，接受了这般侍应，出银知多少？姑娘看出我们的心事，又笑了，说账已结好，总共 94 元整。八道佳肴，数曲清音，三个小时的周详款待，收银九十四，与他处旅游地相比，太出人预料了。我们连忙付账致谢，恳请免送，但姑娘还是笑吟吟地把我们送至楼下。谁想那位大堂经理早已在此等候，递了名片，礼送出门，"没有吃好，欢迎下次再来仓房楼"。

在江之滨，在山之间的乡老兄妹呀，你们一如当年一样的仁义、宽厚，却又分明有别于当年的木讷、憨拙。

啊，盈盈汉江水，巍巍秦巴山，我可亲可敬的精神家园、心中绿洲，我们一定还会再来的，且要带上我们的儿女。

写于 2006 年夏

367

凤凰城中识凤凰

　　早些年读沈从文先生的名作《从文自传》《湘行散记》，便为湘西沅水流域土家苗家兄弟姐妹淳朴、善良的性格深深感动；这些年在旅游的浪潮中就更向往驰名中外的历史文化名城——凤凰——的绰约风姿了。

　　清晨，从张家界市一路匆匆赶来，正当中午。但见古城肃穆，市井祥和，阴云低垂，青山凝翠，沱江清澈，游船悠游，一般旅游城市给人的那种闹哄哄的感觉一点儿也没有，一颗激动的心也就骤然安静了下来。

　　顺从导游的安排，依次用茶进餐，参观沈从文、熊希龄（民国首任国务总理）故居，坐船游览沱江，在几处标志性的景点上拍照，到几家老字号姜糖店购买当地名产姜糖。这些规定动作旋风般草草收场后，导游宣布给两个小时时间自由活动，我心窃喜，便脱离团队，一个人拿起相机避开大街拐进小巷去寻找沈从文先生作品中描写的风情，以及沈从文先生当年写作时的心境去了。

走入一条小巷里，正如沈从文先生当年所描写的，小巷里大部分家户的家门是习惯性地敞开着的，却极少人迹，大约主人们都出门忙于各种劳作去了吧。望着一座座庭院里保存完好的古建筑，别致的盆景，妖艳的花木，多么想跨进门去细细地观赏啊，可连个打招呼的人都没有怎好贸然入内哩。就这样一路拍照、一路猜想、一路饱着眼福，来到了又一个不知其名的小巷的中段，在一家人家的家门口倒是遇到了两位看似姑嫂、年纪在三四十岁上下的妇女面对面坐在家门口倚门烤着木炭火。这是一家庭院茶馆，院子里摆着几张茶桌，桌上的茶具晶莹光亮。时值仲春，承想进门去要上壶新茶吃，也好与姑嫂二人拉拉家常，真切地体味一下凤凰人的性情。可时不我待，又不谙当地茶俗，便止了步。姑嫂二人似也猜出了我的心思，亦无招揽之意，只是仰面冲着我善意地笑笑。我举起相机示意拍照，姑嫂二人的笑容更亲和了，许我照之。

有了这般友好无言的交流，心情愉悦的我快步走出了这条小巷，沱江边上的一个小小码头呈现在了眼前。抬头张望，方知这里是一处专营土家族风格的银器银饰品的地方。我想起了我远在西安城中读书的女儿，就信步走进一间店铺，直言想为女儿买点饰物。女店主很是和气，问了我女儿的岁数，便推荐镌有凤凰图案的镯子。选好镯子，打问价钱，这才知道这里的银饰品是用衡器现称分量，以克计价的。看我心情好，并没有怎样砍价钱，店主人称完了镯子，便主动每克为我让价一元。

在一团和气中走出这家银器店，店铺左首江边大树下坐着的一位现场织锦卖锦的大嫂挡住了我的脚步。这位大嫂尽管是做买卖的，但却是那样的卓尔不群。她一身土家村妇的打扮，白色的镶了黑领口黑袖口的上衣，毛蓝色的裤子，白布袜、黑布鞋，埋头在矮矮的织架上织着红黑相间的锦带。最奇特的是，她的头上戴着一顶很大的竹斗笠，低头看去根本看不到她的一点颜面，只见一双灵巧的手在锦架上飞快地拨动。围着看她的人很多，却不见有谁买她的锦带，也许大家的注意力都被她那奇特的模样给吸引住了吧。江水悠悠，青山依依，大树下的这位织锦大嫂不就是凤凰边城最有魅力、最有风情的一景吗？从身形上望去，她定是一位俊俏之人，她之所以头戴斗笠遮颜面，是在保护自己的肖像权呢，还是有几分羞怯？我心想拍不到她的姣好容貌，拍张她的侧身织锦劳作照不也是极有价值的吗？我下意识地蹲了下来，举起了相机，这才看到她脑后挽起的发髻上扎着像沈从文先生的《边城》中逝去了外祖父的翠翠一样的白色绒线。对于这样一位殇了亲人还在哀伤中的大嫂，能随意地去拍照吗？我的心沉了一下，手也迟疑了。看看四周，原来也有人在给她拍照，她并无反应，只是埋头不停歇地织锦，我也就心存恻隐地按下了相机的快门。

这位在码头边上埋头织锦的大嫂的照片，是我在凤凰古城中拍的所有照片中最引导我思索、最使我感到惆怅的一张。如今几年过去了，这位坚毅聪颖的大嫂还在那里织锦卖锦吗？我钟爱凤凰古城的钟灵毓秀，更祈愿湘西父老兄妹幸福安康。

写于 2007 年春

朱鹮，在这里过得很好

我们是 10 月 2 日下午四五点钟的时候，开车从西安到达华阳镇的。真是国庆佳期，天公作美。此刻，位于秦岭南麓山间小盆地之中的华阳镇，秋阳灿烂，群山苍翠，从秦岭南坡奔流而出的酉水河清亮而湍急。稻谷已收割，脱了粒的捆成一捆一捆的稻草在田中被拢出许多扇形的草墙。而绿旺旺的红薯地和已见黄色的豆类田，依然幸福地享受着秋阳的爱抚。

看到我们兴冲冲的，带着摄影器材，镇上的乡亲们便明白我们是为朱鹮而来的，遂热情地给我们介绍说，近一段时日，太阳落山的时候，就会有一群朱鹮飞到华阳镇中学周围的大树上栖息过夜。你们现在来得正是时候哩！听了乡亲们这般温馨提示，我们便满心喜欢地向一户人家借来了小板凳，坐在中学围墙后的溪流边的吊桥旁等候。承想到，在这样的环境里一坐下来，妙味顿生。蝴蝶、蜻蜓、山雀在草地间，在灌木丛中飞舞、鸣啾，小鱼儿在潭水里穿梭。这可是我们这些在都市的高楼里经年累月待着的上班族，梦寐以求的"仙境"啊！几位朋友拎起相机都跑开去拍特写了，留下我照看行李。我也很兴奋，主动与时而过吊桥的乡亲攀谈。一说到朱鹮，乡亲们无论男女眉目间皆有喜色，语气里流露着夸耀。家乡乃"国宝"生息之地，岂不荣光。几位老人家见我讨教心切，就耐心地对我讲了起来：华阳镇方圆几十里眼下大概有五六十只野生朱鹮，整个洋县地区总有六七百只吧。这些年大家都懂得朱鹮金贵，很爱护它。不要说你们了，咱们华阳人几天不见朱鹮也想得慌。朱鹮喜食稻田、河坝中的泥鳅、黄鳝、小鱼虾，太阳冒花时飞动觅食，中午在林中休息，下午再飞出来觅食，大阳落山时就会回到大树上栖息过夜。蛇是朱鹮的天敌，会爬上树偷吃朱鹮下的蛋，所以朱鹮总是过一阵就换一个地方。听了老人们的话，我在心里琢磨，太阳下山后光线就不够了，要拍好朱鹮，看来我们要在镇上过夜了。

晚霞出现在了天际，天渐渐暗了下来，跑出去拍照的朋友都相继回来了，收获还真不错，有的将硕大的蝴蝶摄入镜头，有的把从未见过的小鸟拍了下来。更不易的是，一位朋友拍了张蜻蜓站立在竹叶上的特写，连蜻蜓蝉翼上极细的"龙骨"都清晰可辨。大家展示了各自的收获后，都默不作声地仰望天空，紧盯眼前的几棵大树，盼望着朱鹮的出现。盼啊望啊，太阳已经完全下山了，还未见到朱鹮。就在我们焦急的时候，一位少年跑了过来，告诉我们朱鹮已经落在了他家院子旁边的大树上。我们跟着少年飞奔而去，但为时晚矣。这是几棵不知名的高达二十多米的大树，树叶稀疏，枝干却很发达。从树下看去，十几只朱鹮倦鸟归来，大多已于树枝上静卧，有几只还在树枝间跳跃飞动，发出"嘎嘎"的叫声。它们的躯体、细长的嘴巴都清晰分明，但因距离较远，更因为拍照的光线确实不够了，我们惋惜地在树下徘徊，有朋友还是勉强拍了几张，然图像模糊，与大家的期望相去甚远。看着我们遗憾的样子，少年和家人都体恤地宽慰我们说，明天一大早来，一定会拍好的，并邀我们在他家晚餐。我们道了谢，收拾东西准备离开，这才发现一轮银盘似的圆月出现在了树梢后、东山头。我们这才想起来明天就是中秋节了。这是属于秦岭山间纤尘不染的真正的明月啊！我们急忙告别了那位好心的少年及其家人，开车来到了开阔地，把这飞镜重磨似的明月满满地摄入了镜头，心情也开朗了许多。遂寻得一家饭店，畅饮啤酒，以示庆幸。此时，饭店里吃饭的只有我们几个人，我们邀店主人共饮，被谢绝了。他见我们不摆城里人的架子，便向我们诉说他心里的高兴事。他说，为了提高镇上旅游服务业的水平，过一个月旅游旺季过去了，他的饭店就要推倒按照镇政府的规划重新修建了，70％的资金由县财政提供。他语气很重地说，现在国家的政策太好了！听了店主人的这番话，我们替他高兴，也替朱鹮及其故乡的百姓未来更美好的生活高兴。

　　是夜，我们是依恋着朱鹮的倩影和窗外的明月入梦的。尽管妙曼，但却不敢睡得太实。清晨六点钟不到，我们就起身赶到了昨天傍晚的那几棵大树前。这时山乡一片寂静，汽车行路的震动声响格外迫耳。朱鹮似乎并不为其所动，还都静静地歇息在这些大树上。我们蹑手蹑脚地在大树旁选好位置架好器材，庆幸自己来得早。其实少年的父母早已在我们身后不远处的地

373

里收拾白萝卜了，我们彼此相视，会心地一笑，算是打过了招呼。还是乡亲们长期观察的经验可靠，当太阳在东边山口刚刚冒出光华，这群朱鹮果然齐刷刷地都起飞了。我们拍摄到了披着朝辉彩霞的第一组完好的朱鹮照，高兴得"嗷嗷"叫。我们望着渐飞渐远很快消失了的朱鹮，孩子似的向少年的父母请教，这群朱鹮会飞到哪里去呢？这一群会飞到哪里就不好说了。往镇子的西边去，离开大路，到那些僻静的收了谷子的稻田中去寻找，一定还会碰到朱鹮的。少年的父亲语气肯定地回答了我们。

华阳镇村与村之间的路很好，都是水泥打的。我们的车子以每小时二十公里的速度行进。草木葳蕤的丘陵周边尽是收了谷子的稻田、错落有致的红瓦白墙的农家小舍和潺潺溪流。阳光明媚，蓝天白云以及在路上行走的乡亲们那一脸的从容祥和，使我们恍入了"桃花源"，倒把寻找朱鹮的急切心情给舒缓了下来。我们时走时停，拍风景、沐晨风，确有些物我两忘的陶醉。就这样大约在上午十点钟的时分，终于获得了重大发现。这时我们的车子行进到一段缓坡上，坡的右下方一块十多亩大的已收割了的稻田里竟然有七八只朱鹮在其中觅食、游走，坡的左上方住有几户人家。我们兴奋地下车，用最快的动作架设器材，看到我们这般模样，在家门口站着的一位中年汉子走到了我们身旁，告诉我们不用着急，这群朱鹮这几天天天在这个时候在这里吃食，有时会停留好几个小时。只是不能太靠近，不然朱鹮受惊会飞走的。听了老乡的话，我们几人就在路边上拍起来。而有位朋友心意太切，趁大家不注意时，绕到稻田附近一棵大树后面"隐蔽"起来拍照。此时这群可爱的朱鹮，有的埋头觅食，有的偶尔飞动跳跃，有的健步行走，有的站在田埂上张望，实在是太优娴太优雅了。我们摄取了朱鹮各种姿态的丽影，也第一次亲眼目睹了野生朱鹮的风采。它比白鹭个头大，也丰腴许多，红脸孔、红腿杆、红嘴尖，洁白的羽毛里也泛着淡淡的粉红色的光泽，在阳光的照射下飞动游弋的身影恰似圣洁的天使。我们边拍照边观赏，在路边足足停留了一个多小时。后来可能是偷偷躲在大树后边的那位老兄被朱鹮发现了，在"嘎嘎"的鸣叫声中它们腾空而起，朝着北边的山林飞去了。大家都抱怨这位老兄不听老乡的话，把朱鹮给吓跑了，他却跑过来得意地给大家一一展示他拍到的朱鹮。就在大家都感叹距离近拍照的效果就是好的时候，我的思绪却游离了摄影的层面。

回想这两天在华阳镇的见闻，我在构思写篇文章，回到西安后要告诉大家：国宝朱鹮，在这里过得很好！

写于 2009 年 11 月

青岩镇游记

　　时明时暗的云朵在天空时卷时舒，淅淅沥沥的秋雨时下时停，河流清幽安详，山冈苍郁持重。人置身在这阴柔静谧的天地空间，追远怀古的心思似乎比在红尘滚滚的都市里更现实，更多有了一些迫切。

　　过了河，保存完好通往青岩古镇并贯通古镇南北的青石路，就是昔日几百年间贵州通衢云南的官道（大路）。我仔细观察着这条沧桑古道上的每一处印痕，遥想当年往来于这条大道上骡马驮队的艰辛，官吏车轿的威风，赴京赶考的举子们的恓惶，以及四川作家沙汀先生笔下描写的行旅黔滇之苦。悠悠几百年，这条青石条铺就的古道把西南边疆与祖国腹地相连接，曾经发挥了怎样的经济、政治、文化和民族结好的作用啊！尽管在今天的秋雨里，它显得黯淡寂寥，但又有谁不对它心存敬畏哩？

就在这连连绵绵翻滚着的思绪里，沿着这条极富历史感的青石路，我徜徉到了古镇的"定广门"下，登上了古镇的城墙。这是近年来整修过的一座"边城"，有城门、城墙，城门之上还建有箭楼，就像西安古城墙上的箭楼一样，只是体形小了一些。箭楼里还摆放着一些当年守城军士使用过的刀枪剑戟，亦有古镇简介牌。其记曰：

青岩镇隶属贵州省会贵阳市花溪区，距市区29公里。古镇始建于1378年（明洪武十一年），迄今已有620多年历史。古镇初建之后，就系明清两代黔滇官道上著名的军事要塞、驿站、商品集散地和文教重镇。曾有明清古建筑百余处，现存37处，计有九寺、八庙、五阁、三洞、二祠、一宫、一院、三座牌坊等。青岩镇现存镇容布局仍沿袭明清格局，新建的商业街模仿明清风格，系贵州省历史文化名镇。云贵两省的第一位状元出自青岩；名扬中原的诗人周渔璜和民国元老平刚（孙中山元帅府秘书长）先生也是青岩人氏；一百多年前，震惊中外的"青岩教案"就发生在青岩镇的姚家村；抗日战争时期，浙江大学西迁曾办学于青岩，周恩来的父亲、邓颖超的母亲、李克农将军的家属等，都在青岩避过了那家难国仇的日子……

读罢简介，走出箭楼，抬眼眺望秋雨中的古镇，果然与江南名镇的绮丽繁华不同，云贵高原城镇的朴素简约之风朴面而来。新老建筑交错毗邻，贯通全镇的那条600多岁的青石古道仍然是全镇的主干道。雨虽在下，然而，干道两旁的店铺亦敞门营业。镇上人家炊烟缭绕，外来游人游赏拍照，不绝于道。我沿阶走下城墙，驻足在了距城门"定广门"仅八九米之遥的"百岁坊"前。可惜的是，此坊虽伟岸挺秀，但工稳的颜体坊联却已残缺。"欲知春几许皇家盛典重期颐,试问寿几何×××名贤二八。""百岁坊"或许就是古镇的照碑,有游人情侣拍照留念,我也为此坊的伟岸挺秀所动,匆匆拍了几张照,便去寻觅我的意趣所在。

我先进了一家"玫瑰糖"店。店主是位绵厚的中年汉子。见我进店,并无言语,只是起身将一只盛满"玫瑰糖"的竹篾编就的盘子递到我的眼前,用和善的目光示意我品尝之。我犹豫了,尝了不买多不好意思。他看出了我的心思,说:"有啥子嘛,尝一尝不买噻,你不也就明白了青岩的'玫瑰糖'是个啥滋味了吗?"看我还有顾虑,他便一边拿一边说:"送两块你尝尝,你再到外头的店看看,货比三家嘛。"我接过了糖块,他便坐到藤椅上去拨弄他的木炭火了,似乎在表示与我的这次买卖已经结束了。见他这般模样,我倒觉得无趣,只好走出了店门。此时雨下得急了,阵阵寒意袭身,手中的糖块散发着浓浓的生姜辣味,我下意识地将糖块送入口中嚼了起来,生姜的辛辣味、芝麻的香油味、麦芽糖的甜味,顿时沁入心田,人暖和了许多。我回眸望去,那家"玫瑰糖"店的柜台上空无一人,只是秋雨沿着屋檐顺其自然地滴答!滴答!

这是一家出售银饰的店铺,四位盛装的苗家俏丽姑娘在打理店务。为姑娘们的盛装所吸引,我走近前去,举起相机欲将姑娘收入镜头。哪里想得到,四位姑娘整齐划一地背转过身去,予以拒绝。就在我一脸窘相的时候,其中的一位姑娘笑盈盈地开了玉口:"要照相嘛,先请客人进店里来看看货哟。"我为自己的冒失心存歉意地走进店中,铺面铺内皆素净,白纸将四周墙壁和天花板裱糊得如雪洞一般,和玻璃柜中银光闪烁、极具苗家风格的各类银饰物恰成绝配,也和红装绿裙的姑娘们形成强烈的色差比照。我暗自佩服苗家的审美观念，也想起了我的独生女儿，一个念研究生的孩子，便声言要为她买些饰品。此言一出，姑娘们一下围拢了过来，摆出一柜台的头饰、耳环、手镯、脚钏，任由挑选。我一时迷了眼，不知买什么好。那位大眼睛的姑娘便要我报上女儿的年龄、身段、喜好、婚否，她替我当参谋。她拿起一双镌刻了凤凰图案的手镯，向我介绍说："凤凰，苗家喜欢汉家也喜欢，就给女儿带上这双手镯吧！"我仔细端详这对手镯，虽不如大城市大店工艺精细，但却保留了可以自由伸缩的功能，这显然是苗家工匠的传统工艺，就表示了"要得！"姑娘们好像看出我年纪大了不好意思和她们讲价钱的心思，就声言用她们店里的最低价七折为我计价，我认可后，姑娘们用一只大红色的荷包为我把镯子装了起来。我看到荷包上有一个用黄丝线绣的"囍"字，就联想到女儿的婚姻，心里甜丝丝的，竟把拍照的事给忘了，就在我转身出门的时候，姑娘们提醒了我。姑娘们端庄地站好，我心存感激地拍了照。大眼睛的姑娘说："大伯，回去后要为我们宣传哟！"我会心地笑了。我想，我不会忘记这几位聪慧的苗家秀女的。

与姑娘们道别后，没走几步，便是保护得很好的"文昌阁"。朝门里望去，由于阴雨天光线暗，里面黑洞洞的，我便止了步，只是把门前一幅甚是妥切的对联记了下来："伟大神州上下五千年数不尽儿女英雄博取功名酬壮志，文明古镇方圆三十里兴更多中小学校广开风气树新人。"抄罢此联，看到一支旅游团队朝一条东西走向的巷子里鱼贯而入。一打听，这条巷子里有状元赵以炯的府第、平刚先生的故居，有周恩来的父亲曾经居住过的院落，我也随而从之。没想到进入巷子没走多远周父曾住过的院落就挡住了我的脚步。

　　这是一座看来几十年都未曾修葺过的院落。青色和红色砖块垒就的院墙有些歪斜，墙头长着不知名的小草，未曾油漆过的两扇陈旧泛黄的木门紧闭着，门头挂着一块一尺多长的木条，上书"周恩来父亲曾居地"。在墙外只能看到院内的屋脊和缕缕炊烟，想来这座院落是住有人家的。我上前轻轻地叩门，为我开门的是一位七十岁上下的老人，我表示想进去看看，老人的回答出人意料："不必了，在门外看看，知道周老先生在这里住过就好嘞。"我还想请求，老人已悄然闭紧了木门。此时，那支旅游团队已消逝在巷子的尽头，我一人再次凝望这座院落，被老人的散淡折服，我体会着老人所说的"就好嘞"的意味。好在不忘历史？好在不取名人效应？好在青岩镇自古便忠奸分明？

　　我思索着在古镇漫游，漫游中又登上了古镇的另一段城墙。此时雨歇云散，天空明朗了许多，我再一次抬眼眺望古镇的镇里镇外，山河滋润，街市祥和。想当年，周恩来、邓颖超之所以选择青岩安置父母以避战火，恐怕与这里古来就民风淳厚有关吧。

　　看来，悠悠 600 多年的风雨青岩古镇，是有其绵长且不同凡俗的魂魄的。

写于 2010 年深秋

拜谒中山陵

九月中旬，有机会到南京市开会。

这是我五十八年生命里第一次踏访这座在我国历史上历经了大悲大喜的英雄城市、六朝故都，心情自然有几许激动。适逢辛亥革命百年之际，会议期间，心中虽然不时惦念着夫子庙、秦淮河、玄武湖、明故宫、民国总统府以及鸡鸣寺等闻名遐迩的名胜古迹，风流遗韵，历史风烟，但在心中翻腾得紧的还是辛亥革命老人于右任先生于 20 世纪 60 年代在台湾写下的诗句：

中山陵树年年老，扫墓于郎已白头。

古人早就有羡长江之无穷，叹人生短促之谓，早早在中山先生陵前献上心香一瓣，了却家国情怀的这一阙，真还是我辈档案人当还的一大夙愿哩。

　　承会议组织者圣明，会议结束后的翌日一大早，就安排大家集体乘车来到了中山先生的陵园前。甫下车，我就被陵园宏大的气势及其给人那种高山仰止的心理提示给重重地震撼了。抬头仰望，灵堂在高高的半山腰，去往灵堂的石台阶宽阔漫长。碑亭位于山脚下，而作为陵园大门的石牌坊，却坐落在碑亭下方百十米处的平台上。陵园的整体设计、建构，尽取山体昂然自在之势，当收高山仰止之寓意。看来民国年间亦不乏营造大师。更令人感到欣悦的，是整个陵园上下左右松柏密布，茫茫苍苍，把陵园完全置身在了林海之中，万古长青之意顿出。这就不能不使人联想到，近百年来，我国民众对中山先生的敬仰之情的深切了。

　　就在此番感叹思索间，我准备好了相机，缓步迈开了自己的拜谒之旅。过牌坊，观碑亭，踏上去往灵堂的台阶。尽管此时薄雾蒙蒙，影响拍照的效果，可我还是认真地把过往的建筑、景色，一一拍照记录，留存在自己的心底。拍照的间隙，且留意着周围络绎不绝的拜谒者和游人的行止与神情。有白发老者手牵着孙儿孙女在讲解，有中年人把手捧着的金灿灿的秋菊不时整理。更多的则是青年人，而又以秀美的江淮江南少女少妇最是夺人目光。她们一个个身姿婀娜，面容白皙，衣着时尚，神色尽见愉悦。或三三两两，或成群结队，在去往灵堂的台阶上走走停停。走则嬉笑言欢，停则摆出各种身姿拍照留念。眼望着这样一群又一群快乐、健康、幸福、亮丽的拜谒者抑或是游览者，我内心里关于谒陵的观念，之肃穆、之庄重，瞬时间为之大变。心想，尽情地将自己的快乐、幸福乃至娇艳展现在中山先生的陵前，倒也是一种质朴而又实在的祭奠和告慰呢。中山先生毕生为之奋斗的目的，不就是为了争取和实现人民大众及其子孙后代的幸福和欢乐吗？中山先生九泉之下有知，一定会为眼前这些幸福的后辈而高兴而祝福的。一百年了，中国人民大众终于过上了好日子！想到这里，我也顾不得避嫌了，毫不犹豫地把这一群群欢乐的女儿迅捷地"偷拍"了下来。一看拍照效果，效果极佳：青春、亮丽、神采飞扬。此时，我倒觉得这也应算作纪念辛亥革命百年的典藏图片呢。

我为自己的想法激动了，真想上前去采访她们，问问她们的生活状况，此时此刻的心情，给她们谈谈自己刚才产生的这些感想。然而，她们终是太亮丽耀眼了，我一个西北口音的糟老头子与之搭讪，恐怕人家不理会，甚至要遭白眼的。滞疑片刻，想来还是不扫人家的兴致为好，揣着一肚子的话，也就作罢了。

就在这"偷拍"的过程中，上下奔波，不觉得早已是汗湿衣衫。我找了个台阶侧旁的石凳，坐下来擦汗喝水小憩起来。薄薄白白的晨雾笼罩在青青的林间，飞鸟鸣啾，人流五彩缤纷。就在我陶陶醉醉休息的时候，台阶上走上来了十多位貌似华侨或是台湾同胞的拜谒者，男士西装革履，女士素衣淡妆，神情穆穆，步履沉着。看到他们，我一下子想起了2006年10月在台北市国父纪念堂参观时的情景。那是参观完了台北市101大厦自由活动的时间，我一个人前往纪念堂，来到了中山先生的铜像前，尽管四名礼兵着装整洁，手持武器铮亮，神色严正，但瞻仰者寥寥，空旷的大厅里似有一种肃杀之气。屈指算来，此时正值辛亥革命95周年，怎么看不到一点举行纪念活动的迹象呢？于是，我想到了当时台湾领导人陈水扁闹"台独""去中国化"的种种劣迹，以及李登辉说他本来就是日本人的言论。看来陈、李二人的表演，还真是把台湾民众的心思给搞乱了，才使此时的国父纪念堂呈现着这种反常的现象。由此，我猜想刚才从我眼前走过去的那十多位国外或境外的拜谒者的心境当是踏实和自信的。这里终究是中山先生的陵寝，是我们中华儿女共同的精神家园啊！

有了这些回忆和感怀，想到祖国统一的大业，我把受先前那些女孩子欢乐情绪感染的心绪很快收拢了一下，整了整衣着，迈开稳重的步子，一个台阶一个台阶虔诚地登上了终端处——灵堂前的小广场，即随着静静的人流进入了中山先生的灵堂。灵堂内呈正方形，汉白玉材质的、比真人放大了一些的中山先生坐像，安放在一整块黑色的大理石上，坐落在灵堂进深的四分之一处，其前方摆放着一精致花篮。中山先生的塑像，雕塑得极为逼真传神，浑身透着一股方正凛然之气。目光如炬平视远方，嘴角凝结现着刚毅，手臂自然下垂置于膝上异常安详，身着一袭长衫，满含着对故国的深情和眷恋。这就是开启中国现代化进程的世纪伟人，这就是提出振兴中华的时代之音，唤醒东方睡狮的中华第一男儿！久久凝望着中山先生，百年中华奋起史，奔涌眼前。我深深地向先生鞠上了一躬。尔后就在人流的推动下，缓缓地退出了灵堂，来到了灵堂前小广场的雕栏处。

此刻，居高临下，放眼望去，成千上万的拜谒者、游览者正在朝着灵堂攀登，景象蔚为壮观。此刻，居高临下，放眼望去，连原本薄薄白白的薄雾在阳光的照射下，也轻淡了许多，大地江山一派翠绿，直接天际，风光无限妖娆。此刻，思绪万千，追惜抚今，我把眼前的一切，满满地收入了自己的镜头。且在忽然间，想起了当代女诗人舒婷《致橡树》中的诗句，遂借用其中的句子来抒发对中山先生、对我们伟大而亲爱的正在实现复兴中的祖国的敬爱。我在心中吟诵了起来：

爱——

不仅爱你伟岸的身躯，

也爱你坚持的位置，足下的土地。

爱——

不仅爱你伟岸的身躯，

也爱你坚持的主义，足下的勇气！

写于 2011 年 11 月

385

美丽沉痛的阿里山

阿里山的秀美壮丽是久负盛名的。

今天，我们中国档案暨缩微学术代表团一行二十几人，在台湾同行热情略见拘谨的陪同下，赶往阿里山游览，大家的心情自然是极愉快的了。清晨，从嘉义市出发，一上高速公路，大家就请驾驶大巴的师傅替我们反复播放："阿里山的姑娘美如水，阿里山的少年壮如山。"在这曼妙的歌声里，我贪婪地观赏着车窗外台中平原的景色。时值十月底了，田畴里丘陵上的苗禾花木还是那样的浓绿鲜艳，城镇间人影散疏，气氛安谧，迎面奔来的一幅幅男女县市参议员竞选人在巨幅宣传牌上可掬的笑容也似感亲切。大家毕竟是一奶同胞呀！就在这欣欣甜甜的思绪里，车子用了一个多小时便把我们带到了阿里山山脚下。

要上山了，车子驶入公共服务区，要大家做些准备。下得车来，抬头仰望，在太阳的照耀下，此时的阿里山就像一头硕大无比的碧绿得耀眼的卧牛，显得安详而又神采奕奕。

就在大家休息的时候，我被矗立在山口的一块巨型招牌给吸引住了。招牌的左上方影印着斗大的"邹族"二字，背景是一座金碧辉煌的庙宇图像，想必是阿里山原住民邹族兄弟的宗庙了。招牌下不远处的小河上还留有一座看来不再使用但却保护得相当完好的铁缆吊桥。我悠悠地走上桥去，想品味一下历史感，吊桥旁边店铺的女主人也许猜出了我的心思，善意地朝着我笑了。

车子开始盘山而上，水泥铺就的路面质量上乘、平滑舒缓，人在车中毫无颠簸之感。公路两侧的林木层层叠叠浓密茂盛，车行其间就像在绿海中穿行。最可人的是那些纤尘未染、青翠欲滴的绿树叶儿，阳光下，恰似数不尽的金灿灿的小镜子、银亮亮的翡翠片，在那里闪闪烁烁，惹得人不由得想伸手去逮去捉。车至半山腰，著名的阿里山云海奇观出现了。车中的气氛从安静一下子变得躁动起来。由于是上午时分，冷热空气上下对流，山间灰白色的云雾一波又一波一团又一团在那里款款地上下涌动、升腾、飘移、卷舒、滞留，好像在抒发着自己缠缠绵绵的情思。尽管明白隔着玻璃拍照效果不好，大家还是纷纷举起相机对着云海拍个不停。"地形地貌、森林水力、河流山脉、居住形态、建筑遗址、民族情调、风俗习惯……这些是构成一个国家民族认同性的物证。"此刻，我的脑海里闪现出了历史档案学的这些论述，于是也就体悟了大家在台期间之所以要尽可能多地把台湾旖旎的海陆空间山川疆域收入镜头中的用心了。车子就在这如诗如画的景色里盘旋着，于中午十二时许，把我们送到了阿里山青年旅游活动中心（即度假村）。这里是一处群山环抱中的开阔的山间盆地，海拔2 200米。虽说到了这般高处，但由于地理纬度之优越，周围的景致与山下并无明显差别。草地青青，林木郁郁，花枝摇曳，空谷鸟鸣，俨然一派世外桃源的模样。匆匆用罢午饭，我们就在一位和蔼的老人的引导下，开始了阿里山重头之旅——徒步进入红桧林做森林浴。

踏上暗棕色的木板栈道进入林中，林道曲折蜿蜒，气象青幽寂静。但见一棵棵红桧树拔地而起，笔直地向天挺立，树围直径均在四五十厘米之间，树身均达三四十米之高，就像我们在大陆常见到的松、杉一般。所不同的是，其树身皆呈红褐色，树纹竖直，皮面光滑。导游老人说，它就是阿里山特有的红桧树，可生长千年，可长成几十人围抱不拢高达百米的巨木，是闻名东南亚的制作家具、构建居室的珍稀材料。听着老人的介绍，我迈步走上一处高地，欲把林区的全貌看个究竟。抚摸着身旁这如同挺拔英俊少年的红桧树，极目望去，眼前的山山岭岭上遍布红桧，密密匝匝，了无际涯，煞是壮观。感叹间，吸气一口，顿觉得一股清鲜沁凉的木香之气直抵肺腑，神志豁然爽朗了许多。就在大家都还陶醉在这林中第一浴的惬意里的时候，老人召唤了："各位领导，走吧，下面的景点多的是哟。"在台北、嘉义等地听惯了"先生""女士"乃至"各位先进"（先进一词系台湾学界在会议发言时常用的起始词，意谓在座的各位长官、前辈、老师之总称）的称呼，老人一句各位领导出口，大家都讶然失笑了。看来老人家接待过大陆人士，熟悉大陆习俗。行进间，大家便与老人攀谈起来。这样我们才明白老人家已是六十五岁高龄的人了，从公务岗位上退休后因为热爱阿里山，就在山上干起了义务导游工作。老人家是一位有思想

388

的人。他带着我们穿林过涧，还是很讲究速度的。在一个名叫姐妹泉的景点上却让我们长长地停了下来。这里林木稀疏，地形宽阔平坦，上下坐落的两方泉水，面积都在二三十亩之间，难分伯仲，名曰姐妹泉是名副其实的。然而，令人惊诧的是，两方泉水的上下四周却布满了巨硕的红桧树树桩。这些树桩留茬甚高，均约三四米，经历了常年雨打风蚀，苔藓斑驳，大多已衰朽不堪。那些独木树树桩还似可看出本来面目，那些雌雄连理树、由四五根树根组成的连体群树的树桩就好像是衣衫褴褛、相倚相偎的殉难者，就好像是被海水长期冲蚀后面目狰厉的海蚀岩岩石堆。见大家眉目间堆起了疑团，老人给我们解释说，这些都是千年树，在日本占据台湾时被日本人砍伐了去。日本人修建阿里山铁路目的就是运输木材，阿里山的原始红桧林就是这样被日本人砍光运回日本的，现在我们看到的林子都是台湾光复后重新栽植的。听了老人的讲解，大家的情绪低沉了下来，来回奔走，都将这些承载着国耻的可怜的红桧树桩摄入了自己的镜头和心头。尔后，在老人的指引下，大家又默默地参观了现在用来游览、护林，还在运营的约普通车道二分之一大小的阿里山小火车的路轨、机车和站台；瞻仰了被台湾人民誉为"神木"的一棵高达百米的红桧树以及台湾人民修筑的"树灵塔"和"神木颂"石碑。碑文铭："阿里山中有神木，三千余年耸然矗，坚苍郁勃开鸿蒙，傲雪凌霜挺大谷，根拿怪石蟠龙蛇，节驭苍苔栖鸿鹄，纷披翠盖势横空，石身正直姿拔俗，排云御气涵太虚，啸雨吟风壮山岳，百人合围千尺高，俯视众木皆抱足……"默读着这情韵丰沛的颂词，蓦然间，我想起了清代爱国志士丘逢甲、黄遵宪的诗句："春愁难遣强看山，往事惊心泪欲潸，四百万人同一哭，去年今日割台湾。""寸寸河山寸寸金，侉离分裂力谁任？杜鹃再拜忧天泪，精卫无穷填海心。"

太阳西斜的时候，告别了红桧林，在充满了闽南风情的购物点上，使用人民币毫无障碍地购得了著名的阿里山高山茶、造型拙朴的红桧木木雕，我们踏上了返程的旅途。夕阳下的阿里山的峰峦、峡谷，此时显得格外凝重。我不由得叩问自己的内心，就这样悄无声息地走了吗？否！回去后我要把阿里山您的芳容和您所遭际过的苦难一起告诉给人们。"可堪回首，佛狸祠下，一片神鸦社鼓。"辛弃疾当年的担忧可以去矣。千古江山，英雄总有觅处。台湾终有回归祖国的一天！那时节，定会有更多的兄弟姐妹来看望您。阿里山，祖国的好女儿哟！

写于 2006 年 12 月

河西存大美

去年盛夏，古城西安溽热难耐，我们几个同好者遂决定利用年休假实现多年的夙愿——驾车于甘肃省河西地区进行一次自然风光游。十多天时间里我们先后走武威、访张掖、驻足嘉峪关市，出没于草原、高山、田野之间，诚信服了"河西古来壮丽，大美无言"之谓，绝非虚语。

山丹军马场

史载：山丹军马场古时称大马营草滩，地跨甘肃、青海两省的山丹、民乐、永昌、肃南、门源、祁连6县，地势由南向北倾斜，地域辽阔，土壤肥沃，水源充足，牧草甘饴，汉武帝就曾在这里养马屯兵，开拓西域。其面积之大亚洲第一，世界第二。我们是于山丹县宾馆听了一夜的风雨后，晓来风驻雨歇、艳阳高照、公路爽朗之时，兴奋地赶了 40 多公里的路程到达这块宝地的。极目望去，天地苍茫。这是一有着上百万亩面积的大草原，草色青黄，原野起伏，村落点点，黛青色的大山从东、南、西三个方向将其环抱。西面高峰上的积雪在朝阳的照射下显得格外炫白纯洁。高天碧蓝，云絮在其间舒缓地飘动，风景如画，空气鲜美似可醉人，一大群山鸽从我们眼前扑棱棱飞过，才使我们从陶醉中回过神来，在啧啧的赞叹声里驱车赶往远处的村落，打问马群之所在。七八公里的路程赶过，我们来到原来是山丹垦牧局的一个团场。十字街道，有商铺、学校、医院、青砖红瓦的宿舍及三五往来的居民。我们停下车来，向一位坐在树下带着孙儿的老人讨教。老人家说，要看马还要往南去 20 里外的七场哩！见目标在前，小街清亮，老人和善，我们便下车休息，和老人攀谈了起来。我们先给老人的孙儿送上糖果，然后向老人了解团场人的生活状况。老人家看我们友好且从大老远的地方赶来，遂悦意地给我们介绍说，前些年团场就将草场承包给了职工，大人小孩一个人 50 亩。后来发现不少人毁草种粮，就把青壮劳力组织起来到兰州、新疆四处搞建筑，留下老人妇女看护草原，主要是灭鼠防火，国家发工资。老人说他已经退休，一月有 1 400 多元的退休金，生活无虞。老人抚摸着倚在怀里的孙儿的头说："现在就发愁他上学的事，团场学校的老师留不住啊！"流露出热恋草原却又担忧后辈前程的惶惑神色。尽管小街静谧，满眼翠绿，带着浓浓草香味儿的风儿尽洗都市加于我们胸中的尘污，听了老人最后这句话，我们的心情从享受中也变得沉重起来。既钦佩团场人的持守，又设想着在这里实现现代化的各种可能。临了，我们诚恳地把好多食品送给爷孙俩，便起身赶往老人家指示的七场。许是愈往南祁连山的雪水潮气愈丰沛，牧草也就愈见浓绿密厚。此时我们对眼前的草原已有了感情，自然禀赋固然是前提，而一代又一代的团场人包括我们的祖先对这块宝地的守望又何以论价呢？就在我们边议论边行驰的时候，马群出现在了右前方。我们加速靠近、靠近，才看清这是一有着近千匹数目的宏大马群，无人看管，亦无猎犬护卫，自由自在地在龇食，游动。在这雄伟的祁连山下，浩渺的草原上，看到如此娴雅悠然的天马，我们谁都是平生第一遭。我们把车停得远远的，屏着气举着相机一步一步地接近马群，50米，30米，20米，10米，我们和马群是如此的亲近呀！马儿并不反感我们，只是抬头看我们几眼，轻快地移动几步，我们受宠若惊，把这一顺色的栗红骏马一一摄入镜头，印于胸中。

"胡马大宛名，锋棱瘦成骨。竹劈双耳峻，风入四蹄轻。""此马非凡马，房星本是星。向前敲瘦骨，犹自带铜声。"此时，我想起了杜甫、李贺的马诗便高兴地大声向大家朗诵了起来。

临泽丹霞

清晨，我们从张掖城出发，赶往35公里外的临泽县丹霞地质公园。这一路上正是雪融性河流——我国第二大内陆河——黑河灌溉区。由东向西望，祁连山居南连绵不绝，雪峰时隐时现，山麓下沃野田畴，一派生机，直铺天际。药菊灿烂，果园郁旺，最令人惊诧的，是玉米地里一人多高的玉米密植到一株紧靠一株的程度，精心规划的新农村青砖红瓦以及屋顶上的太阳能热水器和电视接收器都整齐划一，想来乡亲们的日子过得红火兴旺。我在关中农村长大，对庄稼很留意，见一对中年夫妇带着一约莫七八岁的孩子在公路边的田间劳作，便提议停车访问之。原来他们是在玉米地的地坎下收蒜头。我们照例给孩子送上糖果，就请教玉米怎么种得这么密。汉子说，这是从山东引来的直棒玉米，1 亩地里比原来要多长几百棵，亩产可达 2 000 多斤。我跃上田坎察看，玉米棒确实直贴着玉米秆，不像关中的玉米，棒子和秆中间还有二三十度的夹角。跳下田坎再看这密不透风的田块，简直就是一硕大规整的墨绿色的玉。光照充足，水源保证，人民智慧，这硕大的垄亩不就是硕大的粮仓吗？我从心底里祝福河西安泰，西部安泰，各族兄弟姐妹幸福。此番访问让大家从"食"处了解了河西，大家都高兴地夸奖我。就在我们谈笑间，妇人双手捧起一捧蒜头说："天热带上路上吃不闹肚子。"这是怎样的情谊呢？我们把蒜头接了过来，车开动时给孩子手中递上了 20 元钱。车起步了，夫妇二人急着挥手召我们回来，要将钱还给我们。就在这温馨的交流间，就在这样和的土地上，我们心情极其愉悦地直奔目的地。

临泽丹霞地质公园就位于 213 省道的左侧，右侧则是绿树环绕、垄亩平展、碧草婆婆的河洲。20 元购得一张门票，进到园中，"色如渥丹，灿若明霞"的 10 多平方公里的丹霞地貌赫然呈现在我们面前，仿佛使人一下子进入了梦幻世界，遂有眩晕之感。待第一波强烈的视角冲击平复，我们才定下心来。毕竟僻远了一些，游人不多，然而园区却整洁有序。有木板铺就的曲折坡道，有供游人凭栏远眺的结实的护栏，就连绿色的垃圾桶放置得也恰到好处，既不占景，又让人寻之顺手。游人能到之处是有限定的，体现着开放与保护并重的理念。我们为之所动，遵从设定的路线首先开车巡游一周，探明概要，接着于能登临的景点逐一观赏、拍照。连绵起伏的七彩丘陵，层层叠叠的赤金岩层，霞色互映的峡谷，巍然屹立刀劈斧凿的火烧赤壁，无不神奇瑰丽，令人感叹造化给予当地人民这样厚重的赐予。当我们拾级而上，登临一矗立于山头顶部状若完卵似的巨石驰目北望时，但见丹霞地貌，河岸绿洲，北山灰崖依次奔来眼底，黄、赤、绿、灰四种色彩把这方平阔广袤的大地结构得如同一幅大色块大色块的油画似的明丽、凝重、恢弘。"江山如此多娇"，我们把祖国这块壮丽的山河久久地凝望、凝望，心中升腾起的不仅是自豪，还有隐约在肩的责任啊！

康乐草原

参观完丹霞地貌，我们太热爱这片土地了，便急着向公园的工作人员探问哪里还有可参观的地方。见我们言语恳切，几位面色红润的姑娘认真比划着说，康乐草原就在我们的邻县肃南县，沿着这条公路朝南 50 公里就到了。那里能看到大雪山，牧草有半人高哩！从姑娘们的话里分明能听出美吾美以及人之美的纯朴与豁达，我们认定其言绝非妄语。太阳正当中天，时间富裕，我们向姑娘们道了谢，即向南急驰。车上，我们翻阅了资料，方知肃南县是我国唯一的裕固族自治县。裕固族同胞善畜牧，崇佛教，目前有 10 000 多人口。康乐草原平均海拔 3 000 米，就位于祁连山主峰的脚下，系裕固族同胞心目中的圣地。车子离开省道后，在约有 10 多公里的峡谷里的沙石路上一路颠簸攀升，草木逐渐发黄见白。苍鹰在山崖间上下翻飞，人迹了无。就在我们心里压抑发毛的时候，车子仰着头越上了一个急急的陡弯后，便像潜艇越出了海面一样，大地豁然辽阔了。

看到无线电塔架上垂直悬挂着"康乐草原"四个黑体大字，我们刚将悬着的心放了下来，却又被眼前奇丽的景色给振奋了起来。大家争先恐后地跳下车来，凉风扑面，面前是真正的高原牧场呵！牧草确有半个人高且密厚得如关中平原上的麦子一样，只因高寒颜色黄里泛白，看来这是牧民为冬季种植的草料，我们爱惜地用手去轻轻抚摸，绵柔而富于弹性。就是这样的牧草，风吹草低波浪起伏直接天际，而天际边巍然挺立的就是海拔在5 000米以上的祁连山主峰，冰覆雪盖，逶迤磅礴。遥望这亘古无言而圣洁的巨大存在，我这才似乎懂得了藏族人民把雪山都视为神灵的原因所在。沿路开车缓缓地进入草原的深处，原来草原上有不少深阔的凹地，其间生长着茂密的黑森林。林子边上就有裕固族同胞的红砖瓦房，而有人家的草场边坡上，时而就有土黄色的圆胖圆胖哈巴狗般大小的旱獭机警地从洞穴中出没，煞是惊人喜爱。我们下车走近一对年轻裕固族夫妇设置的接待旅游者的白色帐篷前，本想与其交谈、休整，但当夫妇俩询问后得知我们不准备在草原上过夜，且眼见得衣衫单薄时，便神色急切地用手指着天空上说，午后会有雷雨的，你们还是快些回县城好。我们这才注意到尽管偏西的太阳光芒万丈，而头顶以及东南方向铅色的云层已经集结成堆。我们万分感激地向他们道了谢，遂开车到一高坡处，再一次留恋不舍地拍照，饱览这片圣洁的大地。壮丽的雪山，丰饶的草原，茂密的黑松林，如同这里的空气一样纯洁的那对好心的夫妻呀，定将成为我们终生难忘的记忆。

七一冰川

资料表明，祁连山山脉共有现代冰川2 800多条，总面积约

2 062平方公里，蓄水量954亿立方米，每年出水量约72.6亿立方米，浸润着东起武威、张掖、酒泉，西至敦煌河西走廊的千里沃野。七一冰川面积4平方公里，平均厚度70米，最厚部位120米，海拔从5 000多米下延至4 200米，为祁连冰川中最壮丽、距离城市最近、目前唯一向游人开放的冰川，恰与嘉峪关市南北相望，间距90多公里，旅游设施较为完备。我们的车子就是出嘉峪关市一口气开至3 900米处的接待站的。我们在该站租借了羽绒衣、手杖，接受了简要培训后，遂登上一条约100米长的之字形台阶，一片坡度在30度、沁着雪水的草坡即现眼前。此时，太阳洒金，晴空如洗，呈下泻状的巨大冰舌晶莹雪亮甚是诱人。景色虽美但考验个人潜质的时候却也来到了。冰舌看似近在咫尺，到达实则尚有五六华里的山坡需要攀爬。就在我们在此处盘桓的一小会儿，我们的两名伙伴嘴唇、眼圈发乌，出现了明显的高山反应，只好遗憾地下撤到车上去吸氧。我和胖乎乎总是笑呵呵的童教授感觉良好，便持杖攀登。甫一行走还没有什么，上行2里开外，感觉就迥然不同了，气喘得厉害，爬上十几步就得坐下来歇气。尽管这样我们心里还是有股子劲，大概走走停停了20多次，终于用手触摸到了冰舌实体，冰寒渗骨哟！我俩心怀胜利的喜悦，在冰舌旁的石块上坐下来歇息、喝水、拍照。10多分钟过后我感到气不短心也不慌了，看来我（当时56岁）还是适应高海拔的。就在我窃喜了不大时候，起风了，乌云随风压了过来，雪花霎时飘落，眼前一片迷蒙昏暗，几位游人急忙下撤，我也慌了手足，童教授倒是镇定，说根据他看过的资料，这是过风雪，一会儿就过去了。他保护似的将身体紧靠住我，要我和他共同体验这冰川风雪的独特况味。或许是我们还处在探险的亢奋之中，将羽绒衣的帽子拉得紧紧的，也就不管不顾了。大约七八分钟过后，风消云散，灿烂的阳光又照耀在我们头顶，天空变得更加湛蓝。我们起身又把这风雪过后的冰川猛拍了一气。尔后，由于惦记着山下的伙伴，我们再无停留，捡了几块小石头留作纪念，便下了山。下得山来，承想两位未上山的伙伴定会夸奖我俩勇敢，其实谬矣，一见面他俩就板着脸责备我们在山上待的时间太长了。雪下大了，下不了山可怎么了得。友爱在大家的心际传递。我们向接待站归还了租借的东西，便愉快地返程了。翻越了几座山头，上苍眷顾，风雪又起，且有暴雪的势头，不大工夫就染白了群山。"胡天八月即飞雪"，我们真是亲身感受到了。望着车窗外凄迷的飞雪，我想起了还处在酷热之中的西安古城，能将这份清寒匀给汝几分，又该是多么的美好呢？

写于 2010 年夏

台湾文化现象散记

2006 年 10 月，我作为中国档案学会的代表，赴台湾出席了"海峡两岸档案学术年度研讨会"。

由于职业使然，多年来我对古籍文物、金石书画、民间工艺、社会生活史就多有偏爱。基于此，这些年我对台湾关于民族传统文化的态度，也有一些间接的了解和认识。然而，通过这次实地踏访，才觉得"纸上得来终觉浅"。岛内角角落落所充盈的中华文化情愫之浓烈，传统文化艺术水准之高迈，非亲临其境，是很难想象的。

公共场所书画之茂美

在这次交流期间，我们先后走访了台北、基隆、花莲、台东、嘉义、高雄等城市及其周边风景名胜区。同族同胞同文，这里的城市风貌、湖光山色，自然令人赏心悦目、倍感亲切。但最使我感到醉心快意的还是我们所到的学术报告厅、议会接待室、图书馆、台湾同行的办公室，以及饭店大堂、房间和墙壁上悬挂着的中国国画和中国书法作品等。在我的记忆中，还没有看到过一幅西洋画或日本画。

这些精心布置的中国书画作品，不仅艺术构思表达高古，装帧精致，而且其中大部分都清晰地透露着思想和艺术传承的脉络、印迹。除了鲜明的岭南画派书艺的流风余韵之外，张大千先生和于右任先生的影响可以说是无处不在。

就在我们住宿的台湾"中国石油公司"位于凤山县郊外一座幽静的园林式招待所餐厅里，我们意外而惊喜地看到了一幅于右任先生书于1950年11月的书作长篇。核桃般大小的标准行草，风流倜傥达400字之多。泛黄的四尺整张横幅被保存在珍贵的楠木镜框之中，悬挂于整个餐厅最为醒目的位置上。

也许由于孤陋寡闻，在台湾一路走下来，我总觉得与大陆相比，就公共场所书画的多寡而言，台湾同胞更看重书画所能营造的文化氛围，宜布置处便有所布置；就书画的艺术水准来讲，台湾比大陆的水平普遍要高一些。

所到之处，优美的书画已成为台湾公共场所环境生态的一个有机组成部分，给人以谐美的强烈心理提示。当然，造成这一差距的原因是多方面的了，兹不赘述。

民间工艺技艺之精湛

本是同根生，同业有同好。在台期间，台湾档案界同仁除了安排我们瞻仰参观了中山先生纪念堂、台北故宫博物院、101大厦、阿里山、玉山等公众瞩目的旅游景点之外，还特地安排我们去了不少反映台湾历史沿革和风土民俗的参观点，诸如台北市手工艺品中心、花莲市私家古器收藏馆、阿里山茶艺表演厅、高雄市历史风俗博物馆等。

参观这些展出，一件件历史遗物、古代典籍，还有大量极为珍贵的历史老照片，使我们又一次重温了中华先民筚路蓝缕开发宝岛的史实，给人以厚重的历史感和责任感。同时那些用材考究、制作传统、色彩艳丽、造型传神的工艺美术品，又给人以强烈的审美愉悦和民族认同感。你看，蝴蝶兰盆景安置在彝器和典籍之间，书香与花香共融；工艺孔雀和工艺莲花相映衬，瑞禽与瑞花齐飞……使人不禁想起我国古人的诗句词章："满堂花醉三千客，一剑霜寒四十州"；"莲叶何田田，鱼戏莲叶间"；"凤凰鸣啾啾，一母将九雏"。

如果说室内的陈列品属小家碧玉，使人爱不释手，从而赞叹台湾同胞对民族传统技艺之虔诚的话，那么，室外的工程工艺大制作，则是大手笔，黄钟大吕，就更显得台湾同胞对中华文化的一往情深了。谁能说位于海拔2 000米的高山上，用纯正的琉璃彩陶装饰的阿里山受镇宫神庙，不是浙江舟山普陀寺大殿的亲姊妹呢？而面对巍然挺立于台北阳明山上古色古香的五星级圆山国际大饭店，又有谁能说它不是日夜在那里彰显着我们民族建筑艺术的高明呢？古圣杰有云："亡人国者先亡人史。"台湾同胞把祖国的民间传统工艺传承得如此之精湛茂美，我想，一定是有其深沉的民族精神诉求的。

公、私职员气质之雅美

在台期间，给人留下深刻印象的还有一点，就是公务人员和私营业主待人接物时举手投足间所流露的儒雅气质。

台湾学者在学术交流会上发言时使用的起始词，除了人们所熟悉的各位女士、先生之外，还常用一个"各位先进"的称谓。初闻之，不解其意，打听后才懂得，这是台湾学界尊老崇师的一个传统。每逢发表学术见解时都要通过"各位先进"这一专用词，特别表达对在座前辈、老师的尊敬。

在我们走访过的几座城市里，所遇到的台湾市县档案馆的女职员一般都打着淡妆，身着适应台湾气候特点经过改造的短款旗袍，笑容婉约内敛，语调轻柔，既没有笑不露齿的拘谨，更谈不上回眸一笑百媚生了，落落大方中透着从容静气，看得出她们都受过良好的教育。

在阿里山旅游景区的一家茶社，接待我们的是一对高山族夫妇。男主人温文尔雅，女主人端庄清丽。请我们品茶，给我们讲茶艺，乃至引导人们去往洗手间，夫妇俩均低声细语、彬彬有礼。看过名片，才明白夫妇俩都受过高等农林学教育，女主人还是高山族的分支邹族的世袭公主，真乃秀外慧中也。

看着眼前这位为我们沏茶的公主矜持而又娴雅的气质，我不由得把她和江南的大家闺秀联系在了一起。公主的气度不凡，普通服务生的素养亦值得称道。当我们就要离开阿里山了，我示意为一位高山族服务生拍照，以资留念。这位姑娘是那样的善解人意，立即摆好标准姿势，笑意盈盈地许我照之。

在台交流的整个期间，全程陪同我们的吴先生五十开外年纪，毕业于台大历史系研究生院，长期从事档案保护技术研究，称得上是位专家。一路上安排我们的行程食宿，殷勤周到，严肃负责。衬衣雪白，领带挺括，胸牌早晚都挂在胸前，丝毫看不出做这些服务性的工作有什么丢面子的感觉。

10 月 28 日，在高雄机场离台候机时，感念先生处事的风度和一路的辛劳，我写了首《高雄与吴君惜别歌行》相赠。先生双手奉接，读后高兴地说，这是很高的褒奖，询问我可否刊登在他们学会主办的刊物上。原诗如下：

京兆兰台一凡夫，今日幸得宝岛游。

伤怀谪仙难蹈海，凤歌乐府未曾留。

花艳浪白诵不尽，抚爱阿里碧绿牛。

家园还是华夏地，文脉传承有健鸥。

最是先生好风度，长安城中可封侯。

写于 2006 年冬

带着孙儿看渭河

今年秋天，雨水格外地眷顾秦陇的山川原野。好几次乘车经过渭河特大桥，我都被教雨水涨得满满的渭河给迷住了。

多年不曾见到的满满当当一河漕金褐色的渭水，急急地从西向东涌流，宽阔，雄浑，不禁使我想起了唐宋时期在渭河上运送粮食、军械的船队。来自中原的物资经黄河入渭水直抵陈仓，囤积起来，作为国家巩固西北边疆安宁的战略储备。渭河，当年可是一条英雄的河。

望着这满满当当一河漕金褐色的渭水，穿咸阳下西安，绕东郊逶迤而去，我亦想起曾经游历过的广西柳州的柳江、哈尔滨的松花江……设若有一条水量充沛的江河，把城市环绕，或穿城而过，城市似就有了灵性，有了诗意，城市的宜居程度也就全然不同了。由是，遥想王维笔下既有"渭城朝雨浥轻尘，客舍青青柳色新"这样的诗句，想来当年的渭河定似一位体态丰腴的妇人。她浸润护卫着渭城与长安，使之降雨丰沛，天宇清朗，道路洁净，杨柳青青，五谷华茂，民富物阜。渭河，当年可是一条多有奉献的母亲河。

望着这满满当当一河漕的金褐色的渭水，我更联想到了已经开工建设的"引汉济渭"工程。不久的将来，由于汉水清流的汇入，浩浩荡荡的一漕渭水将终年不舍昼夜地在关中大地上穿行。试想，那时关中的自然生态定会为之大变。有河洲绿地，有渔歌唱晚。莲叶田田，芦花飞白，莺歌燕舞，蛙声蝉鸣。渭河两岸百里长堤杨柳，人们兴之所至，登堤临水，抚爱渭河，活泛性灵。那时的关中经济产业带，产业兴旺，文化发达，环境友好，生态和谐，一条渭水不知会创获多少经济和人文效益。幸福的憧憬，不由得使我生出了带上孙儿看渭河的念头来。渭河家园，天人关中，美好的明天终归是他们的呀。

国庆假日，我们一家三代遂往咸阳湖游玩。

写于 2012 年 10 月

405

春节，携上孙儿看南海

　　吾系独女户，有一外孙儿，今年春节前，刚满 4 岁，吾夫妇疼爱呀，就像电视连续剧《野鸭子》中的周丽琴，表白她爱自己的女儿的心情一样，"不管她怎样调皮折腾，我看着都是那么的喜欢"。

　　春节时，怎么让小孙儿过得乐呵有意义呢？我们决定带他到深圳看南海。深圳海风温暖，绿树红花，与西安的干冷燥黄迥然不同，予孩子以温润，以海洋同为家国的意念。

　　2 月 4 日，我们一家飞到深圳。在机场去往市区的出租车上，看见一路的绿树红花靓丽市容，孙儿格外兴奋新奇，问其母这是哪里。女儿答这里是深圳，孙儿却大声喊："不对，这是中国！"我们几个大人连同司机师傅都笑了。我知道，孙儿有此命名，与前一段时间我们全家天天收看中央电视台国际频道的《今日关注》栏目有关。日本侵犯我国钓鱼岛主权，使他懂得自己是中国人，他最喜欢我国海监船上飘扬着的国旗，他叫她"中国旗"。

到深圳的第二天，由于我们的投宿处距离红树林海滨公园很近，想到小人儿要适应地区差，我们没有急着赶往看海效果更好但距离远了一些的海滨浴场，上午就带他到了红树林。红树林海滨公园，实际上是一内弧形的海湾，有生长在海边海水中绵延几公里的红树林。红树林状若北方的冬青树，然而却要高大粗壮上三四倍，墨绿坚劲，密密匝匝，是适应在海边生长的极好的防固海岸的植物。远望去成群结队的海鸟栖息其中，一旦有人靠近，千百只海鸟即奋飞海天，甚为壮观。更吸引人的，是绵延五六公里，修建为上下两条的防浪大堤。下者连接海滩，平坦如砥，有人在上面跑步、骑自行车锻炼；上者同样是平展的大道，所不同的是其内侧就是植物园。园内松坡苍翠，椰林高大，绿地如茵，红花摇曳，供游人休息的亭台回廊亦颇为考究。孙儿首先被飞起飞落的海鸟给吸引住了，拉着我的手，直扑红树林；继而又迷上了纷飞的蝴蝶，伸手去捉；最后还是爱上了那能乘坐三人的出租自行车，要我们租来一辆，爸爸在前，妈妈在后，他坐在中间，在下层的防浪堤上高兴地飞奔了。几个来回下来，他想起了外公外婆，硬是要我们陪着他骑，如此良辰美景，我夫妇也来了精神，陪孙儿骑上了自行车。一边是大海，一边是园林，中间还有小宝宝，感觉真是美妙极了。只是廉颇老矣，从第二个来回起，每到路边的望海台，我们都要停下来歇口气，此时外婆总是要孙儿看海，看海天中飞翔的海鸥，看宏伟的深港跨海大桥，急切地帮助他建立海洋概念。

407

看来引导有效，骑到第四个来回，孙儿硬是要下车到海边去戏水。踏过海岸边的坚石，我小心地抱着孙儿来到了海边，和孙儿一起蹲下来。孙儿伸手就去撩拨海水，海水是咸的，外婆早早准备了毛巾在后边，怕海水烧灼了他的小手。小孙儿哪管了这么多，一时兴起，双手伸进海水中使劲拍打，弄得一身水渍。外婆急了，急令我把孙儿抱离海边，孙儿大哭大闹，外婆和妈妈硬是用糖果才将他哄进了植物园。

此时已是正午，我们开中午饭了，有面包、饮料、香肠、啤酒、水果。太阳给力，午餐后，孙儿睡着了，但睡得并不安稳，时而还抽噎几下。我猜想，孩儿委屈呀，这是中国海，为什么不让我玩儿？

此后的几天，我们全然不管过年的事儿了。带上孙儿大小梅沙海滨浴场玩了又玩，踏海波、捡贝壳、垒沙城、吃海鲜，孙儿对于海洋的认识大增。我们几个大人亦觉得这样过年别有趣味，天天都是兴致勃勃的。

为了让儿子对海洋、对深圳留下更多记印，女儿女婿夜间上网查到了深圳市东南方距市区约 40 公里的大鹏所城、大鹏海湾，那里有海，有山，有古村镇古寺院，是了解深圳市历史与海洋的绝好去处。大年初二一大早，我们一家人就乘地铁、坐公交，匆匆前往。

上午 10 时许，我们来到了大鹏所城城门下。阅读景点宣传牌上的介绍，还真是令人肃然起敬。大鹏所城始建于明代洪武二十七年（1394 年），是明清两代南中国海防军事要塞。深圳今称"鹏城"，即源于此。该城堡明清两代就曾出现过十几位抗击外敌入侵的将军，古来就被誉为"将军城""将军村"。

进得保存完好、威武之气凛然的古城楼城门，南粤风格的古街是一条缓缓而上的慢坡道，街道两边的古民居开着旅游景点上都有的各种商铺，倒是古风悠悠的凉茶店颇具南国风情。我领孙儿步入，卖凉茶婆婆的甜凉茶，正对了孙儿的口味，他喝下一杯，甜甜地叫了声奶奶，看来卖茶婆婆没听懂，只是爱怜地摸了摸他的头，他高兴地笑笑。一路走去，孙儿东看西瞧，甚是好奇倒也安安静静。这样一来，我便空出手来，将诸如保护完好的刘起龙将军府邸等有特色的古建筑一一拍照。但当走进清末年间留存下来的鹏城学校院落，因有一段尚可让游人攀登的城墙及城楼，孙儿就"疯"了，拽着我的手三步并作两步地往上跑。登上城墙，大鹏所城全貌尽奔眼底。城西北是黛青色的大山，城东南系"U"形的海湾，海湾周遭有工厂、码头、民居、街区，看来此处确是古代屯驻水师的天然良港。孙儿不会思索到这些，在城墙上跑了几圈，倒是看见东边的土坳间彩旗招展的东山寺，来了兴趣，喊着要去。殊不知从鹏城学校院落到那里，目测少说也有1 500米。女儿明白东山寺比这儿位置更高，看得更远，对儿子的要求立即响应，喊了一声，抱上孙儿就下城墙，直奔街道。我们几人只好紧随其后，一到街道，叫了辆出租车，一家人一拥而上，急驰东山寺。

来到东山寺广场前，女儿为孙儿一一讲解各色彩旗，有龙旗、凤旗，孙儿高兴矣。但当指着那高杆上高高飘扬的国旗时，孙儿有了联想和思考，嚷着要妈妈给他买一面小"中国旗"，女婿在广场四周跑了一圈没有找到，就哄他说寺院内有。女儿一家三口进寺院去了，我和夫人遂在广场上的石靠背椅上坐了下来缓口气。坐下来，安安神，举头仰望东山寺，毫不夸张地说，这坐落在天涯海角的寺院和我在国内许多名胜处看到的寺院相比，毫不逊色。二进深的雄伟殿堂，坐北向南，飞檐翘壁，大气庄重，俨然是中原法度。尽管是明代建筑，看来历代爱惜，近有修葺，仍显得神韵明丽。更奇的是寺院后面的山顶上，有两块巨石相依偎，像一对无言的巨鳌夫妻，眼下就有游人沿着石台阶向巨石登临。想来此处必是望海观海的好去处。

就在我张望遐想间，女儿一家走出了寺院。女儿说，桃儿不懂佛，闹着要上山。我说，桃儿和外公想到一块了，我们一块上。我们轻了装，留下老伴在原地休息看守。爷孙四人登山了。想不到或是有海风相助，或是因山色美丽，小孙儿拉着我的手一股劲儿踏过了百几十个台阶，竟登顶了，还想爬上巨石，我以危险相劝，让女儿夫妇去登。孙儿见爸妈登上了巨石，也不声言，对着巨石旁边的一块大板石就向上爬。我感其奋勇，扶臂提携，爷孙俩爬上了大板石，我把孙儿紧紧抱在怀里，让他看海湾。

此刻日已西斜，海湾里一片金辉，有船只回港，有海鸥徘徊。孙儿被这从来没见过的景色震撼了，安静地凭望、凭望，忽然间发问："爷爷，这是我们中国海？"我回答肯定，孙儿回应的是一脸金光灿灿的饱饱的笑。

写于 2013 年 3 月

后　记

　　我自幼就喜爱阅读，文学（故事）和科幻是我少年时的最爱，幻想着自己有一天也能写本书。后来有了上大学的机会，我毫不犹豫地报了中文系。就读后，才懂得了要学习和研究文学及至走文学创作的路，其实"功夫在诗外"，必须掌握一种武器，这就是历史唯物主义。为此，我认真学习哲学、政治经济学以及中外历史，锻炼了最初的抽象和形象思维的能力，逐步走通了辨识生活、分析现象、归纳理义、描述存在、抒发性灵的道路。

　　但前二十多年，由于工作岗位和生活负担所限，主要还是自己心态不那么宁静，流失了大好时光。所幸的是，于知天命之年，来到了提倡研究和写作的省档案馆。环境与内心相契合，遂于到局馆的第二个年头起动笔，十年写来，写出了一百二十余篇各类文章。退休当前，再读这些文稿，回顾几十年学习写作的体会和期愿，结集出版的想法就油然而生了。一来对个人是个总结；二来集结成书，这百十篇文章，对于年轻同志多少是会有所启发的。在重阅旧稿、筛选甄别的过程中，每每想起这十年写作过程中的甘苦和同志们给予我的帮助，不禁感慨系之。

《兰台文存》能于今天面世，首先要感谢局馆领导的热情鼓励、局馆同志的真诚相助，尤其要感谢收集保管处负责同志以及缪平均、谷芳、李炜、赵彩宏、张艺诸位同志在档案资料利用、电脑打字、发稿等方面给我的帮助。没有同志们的认可和帮助，这本小册子是难以问世的。

同时也要感谢夫人张莉莉女士和女儿思阳，在写作和生活上给予我的理解和支持。

由于学力所限，文集中的粗浅舛误之处自当难免，诚请同志们与读者批评指正。

田晓光

2013 年 5 月